U0907566

★安徽红色历史记忆丛书

红色黄山

邵宝振 编著

丛书主编 陆发春

时代出版传媒股份有限公司
安徽教育出版社

图书在版编目（CIP）数据

红色黄山 / 邵宝振编著. —合肥:安徽教育出版社,2021.4(2024.1 重印)
(安徽红色历史记忆丛书 / 陆发春主编)
ISBN 978-7-5336-9016-8

Ⅰ.①红… Ⅱ.①邵… Ⅲ.①革命史—黄山市 Ⅳ.①K295.43

中国版本图书馆 CIP 数据核字（2019）第 208096 号

红色黄山
HONGSE HUANGSHAN

出 版 人:费世平
总 策 划:郑 可 费世平
项目统筹:姚 莉 王宗琦
策划编辑:王宗琦
责任编辑:王宗琦 李 磊 黄大灿
装帧设计:吴亢宗
责任印制:李松伦

出版发行:安徽教育出版社
地 址:合肥市经开区繁华大道西路 398 号 邮编:230601
网 址:http://www.ahep.com.cn
营销电话:(0551)63683012,63683013
排 版:安徽时代华印出版服务有限责任公司
印 刷:三河市同力彩印有限公司

开 本:710 毫米×1010 毫米 1/16
印 张:19.25
字 数:190 千字
版 次:2021 年 4 月第 1 版 2024 年 1 月第 3 次印刷
定 价:68.00 元

总 序

2016年7月1日，习近平总书记在庆祝中国共产党成立95周年大会上的讲话中指出："我们党已经走过了95年的历程，但我们要永远保持建党时中国共产党人的奋斗精神，永远保持对人民的赤子之心。一切向前走，都不能忘记走过的路；走得再远、走到再光辉的未来，也不能忘记走过的过去，不能忘记为什么出发。面向未来，面对挑战，全党同志一定要不忘初心、继续前进。"中国共产党一贯重视对党史国史的学习和研究，从这些历史中，可以看到中国共产党人的初心和使命，可以获得面对各种挑战所应具备的经验与勇气。

"安徽红色历史记忆丛书"在原有的安徽革命历史研究基础上，充分利用近现代历史文献、档案资料，真实全面地反映了安徽革命斗争历程。丛书试图构建一个红色文化研究平台，连点成线，系统地对安徽省内各地红色文化予以陈述。丛书选取安徽省最有红色革命历史传统的十个县市，即合肥、宿州、六安、黄山、寿县、定远、金寨、无为、泾县、岳西，对1912至1949年间这些地区

的红色革命历史予以梳理叙述。为避免与以往出版的同类型书籍同质化，本丛书在体例上采取专题叙事方式，即每本书均以专题方式，突出该地区重大主题的红色革命历史。各专题之间，有一定逻辑关系，按照事件的先后关系，分章叙事论述。丛书强调权威性、学术性和社会大众性有机结合，希望能够打造既有学术含量，又有文宣效果，能够深入人心的系列图书。

一、安徽红色文化的富矿，有待深入挖掘。

安徽是新民主主义革命时期的重大事件发生地、重要历史人物出生地和革命家活动地，是闻名国内外的红色文化资源大省，因此，研究和保护、开发和利用好红色文化资源，打造和传播好具有安徽特色的红色文化，既有重要的文旅经济价值，也有深远的社会意义和历史意义。

安徽红色历史文化除具备中国革命共通特征之外，另有几个主要特点：

首先，安徽是马克思主义思想传播较早，地方党组织组建较早的省域。有先进思想武装的革命组织是革命事业发展的发动机。1921年10月，当时的省城安庆即成立了安徽社会主义青年团组织，1923年安庆成立中共安庆基层支部，寿县乡村小甸集成立中共特别支部。这样一个特点与皖籍出身的中共早期创建者有着紧密关联。我们从《红色岳西》《红色合肥》等卷帙对王步文、蔡晓舟等早期接受新文化思潮的安徽人物的叙述中，可以了解马克思主义思想在安徽传播的概况。

其次，安徽是贯彻八七会议精神，较早进行土地革命，用武装暴动方式发动农民群众，建立独立乡村红色政权的革命先进地区。大革命失败之后，安徽地区的革命者没有被白色恐怖所吓倒，发动了皖西大别山商南立夏节暴动、六霍暴动和请水寨暴动三大农民暴动，成立了红色苏维埃政权和建制的军事武装，如红三十二师、红三十三师。1928年4月9日，皖北阜阳爆发著名的“四九”武装起义，成立了皖北苏维埃政府，建立了皖北工农红军。

第三，在1930年代初期，依托大别山区建设的鄂豫皖红色革命根据地，是仅次于中央苏区的红色苏维埃革命政权，覆盖了湖北、河南、安徽的广大地域，是土地革命战争时期中国共产党探索由农村包围城市革命新路径的另一个重要实验区；以红二十五军、红二十八军为主干建立的红四方面军，是发挥了红色种子作用的军队，是中国革命军队的一支源泉队伍。

第四，全国抗日战争爆发后，皖南泾县新四军军部成为大江南北新四军抗战的指挥中心，解放战争时期皖西、淮南、蚌埠、合肥瑶岗相继成为革命武装千里跃进大别山、挺进豫皖苏、淮海战役、渡江战役的指挥枢纽之地。横跨江淮的皖北、皖南是中国革命战争年代革命志士抛头颅洒热血，为建立新中国英勇奋战的热土，是追随中国共产党的革命群众贡献聪明才智的沃壤。

二、要认识到安徽红色文化的时代价值。

安徽是红色文化的富矿，值得研究者条分缕析，阐发隐微。红色文化作为一种独特文化标识，得到党中央的高度重视，其时代价值应该被清晰认知：

第一，安徽红色文化展示了20世纪革命年代以陈延年、陈乔年、王步文、曹渊、许继慎、胡底、陈原道、刘湃西、周维炯、漆德玮、舒传贤、王效亭等为代表的安徽革命志士，为了民族独立和人民解放，前赴后继、无畏牺牲的革命英雄主义气概和血战到底的对敌战斗意志；为了追寻国家光明前景和革命真理，宁肯舍弃一切献身革命事业的崇高革命信仰和历史情怀。这是新时期安徽人民仰之弥高的精神财富。

第二，安徽红色文化展示了革命年代安徽进步人士，始终以爱国主义为精神内涵，为了追求社会进步、国家富强，勇于走在反帝反封建斗争的时代前列，极大地丰富了20世纪安徽思想文化历史，为新时期安徽人民树立了力学笃行的精神丰碑。

第三，安徽红色文化展示了革命年代形成、新中国成立之后不断被阐释宣扬、历经百年风云已经内化为安徽历史传统的精神财富，是新时期安徽人民建功立业、创新进取、奋斗于民族复兴大业、建设美好家园的重要传家之宝。

重视红色文化，学习红色文化，实践红色文化，不仅是安徽文化强省的重大举措，更是中国人民增加文化自信的重要精神源泉。我们不能让富有特色的安徽红色文化，躺在历史的尘埃中。

陆发春

于安徽大学问津楼

目录

★★★★★

导 语

黄山市地处皖浙赣三省交界处，有“三省通衢”之称，西南与江西省景德镇市、婺源县交界，东南与浙江省开化、淳安、临安为邻，东北与安徽省宣城市的绩溪、旌德、泾县接壤，西北与池州市的石台、青阳、东至县毗邻。现区域面积 9807 平方千米，人口 147 余万人。

历史上，徽州行政区划相对稳定，辖“一府六县”（徽州府、歙县、休宁、祁门、黟县、绩溪、婺源）。民国以后，行政区划多有变动。1934 年 7 月，婺源县划属江西省。1938 年 4 月，皖南行政公署成立，治所在屯溪。休宁、黟县、歙县、祁门、绩溪、旌德 6 县隶属第十区（后改为“第七区”）管辖。1947 年 6 月，婺源县划归安徽省，属第七区。1949 年 4 月，第七区所属 7 县全境解放；5 月，徽州专区成立，专区治所初置歙县；7 月，徽州专区迁至屯溪。全区辖屯溪市和绩溪、旌德、歙县、休宁、黟县、祁门 6 县，婺源县划属江西省。

1952 年 2 月，太平、石埭、宁国 3 县划属徽州专区。1965 年

8月，从太平县划出原石埭县区域和贵池县部分地区设石台县，属池州专区。1974年3月，太平县划属池州地区。1980年1月，宁国县改属宣城地区，太平、石台2县划归徽州地区。1983年12月，太平县撤销，所辖区域与歙县黄山公社、石台县广阳公社合并成立县级黄山市，由省直辖。1986年6月，黄山市(县级)改由徽州地区代管，徽州地区辖屯溪、黄山(县级)2市和歙县、休宁、黟县、祁门、石台、绩溪、旌德7县。1987年11月，设立地级黄山市，石台县划属池州地区，绩溪、旌德2县划属宣城地区。1988年4月，地级黄山市正式成立，辖“三区(屯溪区、黄山区、徽州区)四县(歙县、休宁、祁门、黟县)”。

黄山市既有黄山、白岳等自然风光，又有辉煌灿烂的徽州文化，名胜古迹众多，文化积淀深厚，是世界著名的旅游胜地。在新民主主义革命时期，中国共产党领导黄山人民进行了长期而艰苦卓绝的英勇斗争，为了民族的独立与人民的解放，与国民党、落后腐朽的封建势力、日本帝国主义进行了坚决的斗争，创下了显著的革命业绩。农民暴动的口号声、新四军在岩寺的操练声、红军北上抗日先遣队在谭家桥的枪炮声似乎还回荡在黄山的上空。周恩来、方志敏、叶挺、陈毅、粟裕等老一辈革命家在黄山地区留下了深深的足迹。黄山拥有丰富的革命斗争史，红色基因需要世世代代传承与弘扬。

一、五四运动至大革命时期

1919年5月4日，北京青年学生及广大市民、工商界人士等共同参与，举行了大规模的示威游行、请愿、罢工等斗争活动，揭开了中国新民主主义革命的序幕。五四运动的消息传到黄山（徽州）后，安徽省立第三中学（歙县）、省立第二师范（休宁）的师生先后举行示威游行，散发传单，张贴标语，积极响应北京学生的爱国运动。6月初，广大的工人、商人及社会各界民众纷纷加入斗争行列，工人罢工，学生罢课，商人罢市，徽州城乡为之震动。同时，一些进步知识分子到徽州传播马克思主义思想。1919年秋，著名教育家陶行知就介绍了一批北京大学、金陵大学、南京高等师范的优秀毕业生，到省立三中（歙县）任教，宣传新思想、传播新文化。五四运动后，《新青年》《新潮》《湘江评论》《创造评论》等一批宣传新思想、新文化的刊物，通过各种渠道传入黄山地区，吸引大批青年学生争相传阅。安徽省立二师（休宁）的青年学生写信给《新青年》杂志社，要求订购。

1925年5月，上海"五卅惨案"爆发。黄山人民立即开展了罢工、罢课、罢市、查禁英日洋货、募集捐款等活动，青年学生举行游行示威，散发传单，发表演讲，痛斥帝国主义的暴行，有力声援了上海人民的反帝斗争。黄山各地的“五卅”爱国运动是全国反帝斗争运动的重要组成部分，大大提高了黄山人民的觉悟。

1925 年 10 月，梅大栋携带着一尊银质的马克思胸像，回旌德继续从事地下工作。年底，芜湖团地委派曹宣天到旌德，协助梅大栋开展农运工作。他们在梅村创办了旌德三都农民补习学校作为活动阵地，向青年宣传反帝反封建的民主思想和马克思主义理论。在梅大栋、曹宣天的教育培养下，梅大梁、王士桢、朱鹏、程朝干、朱甲、张照谟、朱和尚等 7 人加入中国共产党。在此基础上，中共旌德三都农民补习学校支部成立了，梅大栋、曹宣天为支部负责人。这是黄山（徽州）地区历史上第一个党支部。

▲ 马克思银质胸像

1927 年，北伐战争节节胜利。2 月 18 日，北伐军独立二师陶峙岳团抵达祁门，群众夹道欢迎。2 月 19 日，独立二师一营张营长率部进入休宁。2月20日，独立二师陶峙岳团到达黟县。3月3日，独立二师毛炳文旅抵达太平县城仙源镇。1927年2月初，北伐军第二军第六师师长戴岳，政治部主任萧劲光率领100余人的部队从浙江沿新安江进入歙县。2月2日，北伐军第二军第六师政治部在歙县天宁寺召开军民联欢大会，会上宣布委任瞿朝杰为歙县县长，成立新政权。2月28日，北伐军第二军第六师进入绩溪。3月3日下午，胡运中被任命为绩溪县临时县长。3月15日，胡运中被任命为绩溪县长。3月5日，北伐军第二军第六师政治部第一科科长谢一环带领一个连进入旌德县城，驱走反动知县黎在符，3月9日，共产党员谭梓生出任旌德县县长。1927年2月至3月，北伐军先后进入黄山（徽州）各县，所到之处，摧毁旧政权，建立新政权，成立各种群众组织，发动群众，对土豪劣绅进行斗争，使黄山（徽州）地区的反帝反封建运动持续高涨，进一步扩大了中国共产党的影响。

1927年4月12日，蒋介石发动"四一二"反革命政变，土豪劣绅及各种反动势力纠合在一起，对革命实行疯狂反扑。4月29日，唐绍尧任旌德县县长，原县长谭梓生被迫离任。唐绍尧成立了"清党委员会"，大肆逮捕共产党人和进步群众。谭梓生、喻世良、王庭甫、汪守仁、程朝干等中共党员在仕川秘密召开会议，决定对国民党右派的嚣张气焰予以打击，营救被捕同志和群众，组织仕川农民暴动，攻打旌德县城。5月15日晚，108名自卫队队员从仕川出发，步行赶往县城。16日凌晨，攻打旌德县城。但由于准备仓促、组织不严、联络不畅、实战经验缺乏等原因，暴动失败。仕川农民暴动是“四一二”反革命政变后，中共旌德党组织领导的武装反对国民党右派的英勇斗争，在黄山地区革命斗争史上留下了光辉的一页。

二、土地革命时期

从1928年冬开始，中共安徽省临时委员会、鄂豫皖、赣东北、上海等地中共党组织先后派来干部加强皖南党的领导，从而使黄山(徽州)地区的党组织得到了很大的发展，革命运动逐渐走上以土地革命为中心的新阶段。自1927年8月至1931年7月，黄山(徽州)各地先后建立了祁门、歙县、休宁、太平4个临时县委以及黟县区委、旌德特支、绩溪支部等党组织，党员达340余人。

1931年11月10日，中共徽州工作委员会(简称“徽州工委”)在秋浦县(今东至县)雁落坡成立，储峻滨任书记。直属徽州工委领导的有贵池、秋浦、祁门、歙县、休宁、太平、旌德等7个县委，黟县区委，东流、石埭特支，绩溪支部等党组织。工委属中共芜湖中心县委领导。1932年3月，芜湖中心县委组织遭到破坏。6月，徽州工委与芜湖中心县委失去联系，经中央批准，与赣东北省委发生横向联系。7月，徽州工委直接与党中央取得

联系，隶属中共临时中央政治局领导。10月初，徽州工委机关从秋浦迁至歙县小练村。同年底，徽州工委划归闽浙赣省委领导，改为中共皖南特委。徽州工委先后领导了祁门暴动、省立二中学潮、屯溪兵变以及小练村的革命斗争等。

1933年冬，中共闽浙赣省委派李杰三到屯溪，秘密建立皖南特委，并担任特委书记，机关设在屯溪老街合记春号店内。尔后，闽浙赣省委又派宁春生等来到屯溪，开展党的秘密活动。皖南特委先后建立了7个(后改5个)中心县委，下辖11个县委和11个相当县一级的区委(不含旌德4个党支部)，以及浙西工作委员会和皖南红军独立团。为配合中央苏区的反"围剿"斗争，发展皖赣边革命根据地、皖南游击区，执行闽浙赣省委关于组织年关总暴动的指示，在皖南特委的领导下，皖南地区相继举行了际村暴动、柯村暴动、杜家村暴动。柯村暴动后，苏维埃政府建立了，形成了皖南苏区，皖南特委也迁到了柯村。皖南苏区对扩大革命根据地，打击敌人，支援红军北上抗日先遣队的斗争做出了重要贡献。

1934年7月，中央派出红七军团，组成中国工农红军北上抗日先遣队，在军团长寻淮洲、政委乐少华率领下，从中央苏区的瑞金出发。11月初，北上抗日先遣队与闽浙赣根据地的红十军会师，合编组建红十军团，继续高举北上抗日的旗帜，方志敏任司令员和军政委员会主席，粟裕任参谋长。12月10日，北上抗日先遣队在歙县汤口会师。12月14日，先遣队在太平县谭家桥与国民党军队激战8小时，战斗失利。12月18日，先遣队进入柯村地

区，在皖南苏区柯村休整3天。其后，先遣队在皖浙赣的歙县、绩溪、旌德、泾县、太平、青阳、石埭、黟县、休宁、祁门、婺源、淳安、开化等10余个县境，与敌周旋。1935年1月中下旬，部队被围在怀玉山，除粟裕、刘英等率少部分先头部队突围外，其余大部牺牲或被俘。

1934年12月21日，方志敏等在率先遣队离开柯村苏区时，留下一个侦察营，与皖南红军游击大队合编，组建皖南红军独立团，在中共闽浙赣省委、中共皖浙赣省委的先后领导下，机智灵活地转战赣东北、浙西、皖南、皖赣等3省边区的40多个县，开辟了皖浙赣边、闽赣边、闽浙边三大游击根据地，不仅保留住了革命的火种，而且在斗争中不断发展壮大。

三、全面抗日战争时期

1937年10月，中国共产党与国民党在南京达成协议，将留在江西、福建、广东、湖南、湖北、河南、浙江、安徽等8省坚持游击战争的红军和游击队（琼崖红军游击队除外），改编为国民革命军陆军新编第四军，叶挺任军长，项英任副军长。新四军一、二、三支队克服了部队饷额不足、粮秣不济、路途遥远、人员分散等困难，先后于1938年3月初至4月到达歙县岩寺及岩寺附近的潜口、琶

塘、西溪南、王村等地集中。4 月 5 日，新四军军部机关、特务营及战地服务团到达岩寺。4 月 20 日，国民党“点验委员”对新四军进行“点验”。在岩寺集中的新四军一、二、三支队（四支队在皖北），计 7000 余人。一支队，陈毅任司令员，傅秋涛任副司令员，驻扎在潜口一带；二支队，张鼎丞任司令员，粟裕任副司令员，驻扎在琶村、琶塘；三支队，张云逸任司令员，谭震林任副司令员，驻扎在西溪南一带。4 月 28 日，由粟裕率领的 500 余人的抗日先遣支队从潜口出发，向苏南敌后挺进，揭开了新四军挺进敌后抗战的序幕。1939 年 2 月，中共中央军委副主席周恩来到皖南，视察了新四军军部，检查了兵站工作。

1940 年 12 月 27 日，国民党第三战区在歙县岩寺镇附近的瑶村召开秘密军事会议。1941 年 1 月 6 日，新四军军部及部队共 9000 余人在安徽泾县茂林地区，遭到国民党军队 8 个师 8 万余人的包围和袭击。广大指战员经 7 昼夜的浴血奋战，除 2000 余人突出重围外，一部分被俘，大部分壮烈牺牲，这就是震惊中外的皖南事变。皖南事变后，皖南党组织受到严重破坏，革命群众遭到残酷迫害，皖南重新陷入白色恐怖之中。但皖南人民并没有被敌人的嚣张气焰所吓倒，在以胡明为书记的中共皖南山地中心县委的领导下，黄山地区的人民群众进行了艰苦卓绝的斗争。其过程大致可分为三个阶段：第一阶段，建立泾（县）旌（德）太（平）中心县委（后改为中共皖南山地中心县委），开展反“清剿”斗争（1941 年 1 月至 1942 年 10 月）；第二阶段，在皖中区委（后改为“皖江区

党委”)的领导及新四军第七师的支持下,采取对内巩固、对外扩大游击区的方针,打下长期斗争的基础(1942 年 11 月至 1944 年初);第三阶段,变隐蔽坚持为公开斗争,广泛发动群众,扩大游击区,积极争取武装斗争的胜利(1944 年春至 1945 年底)。先后开辟了樵山(太平)、黄山、九华(绩溪)等游击根据地,使黄山地区的革命斗争薪火不断,愈烧愈旺。

四、解放战争时期

1945 年 9 月底,新四军主力部队北撤,留在皖南坚持斗争的主要是以胡明为书记的皖南山地中心县委所领导的 300 余人的游击队,他们活跃在黄山地区。1945 年 12 月,杨明率领的沿江部队与胡明的黄山游击队在太平樵山会合。1946 年 2 月,根据华中分局的指示,以皖南山地中心县委和沿江中心县委为基础,组成中共皖南地委,胡明任书记。皖南地委领导皖南各县积极开展民主运动,发展武装、巩固老区、开辟新区。

1946 年 3 月,国民党正规军及地方武装对皖南进行了 3 个月的“清剿”,皖南游击队进行大小战斗 7 次,歼敌 100 余人。6 月至 10 月,皖南游击队领导旌德、泾县、太平、青阳、石埭、宁国、绩溪、歙县等 8 县 70 多个保的群众开展减租减息斗争,并初步建立起民主政权和半公开的农会组织。

1946年10月，熊兆仁、倪南山率部到达樵山，至此，留在皖南、苏南坚持斗争的3支武装共800余人会合在一起。11月，苏皖边军政委员会成立，胡明任主席兼政治委员，熊兆仁任军事部部长。次年3月，苏皖边区司令部成立，熊兆仁任司令员，胡明兼政委。1947年4月至6月，以绩溪九华乡为试点，开展抢粮斗争，随后扩大到皖南各县。

1947年6月，为加强皖南的工作，华东局先后派孙宗溶、罗白桦、余华、陈洪担任皖南地委委员，加强地委领导力量。7月7日至17日，皖南地委在太平县龙门竹园坦陈家祠堂召开黄西工委排以上干部会议。会议传达了华东局的"三八指示"，要求各工委抓住武装斗争、群众工作大发展的有利时机，建立主力游击队，开展大规模的游击战争，以配合全国解放区的反攻。

1947年10月至1948年3月，国民党对皖南游击区开展了6个月的"清剿"。10月底，皖南地委决定留下一部分武装力量坚持内线斗争，抽出主力部队向四个方面进军：倪南山、唐辉、杨明、林岳分别率部向皖浙赣边、皖浙边（歙县、淳安）、皖赣边（祁门、至德、浮梁）、浙西（天目山）挺进。游击队采用机智灵活的战术，使敌人的"清剿"以失败而告终。

1948年4月，皖南地委在歙县汪满田召开扩大会议。会议确定"巩固老区、发展新区，为大军渡江准备基地"的总任务，并对今后的军事斗争、群众工作、党的建设、政权建设及财经工作等作了具体部署。1948 年 9 月上旬，皖南地委在歙县汪满田召开临时委员会议，考虑策应大军渡江的需要，决定成立沿江工委，孙宗溶任书记，以黄东武装为基础，成立独立大队，由刘奎兼大队长，陈洪兼政委，由地委直接指挥，决定由胡明、刘奎、陈洪组成地委临时常委会，建立地委财政经济委员会，胡明兼书记。

▲ 刘奎

1949 年 1 月 8 日，中共皖南地委发出《关于目前形势与任务的指示》，提出“紧急动员一切力量，准备迎接大军渡江”的总任务。年初，整个皖南的地方武装部队已经发展到 7000 余人，在苏浙皖赣 4 省边区约 40 个县所辖的广大农村建立了游击区和根据地，为策应大军渡江南下创造了重要条件。

自 1948 年下半年以后，皖南地委为迎接解放大军渡江，在组织上、军事上进行了一系列的准备，组织与策动保五旅起义。

4 月 21 日，中共皖南地委发出“紧急指示”，号召各地紧急动员起来，迎接大军渡江南进，准备接管各大小城市。具体部署是：皖浙、皖浙赣主要配合大军解放徽州，工作中心由农村转向城市，做好一切接管城市的准备工作。各个工委分工如下：皖浙赣工委接管屯溪、休宁、婺源、祁门、黟县、德兴；泾旌太工委接管泾县、旌德、太平；皖浙工委、泾宁宣工委接管歙县、绩溪、宁国。在大军渡江前，熊兆仁、杨明、刘奎、倪南山、余华、罗白桦等率部队回师皖南，整个皖南部队改编为中国人民解放军苏浙皖赣边区司令部。

4 月 21 日，解放大军渡过长江后，快速向南挺进，在地方党组织和皖南游击队的配合下，4 月 22 日，太平县解放；4 月 24 日，石埭县、旌德县解放；4 月 26 日，祁门解放；4 月 28 日，休宁、歙县解放；4 月 29 日，黟县解放；4 月 30 日，屯溪、绩溪县解放；5 月 1 日，婺源解放。至此，黄山（徽州）全境解放。

黄山（徽州）地区的革命斗争历史悠久，柯村暴动、谭家桥战斗、新四军岩寺整编等重大历史事件在中国革命斗争史上具有深远的影响。无数革命志士在这块热土上洒下了热血，奉献了青春与生命，他们不怕牺牲、为民族独立和人民解放而不懈奋斗的精神永远激励着一代代的黄山（徽州）人！

第一章

★★★★★

黄山（徽州）第一个党支部的建立与活动

一、黄山（徽州）地区的反帝反封建斗争

1914年，第一次世界大战爆发，日本借口对德宣战，攻占中国青岛和胶济铁路全线，控制了山东省，夺取德国在山东强占的各种权益。1918年11月，德国宣布投降。1919年1月18日，战胜国在巴黎召开"和平会议"。北京政府和广州军政府联合组成中国代表团，以战胜国身份参加和会，提出取消列强在华的各项特权、取消"二十一条"等不平等条约、归还山东等要求。巴黎和会在帝国主义列强操纵下，不但拒绝中国的要求，而且在"对德合

约”上，明文规定把德国在山东的特权，全部转让给日本。当时中国的北洋政府在列强面前显得十分软弱，竟准备在“对德和约”上签字，激起中国人民的强烈反对。5月4日，北京青年学生以及广大市民、工商界人士等举行大规模的示威游行、请愿、罢工等斗争活动，从此揭开了中国新民主主义革命的序幕。

1. 爱国师生对五四运动的响应

五四运动的浪潮迅速席卷神州大地，偏僻的黄山（徽州）地区也深受影响。5月12日中午，安徽省立第三中学（歙县）（简称“省立三中”）的师生从上海送来的《申报》《新闻报》中看到有关北京学生反帝反封建斗争的报道，深受鼓舞；对北洋军阀政府非法逮捕和残害爱国学生的行为感到愤慨。教师董蛰甫、徐重涛、江植棠、何子白、章大木、章希吕、汪泳典、汪宪五等邀集全体学生到大礼堂开会，报告五四运动情况，揭露北洋军阀政府镇压爱国学生的暴行。会上，学生代表毕兆熊、吴金棠、程天绶、曹颂增、唐维成、洪涛等相继登台演讲。会后，师生自行筹款60余元，由国文教师董蛰甫拟稿，以省立三中的名义，分别致电北京大学学生会、上海南北联合会，慰问受伤学生，要求收回青岛主权。[①] 13日下午，为进一步扩大社会影响，更好地声援全国如火如荼的反帝反封建斗争，省立三中130余名师生（学生120多人，教师10多人）

---

① 潘明志：《安徽省立第三中学师生响应“五四”运动》，见中共歙县县委党史办公室：《新安江畔战旗扬》，合肥：安徽人民出版社，1991年，第27—31页。

举行了游行示威。游行队伍环绕歙县县城一周，沿途高呼“响应北京学生五四运动”“废除二十一条”“外争国权，内惩国贼”“拒绝和约签字”“惩治卖国贼曹汝霖、章宗祥、陆宗舆”“即刻释放被捕学生”等口号。师生的爱国游行得到群众的支持，当游行队伍经过徽城大北街时，一些工人、农民、小商人也自动加入游行队伍。

省立三中师生的爱国行动，遭到了封建保守的校长徐承祜的百般阻挠与反对，他扬言要追查此事的主谋教师及学生骨干。徐承祜的倒行逆施更激起全体师生的不满，师生酝酿将徐承祜驱逐出校。5月24日晚，学生代表以拍手为信号，齐集到自修室外的天井中，同学们高呼“青岛亡了，我们何以为家”等口号，并责问徐承祜不准以学校名义发电报的理由，徐承祜无言以对。25日，省立三中在巴家饭店设立学运办事处，宣告罢课。

为指导学生开展斗争，一些教师从学校搬到学运办事处居住，师生在一起共同商议，拟定文稿。将徐承祜欺诈、作伪、侵吞学款、克扣学生伙食、阻止学生爱国运动等劣迹，电告省署；致函陶行知等教育界名士，请他们挽救家乡教育，建议省教育厅撤换校长；散发传单，呼吁全省各中等学校声援。徐承祜到省府安庆“鸣冤”，省长吕调元令教育厅复查，厅长董嘉会派督学姚毓麟到省立三中调查。姚毓麟到校后，先后找学生、教师调查，追查学潮骨干，但师生表示是自发行动，无人组织，并要求撤换校长。迫于无奈，姚毓麟答应暑期里更换校长，劝师生复课。师生在达到预期目的后复课。新学期开学，陶行知推荐婺源人方新(振民)接任省立三中校长

一职。方新到任后，接受全体师生的要求，批准被徐承祜宣布开除的学生恢复学籍，到校复课。在陶行知、姚文采、孙洪芳等教育界名士的支持下，省立三中师生的斗争取得了胜利。①

5月16日，五四运动的消息传到休宁，休宁的进步学生、爱国人士无不为之愤慨，安徽省立第二师范（休宁）（简称"省立二师"）的学生立即举行示威游行，走上街头，散发传单，张贴标语，积极响应北京学生的爱国运动。6月初，广大的工人、商人及社会各界民众纷纷加入斗争行列，工人罢工、学生罢课、商人罢市，全县为之震动。但地方当局对学生的爱国运动采用压制政策，不准集会游行，还禁止阅读传单和进步书刊。6月中旬，省立二师师生宣布罢课4天，提出"反对卖国条约，拥护北京学联颁布的条件""反对地方政府干涉和压制'五四'运动的一切行为，并与这种行为斗争到底"等口号，在全县人民的支持下，地方政府不得不作出让步，接受学生的合理要求。

5月11日，五四运动的消息传到祁门，祁门县高等小学和模范小学的师生立即响应，通过宣传动员，会同商人及社会各界进步人士共100余人，以汪冕城、程炯两位校长为首，在县城明伦堂集会，随后上街示威游行，并在街上发表演讲，号召民众起来反对卖国政府在"巴黎和约"上签字，要求取消"二十一条"等不平等条约。游行活动结束后，两校师生发电报给北京中等以上学校学生

① 潘明志：《安徽省立第三中学师生响应"五四"运动》，见中共歙县县委党史办公室：《新安江畔战旗扬》，合肥：安徽人民出版社，1991年，第27—31页。

自治会，支持与声援北京学生的爱国运动。

6月上旬，绩溪县立第一小学、私立胡氏小学和县立女子小学的学生在绩溪县立第一小学明伦堂召开学生代表大会，在原学生自治会的基础上成立绩溪县学生联合会，选举倪晋、章洪畴为正、副会长，会后，通电声援北京学生的爱国运动，反对在“巴黎和约”上签字，要求释放被捕学生，惩办卖国贼。县立第一小学、胡氏小学、县立女子小学、云台小学、周氏小学、章氏小学的师生纷纷走上街头，贴标语、撒传单、高呼口号，在街头发表演讲。扬溪尚志小学、临溪小学、余村燃藜小学也组织了学生会，开展反帝反封建的宣传活动。燃藜小学高年级学生还在校长曹杰和教师汪静波、周汉章、张沫堂等的带领下，远足到镇头、石家、中屯、坦头、浩寨等地宣传演讲，激发农民的爱国热情。同时，绩溪城乡开展查禁、抵制日货的行动，在县学联的发动下，组织宣传队，分赴各地演讲，向城乡民众宣传不要购买日货，提倡使用国货；组织日货检查组，将在商店中发现的日货登记造册，就地封存；同时销毁自己使用的日货，以实际行动影响民众。①

五四运动的消息传至旌德山城时，旌德皋山书院的进步师生以罢课、发通电、撒传单、集会游行等方式声援北京学生的爱国运动。黟县等地的爱国青年也纷纷投入到斗争的洪流之中，以各种方式声援北京学生。

---

① 中共绩溪县委党史办公室：《中国共产党绩溪地方史(1919—1949)》，内部资料，2009年，第31—33页。

五四运动于北京发生而影响全国，由学生发起而影响社会各界。“五四”反帝反封建运动使人民大众进一步认识到帝国主义侵略的本质和军阀统治的黑暗，进一步提高了中国人民反帝反封建的决心和觉悟，促进了人民大众对改造中国问题的反思和探索，也促进了马克思主义在中国的传播。黄山（徽州）爱国师生及工商农社会各界纷纷响应，积极行动，不仅声援了北京学生的爱国运动，也唤醒了本地民众的爱国热情，使一批进步人士接受了五四运动的洗礼，打击了封建保守的反动势力，促进了新文化在黄山（徽州）地区的传播。

2. 学生及社会各界爱国运动此起彼伏

五四运动后，黄山（徽州）地区反帝反封建学生斗争持续发展。1921 年 6 月 2 日，省城安庆学生联合会为争取教育基金独立，反对前安徽督军倪嗣冲之侄倪道烺伙同军阀马联甲侵占教育经费，组织安庆全城各中学学生向省议会请愿。学生们的正义举动遭到军阀政府的残酷镇压，省立第一师范学生姜高琦不幸遇难，周肇基等 50 余名学生受伤，造成震惊全国的安庆“六二惨案”。消息传到祁门后，祁门高等小学、模范小学、平里梅南小学、历口历西小学等联合成立学生自治会，组织 200 多人上街游行示威，并致电安庆学生，声援“六二”斗争。[①]

---

① 中共安徽省委党史研究室：《中共安徽八十年简史》，合肥：安徽人民出版社，2003 年，第 9 页。

1923年6月，安徽省立二师(今休宁中学)在休宁海阳小学组织成立由省立二师、省立三中学生组成的“徽州二三同学会”，同时创办学会会刊，指导学生开展反封建奴化教育斗争。他们提出：提倡新文化，反对用儒家思想和佛教学说奴化学生；取消晚上就寝前盘膝静坐10—15分钟的旧规定。学生们开始用白话文写文章、写日记，批判旧文化、旧礼教。10月，安徽省立三中和省立二师选派代表30人，至徽州府堂集会，揭露第三届省议员贿选真相，并游行示威，通电抗议。“徽州二三同学会”还领导学生和进步商人开展抵制日货的斗争，发动各界人士游行示威。

1925年5月15日，上海日本纱厂工人为抗议日方无理开除工人举行罢工，日本资本家开枪打死工人顾正红(中共党员)，打伤10余名工人，激起上海工人、学生和市民的愤怒。5月30日，上海工人、学生举行游行示威，散发传单，发表演说，要求释放被捕学生，英国巡捕开枪射击，当场打死11人，逮捕100余人，这就是震惊中外的“五卅惨案”。“五卅惨案”的消息传到黄山后，黄山人民立即开展了罢工、罢课、罢市以及抵制英货、日货的斗争。歙县青年学生举行游行示威，散发传单，发表演讲，痛斥帝国主义的暴行。6月10日，歙县抵制日货委员会召开职工代表、学联、商会联席会议，决定于次日举行示威游行。11日晨，城区的工人、农民、市民、商人、学生共500余人在省立三中和贡院集中，经大北街、北门外、西门外、渔梁、东门，绕城一周，游行队伍手举写有反帝口号的小红旗，一路散发传单，高呼“打倒帝国主义”“严惩凶手”等口号。

6月10日，黟县的陈默若、金绶章、王纯伯等进步青年发起组织“沪案后援会”，刊印宣言、传单，在全县城乡散发。12日，在黟县城北的广安寺召开有工人、教师、学生、店员、市民等5000多人参加的“声讨日英帝国主义罪行大会”，号召社会各界人士以实际行动声援上海工人、学生的反帝斗争。同时，向《民国日报》《申报》《新闻报》发函，表示声援。6月16日，“沪案后援会”组织了5个演讲团，分别赴渔亭、屏山、际村、碧山、丰口、西递、古筑、南屏等乡村，向群众宣传上海工人、学生英勇斗争的事迹，揭露帝国主义制造“五卅惨案”的真相，随后，“沪案后援会”又组织人员调查英国、日本商品在本县的销售情况，劝说商人不销洋货而销国货，扶持民族工业。商界及进步人士主动将洋货下架，并撤去洋货的商品广告，而用本县出产的焦福太雨伞、胡永兴蚊香分别替代英产的洋伞和日产的蚊香。

在以屯溪为中心的休宁，工人、农民、学生和市民先后成立爱国组织，开展反帝斗争。6月中旬，由鸿寿布店冯剑声、祥盛布店程文、新纪元京货店胡泽生等人发起，在屯溪成立了“休宁县乡民爱国团”和“职工店员大会”，下设“反日会”；学生会成立“五卅后援会”；工商界成立“休宁县商会”。这些组织成立后，相继作出决定：①立即组织游行示威，坚决反对日本帝国主义对我国政治上的压迫、经济上的侵略；②大力开展宣传与募捐活动，支援上海工人罢工斗争；③全面清查、抵制日货。决定下达后，省立二师、屯

溪新安公立甲种商业学校及海阳小学共700余名师生，在“五卅后援会”的组织下，举行罢课和示威游行。海阳、隆阜等地学生、店员、市民等各界人士数千人积极响应，纷纷加入游行队伍。他们高呼“反对日本鬼子屠杀上海工人，拥护支援上海工人罢工”“打倒日本帝国主义，为死难同胞报仇”等口号，声响震天。屯溪、海阳各商店贴出“竞争人类平权，万众一心奋斗”的对联。游行活动持续了3天。[①]

6月14日，祁门高等小学的学生成立“卧薪团”，印发《致本省六十县小学函》《募捐启示》等。祁门社会各界200多人，抬着“打倒帝国主义”“抵制日货”的大幅标语牌，举行声势浩大的游行示威，一路上不断有工人、店员、市民加入游行队伍。在仁济桥头，游行群众在店员的配合下，将程田太京货店等商店内的日货搬出，堆在街上砸碎、烧毁，晚上，又在明伦堂举行晚会，演出反帝戏剧。

6月中旬，绩溪县成立“各界沪案后援会”，城区学生举行示威游行，散发传单、召开演讲会，控诉英、日帝国主义残杀我同胞的暴行。同时，致电北京政府，要求据理力争，争取国人的合法权益。绩溪旅外人士也积极开展声援斗争，《微音》月刊在23、24期合刊上刊登了《惨杀案之前前后后》一文，对“五卅惨案”进行了详细的报道。“徽社”还特地派员回绩溪，向民众叙述“五卅惨案”的

---

① 中共休宁县委党史办公室：《五四运动在休宁的影响》，见《休宁党史资料选编(1919—1949)》，内部资料，1989年，第1—4页。

经过，号召家乡人民一致行动起来，声援全国的反帝爱国斗争。[①]

太平县仙源镇的机关职员、学校师生、工人、商人和市民400余人，在仙源小学的广场上集会，揭露、声讨日、英帝国主义的罪行。随后，他们举行声势浩大的游行示威；商界罢市1天；标语贴满大街小巷，号召大家不买洋货，商家不进洋货。整个示威活动持续了8天。

黄山（徽州）各地还组织了募捐活动。省立三中学生在学生联合会的发动下，身背装钱的竹筒深入城乡，边宣传边募捐，不到半个月，就募集银圆1000余元。屯溪镇亦募得银圆1000元。黟县“沪案后援会”募集捐款100余元。祁门也组织了募捐活动。他们先后将募集的资金汇往上海，慰问“五卅惨案”中死难同胞的家属。

“五卅惨案”的消息传入黄山后，黄山各地纷纷响应，组织了罢工、罢课、罢市、游行示威、查禁英日洋货、募集捐款等活动，有力声援了上海人民的反帝斗争，是全国“五卅”反帝爱国运动的重要组成部分，有力打击了帝国主义的嚣张气焰，大大提高了黄山人民的觉悟。

3. 新文化在黄山（徽州）的传播

1919年秋，著名的教育家陶行知推荐北京大学、金陵大学、南

① 中共绩溪县委党史办公室：《中国共产党绩溪地方史（1919—1949）》，内部资料，2009年，第52页。

京高等师范的一些优秀毕业生到安徽省立第三中学任教，带来了新的思想、新的文化、新的理念，使学校风貌为之一新。通俗易懂的白话文得到推广，有新式标点的《红楼梦》《三国演义》《水浒传》在师生中广为流传，特别是《新青年》等杂志也被介绍到青年学生中，师生争相阅读。除教学规定课程外，学校师生还组织了演说会、音乐会、体育会、英语研究会、数理化研究会、国画研究会等各种课外活动社团，学校新文化活动形式多样，丰富多彩，马克思主义思想在黄山（徽州）得到传播。

在进步思想的影响下，黄山（徽州）的进步青年，特别是在北京、上海、南京等地求学和当学徒经商的部分青年，纷纷结社，出版进步刊物，传播新思想，进行社会启蒙教育。1920 年冬，在北京大学、北京政法大学、北京工业大学读书的黟县籍青年舒耀宗、欧阳道达、王同甲等，组织发起成立黟麓学社。学社成立后，社员们讨论国事、关心桑梓、传播新思想，十分活跃。1923 年，《古黟新语》双月刊出版发行，辟有社会箴言、常识丛谈、科学浅说、问答汇录、升学指南、时事纪要、编余随笔等栏目。其办刊宗旨：一是继承五四运动精神，高举反帝爱国旗帜，宣传民主和科学，抨击迷信愚昧，传输科学知识；二是以关注家乡黟县社会与建设为核心，抨击鸦片、赌博、缠足等时弊，呼吁振兴教育，创办实业。主要撰稿人皆为黟县人，有欧阳道达（悠阳）、舒耀宗（遵钟）、天麒（铁骑）、王镂伯（竹白）、汪幼亭（鸥汀、畬丁）等，发表的重要文章有《邑教育不发达的一种原因》《邑教育局设施上刍言》《我黟亟宜设立通俗图书馆》《改良家庭的我见》《我对缠足的感想》《读许知事复黟山青年励志会请禁演戏函有感》《盐案诉讼的回顾》等。此刊主要以赠送家乡各类学校及旅外黟籍有关人士为主。它对启悟民众、开阔视野、改良教育、宣传科学民主，起到了很好的启蒙作用。《古黟新语》于 1927 年停刊。①

1922 年，黟县旅沪经商的青年胡渊如、余一辰、汪励吾等人在上海成立“黟山青年励志会”总会，在芜湖、九江、济南、乐平、景德镇、遂安及黟县等地成立分会，会员 600 余人，以商人、青年学徒为主。它的宗旨是教育青年一代，不仅要谋求道德和学识，更要谋求真正的幸福。1922 年，该会创办《黟山青年》季刊，倡导“爱乡爱人，励己励人”，通过善意的批评，增进青年的知识，发展农工商业，改善黟县社会。其栏目包括讲坛、纪事、评论、文艺、新闻、同乡录、商品广告等。《黟山青年》刊载了一些有益于改进黟县教育、废除陈规陋习、推广农桑的文章，充满了匡时济世的改良愿望和现实关怀，对黄山(徽州)新文化运动起着推动的作用。该刊于 1927 年停刊。②

1923 年，绩溪青年程本海、胡梦华与歙县人许士骐等联合上海的上海大学、中国公学、震旦大学，南京的东南大学、金陵大学，

---

① 中共黟县县委党史办公室:《中国共产党黟县地方史(1919.5—1949.9)》，内部资料，2011 年，第 3 页。

② 同上。另参见程臣金:《五四运动以后黟县青年的结社与出版刊物》，见中共黟县县委党史办公室:《古黟烽火》(黟县党史资料选编)，内部资料，1990 年，第 9—14 页。

天津的南开大学,北京的北京大学、燕京大学、清华大学诸校中的徽州籍学生及上海各界的徽州籍青年知识分子,在上海组织“徽社”并出版《微音》月刊。通过几年的发展,“徽社”社员由最初的数人发展到数百人,以联络乡谊、研究学术、改造社会为宗旨。其主要任务有:编辑发行《微音》月刊;调查研究与演讲;设立介绍所;劝设平民学校;劝设适合农村生活的乡村学校;筹设学额,培植建设新徽州的人才;约本乡同志出外作有目的之参观等。《微音》月刊开设的栏目有言论、研究、通讯、纪事、特载、调查、文艺、杂感、社务报告等,其内容丰富,风行各地,它的发行量从起初的1000份增加到后来的5000份。胡适、陶行知等为“徽社”和《微音》的顾问,经常为《微音》撰文,如胡适的《我也来谈东西文化》刊载在《微音》第27期上;陶行知的《徽州人的新使命》发表在《微音》30、31期合刊上。其他还有程本海的《对于安徽大学之希望》《徽州同胞应有之觉悟》,胡梦华的《徽州中学教育界问题》,胡素月的《谈谈女子教育的重要》《寡妇改嫁问题》等文章。《微音》月刊一时成为旅外徽州人的喉舌,对当时徽州新思想的孕育、新文化的传播影响深远。《微音》月刊前后办刊4年,共出35期,1927年3月停刊。[1]

1923年,“徽社”社员利用假期,借用绩溪胡民小学创办暑期实习学校,免费招收小学毕业青年,鼓吹新文化、传播新知识。五

① 邵宝振:《“微音”大义》,载《黄山晨刊》,2011年8月23日,第14版。

四运动后，《新青年》《新潮》《湘江评论》《创造评论》等一批宣传新思想、新文化的刊物，通过各种渠道传入黄山，吸引大批青年学生争相传阅。省立二师的青年学生写信与《新青年》杂志社联系，要求订购，后还专门派柯尚惠（柯庆施）与陈独秀联系。学生们还成立音乐会、体育会、学生会等组织，分别到海阳、屯溪以及附近农村开展新文化、新道德、新思潮的宣传活动。

▲ 柯庆施

黄山（徽州）爱国师生积极响应五四运动，开展反帝反封建的斗争以及新文化运动，促进了新思想、新文化、新思潮在黄山（徽

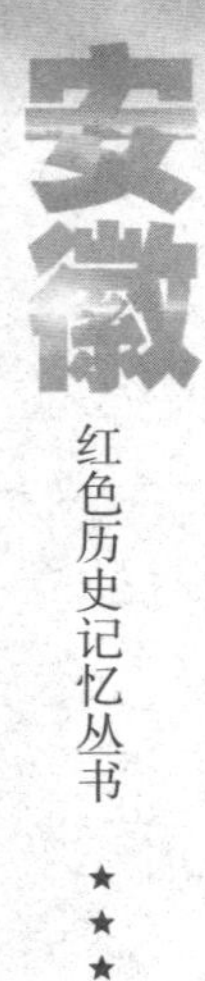

州)的传播;破除封建思想的束缚,促进了民众民主意识的树立;发动了工商学等各界民众,促进了进步力量的联合;宣传了先进理念,促进了教育、卫生、妇女、工商业等领域的改革,对黄山(徽州)社会风气的转变及社会进步具有深远的影响。

二、中共旌德三都农民补习学校支部的建立与活动

1919年五四运动爆发后,旌德城内皃山书院的进步师生积极响应,纷纷举行游行集会,发通电,散传单,声援北京学生的爱国革命行动。该年秋,进步学生梅大栋(1901—1957,化名梅子夔,曾改名陈铁如、梅养天,旌德县三都梅村人)、王同年、管栋忠等人从皃山书院毕业,考入宣城省立第四师范学校。入校后,他们积极投入学校的学生运动,加入了当时在校任教的中国共产党早期革命活动家恽代英、萧楚女等同志组织的学生读书会,同时受到进步学生——陈独秀的儿子陈延年等的影响,开始接触马克思主义,受到革命思想的教育与熏陶,梅大栋很快就成为该校学生运动的骨干,加入了社会主义青年团。

1921年6月17日,恽代英带梅大栋、吴华梓等4名学生骨干,以游黄山为名,来旌德、太平等皖南山区农村进行社会调查,传播革命思想。6月18日,师生一行5人抵达旌德三溪,在宣城

省立第四师范学校学生王同年、王瘦之家逗留(方燕达留此),邀集当地进步青年知识分子开会,共同商讨如何组织发动民众,开展反帝反封建斗争,宣传革命思想,为黄山(徽州)地区第一个党支部的建立及活动播下了革命的火种。6 月 20 日至 22 日,梅大栋陪恽代英等人游黄山。恽代英等人离开后,梅大栋继续留下来开展革命活动。

1922 年下半年,梅大栋回到家乡,在三都梅村小学任教,因他在青年中宣传进步思想,被当地乡绅所仇视,说他在青年中“闹鬼”“不配教书”,将他解职。1923 年春,他由恽代英介绍去江西安源路矿职工子弟学校任教。1924 年 1 月,梅大栋由时任安源路矿职工子弟学校校长的同学李延瑞(即李紫翔,原名李延瑞,曾用名董志诚,安徽泾县人)、吴化之等介绍,加入中国共产党。1925 年 2 月,梅大栋担任安源工会(工人俱乐部)秘书,刘少奇时任俱乐部主任。因此,梅大栋对工运工作颇为熟悉。

1925 年 9 月,安源工运和党组织遭到破坏。10 月,梅大栋携带着一尊银质的马克思胸像,回皖南继续做地下工作。梅大栋先在旌德老家梅村,以办学教书作掩护,秘密进行地下活动。年底,芜湖团地委派曹宣天(和县人,系梅大栋在宣城省立第四师范学校的同学)来旌德,协助梅大栋开展农运。他们在梅村创办了旌德三都农民补习学校作为活动阵地,白天在学校给学生上课,晚上在夜校给青年上课,以读《平民千字课本》、学习文化的名义,向青年宣传反帝反封建的民主思想和马克思主义理论。来参加学

习的青年越来越多，很快发展到40多人。在梅大栋、曹宣天的教育培养下，由二人介绍，梅大梁、王士桢、朱鹏、程朝干、朱甲、张照谟、朱和尚等7人加入中国共产党，在马克思胸像前宣誓。在此基础上，中共旌德三都农民补习学校支部成立了，梅大栋、曹宣天为支部负责人。这是黄山（徽州）地区历史上第一个党支部[①]。

党支部成立后，当年召开了两次会议，作出了一些决议，主要有：组织农民协会，打倒土豪劣绅；进城宣传，传播马列思想；在县城办书店，秘密出售进步书刊；选派骨干去外地学习。

1926年3月28日，党支部趁旌德县城做庙会的机会，组织夜校40多名学员，举着有镰刀斧头图案的大红旗，以宣传办学为名，在旌德县城街头游行宣传，高呼“马克思主义万岁！”“列宁精神不死！”等口号，并高唱《八平歌》[②]《农夫四季歌》等，向广大民众进行反帝反封建的宣传演讲。[③]

---

① 中共旌德县委党史办公室：《中共旌德三都农民补习学校支部的建立及其活动》，见《旌德党史资料选编（1919—1949）》，内部资料，1990年，第1—5页。

② 《八平歌》：“第一平来平富翁，富翁做事太不仁，家藏万担稻和粮，贫民饿死不作声。第二平来平劣绅，劣绅做事理太差，巴结官府行霸道，欺压乡民本领高。第三平来平贪官，贪官做事真可恼，有钱看见嘻嘻笑，无钱苦打逼成招。第四平来平军阀，军阀做事太不良，南征北伐多撞祸，争夺权力将人杀。第五平来平洋人，鬼子生来黑良心，千方百计害中国，害得中国弱又贫。第六平来平男女，男女权力要平等，大家做工大家分，重男轻女不公平。第七平来平钱财，钱财也就平均匀，也没穷来也没富，也没主来也没奴。第八平来平贫民，贫民起来大革命，推翻军阀与洋人，害虫一日不除掉，中国一日不太平。”

③ 中共旌德县委党史办公室：《旌德党史资料选编（1919—1949）》，内部资料，1990年，第321页。

党组织的活动，逐渐引起梅村等附近地方土豪劣绅的不满，梅大栋遂将活动的主要阵地转移到东乡仕川村和旌德县城内。1926 年 2 月，梅大栋在同学的协助下，在东乡仕川办起了仕川小学，并介绍其弟梅大梁到校任教。他们一面教书，一面筹办平民夜校，在青年中开展活动，发展中共党员，建立仕川党组织。

1926 年 5 月，根据中共“三大”的指示精神，仕川的 11 名党员均以个人名义加入了国民党，梅大梁利用这个机会成立国民党仕川独立区分部，分部执委梅大梁，宣传汪守仁，组织喻世良。同年 6 月，仕川区分部改为旌德第二区党部，有国民党员 40 多人，区党部执委喻启仁，组委喻世良，宣委汪守仁，秘书梅大梁。区党部下设三个区分部：金竹坞、上门为第一区分部，执委喻正庭，组委喻正文，宣委喻名潮；中门为第二区分部，执委喻宏荣，宣委喻宏昌，组委喻宏荣；下门和坑下为第三区分部，执委喻起义，组委喻起麟，宣委吕贡南。三个区分部共发展国民党员 67 名。

与此同时，旌德城内、朱旺村等地由中共党员汪君实、梅大栋等人负责成立第一区党部，有国民党员 30 多人，执委汪君实（兼秘书），组委朱学月，宣委张观金；三都梅村等地成立了第三区党部，有国民党员 40 多人，组委朱朋，宣委程朝干；西乡下洋成立第四区党部，由谭笑萍、谭楚元、谭汉孺、谭志清、谭健羽等人组成。1927 年初，朱旺村又成立第五区党部，执委朱金龙，组委朱谷汝。下设三个区分部，朱旺村分部执委朱竹川，组委朱乐嘉；汤村分部负责人李会全。

1926年春，为了广泛开展活动，党支部邀股集资（共邀8股，每股10元），在旌德县城胡淦记挂面店前厅开办辅仁书店，并在北乡三溪、西乡下洋各设立了分店。书店以公开出售一般书籍作掩护，将大量革命书籍秘密售给知识分子和青年学生，不到半年，共售《资本论》《共产党宣言》《唯物史观》《农民纲要》《新青年》《孤军》等进步书籍及刊物近3000册。三溪小学、下洋小学等地还办了图书馆，使大批知识青年受到革命理论教育。

辅仁书店不仅是传播进步思想的阵地，还是党组织的秘密联络点。1926年下半年，国民党安徽省党部秘书长、中共党员柯庆施来到旌德，在辅仁书店召开秘密会议，对党支部的工作作了指示，并介绍了一批青年去武汉学习、受训或工作。第一批去武汉的有工人代表王廷甫，农民代表张照谟，学生代表吴越、朱良桐、冯道。为了适应工运、农运和青运的需要，党组织陆续派往武汉学习、受训的还有梅大栋、梅大梁、谭梓生、谭笑萍、谭志清、谭鋆、谭楚元、谭健羽、谭冰楠、谭志成、冯竹庄、汪绳之、王瘦之、王士桢、王同年、朱鹏、喻忠元、汪守仁、尤彬、芮良、朱子萃、朱学悦、范明、梅金良、方明、张光前、胡懋勋、吕克定、老尚、梅树基、喻世良、朱剑农、汪易如等40多人。①

为了推动农民运动的发展，党组织先后在仕川、梅村、下洋、

① 中共旌德县委党史办公室：《中共旌德三都农民补习学校支部的建立及其活动》，见《旌德党史资料选编（1919—1949）》，内部资料，1990年，第1—5页。

孙村、朱旺等地组织农民自卫军。全县有农民自卫军800多人，仅仕川一地就有108人。

三、北伐军入徽与新政权的建立

1926年7月，在中国共产党的领导与推动下，国民革命军在广州兴师北伐，讨伐北洋政府。9月10日，北伐军占领武昌，吴佩孚率残部逃往河南信阳。北伐军接着从两湖地区挥师东进江西，追击孙传芳。11月7日，北伐军占领南昌，孙传芳精锐尽失。至此，直系军阀吴佩孚、孙传芳部的主力尽被消灭，北伐军占领了长江中下游的湖北、湖南和江西等省份。北伐军在攻克武汉、南昌后，兵分三路继续北伐，西路军沿平汉铁路北上，东路军直指浙江，中路军沿长江东进。

1. 北伐军独立二师进入祁门、休宁、黟县、太平等地

1927年2月18日，北伐军独立二师贺耀祖部毛炳文旅陶峙岳团抵达祁门，群众夹道欢迎，商店照常营业，秩序井然。学生军上街宣传，全城充满了欢乐的气氛。19日，祁门知事李克贤和各界名流、百姓等数百人，到凤凰山迎候独立二师师长贺耀祖。27日，军民联欢大会在江西会馆举行，易家钺(君佐)发表讲话。当

晚独立二师文工团和当地知识青年同台演出文明戏，庆祝胜利。3月1日，贺耀祖部分东、北两路离开祁门。2日，独立二师旅政治部主任李因（中共党员）一行抵达祁门县城，各界人士鸣炮迎接。当晚，李因在茶商公会召开社会名流会议，筹备建立国民党县党部，成立祁门县党部筹备委员会。不久，祁门县党部执委会、监委会正式成立，执委方晓沧、程梦溪、陈一诚、倪顺予、李镜吾，监委倪骏初。全县分5个区党部，31个区分部。由于祁城内的粮食被北洋军阀的溃军抢劫一空，北伐军从浮梁运来10船军粮，军队离开前将粮食留在祁城发售，以解当地民众缺粮之急。①

1927年2月19日，北伐军独立二师一营张营长率部进入休宁，国民党休宁临时县党部组织3000余名民众前往西门大桥，手持红旗，夹道欢迎。次日，休宁临时县党部和北伐军在县城南街召开休宁各界5000余人的军民联欢会。会上向民众宣传北伐的重大意义和打倒军阀、消灭封建势力、建立新政权、实行“三大政策”（联俄、联共、扶助农工）等纲领。② 北伐军委派黄韵轩任休宁县县长，宣布正式成立国民党休宁县党部，黄开祥、李莅之、黄亚光、黄希武、朱基、朱光佩等担任县党部委员。县党部下设组织、农工、妇女、青年等部。县党部成立后，广泛发动群众，相继建立

---

① 倪永安：《北伐时期的祁城风云》，见中共祁门县委党史办公室：《祁门党史资料选编》（第一辑），内部资料，1989年，第10—13页。

② 中共休宁县委党史办公室：《北伐军进入休宁和国民党休宁县党部的建立》，见《休宁党史资料选编（1919—1949）》，内部资料，1989年，第5—9页。

工会、农会、商会、妇女会、学生会等群众性组织，各阶层登记入会会员达2480余人。县党部组织30多人的宣传队，在全县巡回开展“拥护三大政策，提倡民主自由”的宣传。北伐军派军队前往屯溪接收旧政权的警察局、厘金局、税务局等机关，查封了反动军阀、省参议员刘骥的钱庄、布店及房产，受到民众的拥护。

1927年2月20日，北伐军独立二师陶峙岳团从祁门出发，经西武岭进入黟县。当北伐军经过关麓、古筑时，当地民众在关麓村的祠堂召开欢迎会。群众自动结成队伍，学生高唱《打倒列强除军阀》等歌曲，欢送北伐军开往县城。北伐军在县城北门溪滩广场举行数千人的军民联欢大会，旅政治部主任李因主持大会，旅长毛炳文讲了北伐战争的重要意义和发展形势，动员民众行动起来，打倒军阀、建立新政权。独立二师政治部指导员徐季仙、张翼鹏（均为中共党员）还到新黟学会、图书馆以及城区、西南乡等处与知识界人士联欢。北伐军委派李因、徐季仙、张翼鹏帮助地方筹建国民党黟县县党部，经过汪希直、范治农、范澍生等人的努力，2月下旬，选举产生县党部筹备委员会，主任委员程梦余，陈默若负责组织工作，范澍生负责宣传工作，范治农负责农工工作，朱迪奇（女）任秘书，汪希直任总干事。

1927年3月3日，北伐军独立二师毛炳文旅2000余人从黟县出发，经郭村、焦村、甘棠，抵达太平县城仙源镇。当地士绅孙馥仙、陈孝龙组织各界人士代表及民众1000余人前往南门迎接。北伐军入城后，市民燃放鞭炮、悬挂彩旗、赠送慰问品。3月4日，当地各界人士在东门外河滩里搭建露天戏台，举行了4000余人的欢迎大会，孙馥仙代表地方各界致欢迎词，毛炳文旅长发表演讲。会议宣布将县公署改为县政府，县知事改称县长。当晚，在仙源城隍庙演出文明戏，军民联欢。次日，部队向泾县、青阳进发。旅政治部主任李因与当地进步人士孙馥仙、陈一烈、焦鸣銮等，成立国民党太平县党部筹委会，并相继成立工会、农会、青年会等组织。其中工会由孙馥仙负责，妇女协会由陈来宜负责，青年协会由章质君负责。

2. 北伐军第二军第六师进入歙县、绩溪、旌德

1927年1月下旬，北伐军由浙江衢州向杭州方向发起进攻。2月初，北伐军第二军第六师师长戴岳，党代表兼政治部主任萧劲光率领100余人的部队从浙江沿新安江进入歙县，师政治部设在县城小北街耶稣教堂内（现为陶行知纪念馆）。北伐军到达前，军阀白宝山部闻风而逃，县知事袁之青亦离职躲避。城乡民众得悉北伐军进入县城，纷纷进城慰劳北伐军。2月2日春节，北伐军第二军第六师政治部在县城天宁寺（现天宁小区）召开军民联欢大会，会上宣布瞿朝杰为歙县县长，成立新政权。[1] 瞿朝杰在会上作了关于国民革命军北伐的意义以及打倒北洋军阀、打倒贪官污吏、打倒土豪劣绅、消灭封建势力、男女平等、婚姻自由等问题的

---

① 方浩然：《北伐军进入歙县》，见中共歙县县委党史办公室：《新安江畔战旗扬》，合肥：安徽人民出版社，1991年，第36—40页。

长篇演讲，群众纷纷拍手叫好。师政治部军乐队演出反帝反封建内容的节目。在北伐军的协助下，国民党县党部改组了，内设工人、农民、青年、妇女等部，建立"党政联席会议"制度，两周举行一次，同时建立工农群众组织、创办《新歙县》月刊、禁止赌博、废除衙门作风等这些新举措取得了百姓的拥护。

2 月 28 日，北伐军二军六师从歙县进入绩溪。国民党绩溪县党部派员到临溪迎接，并组织中小学生在南门外夹道欢迎。3 月 1 日，第六师师长戴岳到达绩溪，县党部于当晚在周氏宗祠内召开欢迎大会。在六师政治部主任萧劲光等的帮助下，绩溪县县党部执委、监委进行了重新的调整，推举程卓山任执行委员兼常务委员，胡涵澄任组织部部长，陈陶庵任农工部部长，汪任天任宣传部部长，汪瑞英任妇女部部长，周协恭任商业部部长，章笑如任青年部部长，程律本为候补执行委员。同时成立的国民党绩溪县监察委员会中，胡运中、胡范之、章范久、章洪畴为监察委员，黄叔鸾为候补监察委员。县党部迁往舒家巷办公，先后建立县农民协会、妇女解放协会、商民协会等群众组织，分别由章剑候、章笑如、周协恭担任会长。3 月 2 日，原县警察局局长金铭受到公审，判处有期徒刑 5 年。3 月 3 日下午，军民大会在县公共体育场召开，庆祝北伐军的胜利。同日，萧劲光任命胡运中为绩溪县临时县长。3 月 4 日，群众将横征暴敛的烟酒局局长余锦卿游街示众。3 月 6 日，胡运中开始到县政府处理政务。3 月 15 日，第二军政治部主任李富春任命胡运中为绩溪县长。

1927年3月5日，北伐军第二军第六师政治部第一科科长谢一环带领一个连进入旌德县城。在北伐军的配合下，反动知县黎在符被驱走。3月9日，谭梓生(共产党员)出任县长，汪君实就任国民党县党部执行常委。处于秘密状态的国民党县党部正式公开，工会、农会、商会、妇女会等群众团体相继成立，宋奎元任农会会长，王庭甫任工会主任，程文清任妇女会主席，朱鹏任县农民自卫军大队长。民主政权成立后，逮捕了大土豪、劣绅吕少丞和方楚平，将他们游街示众，平民百姓拍手叫好。①

1927年2月至3月，北伐军先后进入黄山(徽州)各县，所到之处，摧毁旧政权，建立新政权，成立各种群众组织，发动群众，对土豪劣绅进行斗争，使黄山(徽州)地区的反帝反封建运动持续高涨，进一步扩大了中国共产党的影响。

四、旌德农民暴动

旌德仕川村(现隶属俞村镇)，别名仕坑，位于旌德、绩溪、宁国三县交界处，是一个群山环抱、四周高中间低的小盆地，包括仕川、东山下、川下、金竹坞、黄泥坦、宝莲庵、汪村、六亩田、考岭下、

① 中共旌德县委党史办公室:《北伐时期旌德53天民主政权建立始末》，见《旌德党史资料选编(1919—1949)》，内部资料，1990年，第6—9页。

俄家10个村落。此地山峦叠嶂，交通不便，文化落后，人民生活困苦。老百姓长期受土豪劣绅的欺压，有着强烈的革命欲望。

1926年春节期间，中共旌德三都农民补习学校党支部负责人梅大栋，来到仕川同学喻宏柏家，见村中青少年热情活泼，群众基础较好，便于3月创办了一所仕川小学，派其弟梅大梁到校任教。梅大梁白天教学生读书，晚上进家入户，了解民情，还自编《平民识字课本》，开办农民夜校，一边教青年农民学文化，一边宣传革命思想。梅大梁边教书，边开展革命活动，发展党员，到清明前后，已发展喻世良、喻政文、喻宏荣、张元升、胡社仂、汪守仁等11名党员，成立了中共仕川支部。

为贯彻党中央国共合作、建立统一战线的政策，1926年5月，仕川的共产党员均以个人名义加入了国民党，中共仕川支部成立了旌德第一个国民党组织——国民党仕川独立区分部，梅大梁为区分部执行委员，喻世良为组织委员，汪守仁为宣传委员。6月，在中共旌德党组织的参与和领导下，国民党组织在旌德全县各乡普遍发展起来，共建立了4个区党部。仕川独立区分部改为旌德县第二区党部，下辖三个区分部，喻启仁为常务委员，汪守仁为宣传委员，喻世良为组织委员，梅大梁为秘书。1926年底，仕川国民党组织共发展党员67人。仕川中共党组织和国民党区党部建立后，在梅大梁等的领导下，向农民广泛宣传国民革命政策，号召农民支援北伐，打倒土豪劣绅，成立了农民协会、妇女协会和农民自卫军。到1926年底，已有农协会员80多人、妇协会员50余人、农

民自卫军 100 余人。

1927 年初，北伐战争节节胜利，溃退逃跑的军阀部队残部士兵经过仕川时，自卫军从他们手中购买了 27 支步枪和一些弹药，收集村民狩猎用的 40 多支土枪以及长矛、大刀和虎叉等武器，用来武装自己。

1927 年 4 月 12 日，蒋介石发动“四一二”反革命政变，反动逆流席卷山城，土豪劣绅以及各种反动势力纠合在一起，对革命实行疯狂反扑。4 月 29 日，安徽省政府委派唐绍尧任旌德县县长，中共党员、原县长谭梓生等被迫离任。唐绍尧成立了“清党委员会”，大肆逮捕共产党人和进步群众，半个月内竟拘捕关押了 80 多人。旌德的各种组织均遭破坏，共产党员王庭甫等转入地下活动。

谭梓生离开县城后，来到仕川村，在下门喻氏支祠内召开群众大会，揭露蒋介石发动“四一二”反革命政变的真相以及唐绍尧反动统治的罪行，激发了仕川农民的义愤和强烈的反抗欲望。在武汉担任共青团湖北省委秘书的梅大栋得知这一情况后，派在武汉学习的喻世良赶回旌德，与在本地坚持斗争的王庭甫、汪守仁、程朝干等中共党员联系。他们在仕川喻世良家楼上秘密召开会议，决定为打击国民党右派的气焰，营救被捕同志和群众，组织仕川农民暴动，攻打旌德县城。会议拟定了具体的行动计划：①暴动时间定在 5 月 16 日凌晨，当晚正是农历四月十五，有月光，便于夜行军；②由王庭甫担任攻城总指挥，负责组织城区一带农民自卫军，配合仕川农民自卫军攻城；喻世良负责带领仕川农民自卫军，作为攻城主力；程朝干去西乡、北乡组织农民自卫军配合行动；③攻占县城后，夺取县政府的枪支，扩大自卫军队伍，成立正式武装部队，然后进军绩溪县，夺取屯溪城，再北上武汉，与北伐军会师。[①]

会后，中共旌德地下党组织负责人王庭甫、程朝干、喻世良、汪守仁等，分赴东乡仕川，西乡庙首、孙村，北乡三溪、朱旺等地组织农民自卫军800余人，由王廷甫任总指挥，以喻世良、汪守仁负责的仕川自卫军为暴动主力，联合攻打旌德县城。

经过十几天的酝酿与准备，5月15日晚，仕川自卫军在下门喻氏支祠集合，喻世良作战前动员，宣布进军时间、路线。深夜，108名自卫军扛着刻有"拥护谭梓生，枪杀唐绍尧"标语的两门自制的檀树炮以及步枪、土枪、大刀等武器，经过绩溪县境的考溪、楼下、三岔口的山间小道，翻越绩溪、旌德交界的株树岭，步行17.5公里赶往县城。

15日晚，王庭甫在县城城东瑞市桥头的太子殿内秘密召集城郊的自卫军队伍，发表演说，宣布暴动计划，配合仕川自卫军攻城。但由于没有对参会者进行严格的审查，唐绍尧派出的奸细混进了会场，窃听了行动计划，致使军机泄密。唐绍尧得知情报后，一面派出侦探，抄小路直奔仕川，讹传时间，使仕川农民自卫军队伍提前行动；一面派出便衣，埋伏在太子殿外，等散会后跟踪王庭

---

① 中共旌德县委党史办公室：《仕川暴动》，见《旌德党史资料选编(1919—1949)》，内部资料，1990年，第10—14页。

甫等7位农民自卫军领导人，秘密将他们逮捕。同时，唐绍尧部署城防兵力，加强对四大城门的警戒。当天，绩溪新任县长陈礼本路过旌德，在旌德逗留，其随身带着护兵20余人，这样又增加了县城的防卫力量。

16日凌晨，当仕川农民自卫军提前到达东门瑞市桥头时，既不见总指挥，又无人前来联络，原来安排的内应也无动静，各路人马均未到达。因队伍仓促建成，未经训练，纪律性不强，又缺乏临阵实战经验，见此情景，一时混乱。部分队员各行其是，对着城头鸣枪射击。城内敌军已早做准备，战斗一打响，就猛烈地还击。自卫军点燃一门檀树炮，因锅铁装得太多，炮身炸裂，另一门未敢再点火。震耳欲聋的炮声使得城内守敌胆寒心惊，加之天黑，不辨虚实，亦不敢出城。双方对射一个多小时，见各路援军未到达，仕川自卫军于天亮前撤离。因离城较远，仕川自卫军除一人小腿负伤外，再无伤亡。

15日深夜，乘着月光，西乡庙首、孙村、石井，北乡朱旺、十五都及三都梅村等地农民自卫军700余人，扛着土枪、猎叉、大刀、长矛，正陆续向县城进发。当各路自卫军行至半路，听说暴动失败、县城未被攻破的消息后，无功折返，未投入战斗。

此次暴动，因准备仓促、组织不严、联络不畅、实战经验缺乏等原因而失败。16日上午，总指挥王庭甫、农会会长宋奎元、三都农民自卫队队长朱甲、朱旺自卫队队长李会全及其他自卫军骨干乐其发、王观明、张有德、张观祥、方桥金等13人被杀害于东门外。17 日，唐绍尧派出几十名武装军警去仕川“清剿”，张贴布告，搜捕共产党员及进步群众，参加暴动的共产党员和农民纷纷背井离乡，转移外地，自卫军枪支被全部收缴。[①]

仕川农民暴动虽然失败了，但它是“四一二”反革命政变后，中共旌德地方党组织领导的一次武装反对国民党右派的英勇斗争，在黄山革命斗争史上留下了光辉的一页。

① 中共旌德县委党史办公室：《仕川暴动》，见《旌德党史资料选编（1919—1949）》，内部资料，1990 年，第 10—14 页。

第二章

★★★★★

中共徽州工委的建立与活动

一、各地党组织的建立与活动

大革命失败后，1927年8月7日，中共中央在湖北汉口秘密召开紧急会议，批评和纠正了以陈独秀为代表的右倾机会主义错误，确定了实行土地革命和武装起义的总方针。“八七会议”后，中共中央临时政治局派出许多干部到各地传达会议决议，帮助各地恢复和整顿党的组织。中共安徽省临时委员会、鄂豫皖、赣东北、上海等地党组织先后派来干部加强皖南党的领导，从而使黄山(徽州)地区的党组织得到很大的发展，革命运动逐渐走上以土地革命为中心的新阶段。自1927年8月至1931年7月，黄山(徽州)各地先后建立了祁门、歙县、休宁、太平4个临时县委以及黟县区委、旌德特支、绩溪支部等党组织,党员达340余人。

由于各县建立的党组织大多隶属芜湖中心县委,个别则隶属中共临时中央政治局,为了统一领导皖南党组织,1931年11月10日,中共徽州工作委员会(简称"徽州工委")在秋浦县(今东至县)雁落坡成立,储峻滨任书记,机关驻仙寓山庙内(现石台县境内)。1932年3月,徽州工委得到芜湖中心县委批准,进一步健全了组织,由鲁国储任书记,朱晓村负责组织,铸成负责宣传,李春和负责农运,宏××[①]负责工运,陈督群负责交通,乙黎负责妇运兼学运。徽州工委有执委7人,常委5人。此时,直属徽州工委领导的有贵池、秋浦、祁门、歙县、休宁、太平、旌德等7个县委,黟县区委,东流、石埭特支,绩溪支部等党组织。7月,鲁国储去上海开会,返回途中被捕。9月25日,党中央将鲁国储被捕的消息函告徽州工委,工委立即召开扩大会议,决定工委书记暂由朱晓村担任。为了工委的安全,10月初,根据中央指示和赣东北省委会议的决定,工委机关从秋浦经祁门西坑迁至歙县小练村。11月,黟县、浮梁成立县委,东流成立象口、鳜鱿叉两个特委,均归工委直接领导。徽州工委先后辖贵池、秋浦、东流、祁门、黟县、歙县、休宁、太平、石埭、旌德、绩溪、浮梁、鄱阳、彭泽等14个县党组织。1932年3月,芜湖中心县委领导被捕,组织遭到破坏。6月,徽州

① 由于年代久远,档案缺失,加之革命斗争时期秘密工作的需要,个别人员的姓名难以确定,因此用"×"代替,后文同。

工委与芜湖中心县委失去联系，经中央批准，与赣东北省委发生横向联系。7月，徽州工委直接与党中央取得联系，隶属中共临时中央政治局领导。同年底，徽州工委划归闽浙赣省委领导，改为中共皖南特委。

1. 祁门县

1930年9月，皖西潜山县请水寨（今属岳西县）暴动失利后，先后有储德明、刘仲希、方鼐、王以仁、王农元、储洪元、夏承世、王乃悟等一批共产党员和红军骨干，自大别山到祁门投亲靠友，以教书、行医、帮工和挑货郎担为掩护，开展革命活动。如储德明、方鼐、王乃悟通过老乡储老五、王英盛的关系，分别在闪里南坑黄土坳、西坑中阳坞（又名中源坞、王家棚）设馆教书；王以仁在闪里磻村帮工挖山；王择夫在祁南侯潭张家坞帮工等。1931年春，刘仲希受上级党组织的派遣，来到祁门。他联络了分散在祁门各地的战友，设立祁城（安庆同乡会内）、高源、中阳坞、南坑4个联络站。在刘仲希等人的组织领导下，在闪里的南坑、西坑，渚口的高源，塔坊的侯潭，县东的小坑坞头等地陆续发展了一批党员。1931年3月，西坑建立了祁门县第一个党组织——中共大桥头支部，支部书记陈正修。6月，祁门全县已有64名中共党员，建立了2个区委，6个支部。这时，中共安徽省临时委员会派刘震、凌霄（化名严宽）到祁门巡视工作，在闪里西坑陈正修家召开党员负责干部会议。刘震、凌霄在会上作了三点指示：①继续秘密开展党的工作；②深入群众，开展革命斗争，建立根据地；③成立中共祁门县临时委员会。其后，在上级党组织指派的许毓成的指导下，中共祁门县临时委员会成立，刘仲希任临时县委书记，方鼐任副书记，陈正修任组织部部长，王农元任宣传部部长，陈龙任交通部部长。1932 年 3 月，祁门各地已发展党员 97 人，建立 5 个区委（分驻甫坑、大桥头、历口曹村、祁城轿行、塔坊张家坞），15 个支部，经徽州工委批准，中共祁门县委员会成立了，刘仲希任书记，方鼐任副书记。10 月，由于策动祁门驻军五十七师起义失败，刘仲希牺牲。11 月，徽州工委重新组建祁门县委，由王以仁任书记。①

2. 休宁县

1930 年 2 月，参加潜山请水寨暴动的共产党员韩文治（又名韩文质，岳西县沙村人）、王谊（原名王义才，岳西县响肠人）、王高润（岳西县天堂人）、王天德（岳西县金山人）来到休宁县万安镇附近小村东北山一带，以教书、帮工、做小生意为掩护从事革命活动。他们开展秘密宣传活动，号召穷人团结起来，打倒土豪劣绅。他们在放牛娃中教唱《放牛歌》："放牛娃子真可怜，年纪不过七八春，就帮人家牵牛绳。清早起来天未亮，两手推开牛栏门。家中

---

① 方凤，徐家兴：《祁门县早期党组织的建立及其活动》，见中共祁门县委党史办公室：《祁门党史资料选编》（第一辑），内部资料，1989 年，第 14—18 页。

无吃又无住，如今世道真不公。”教育放牛娃们“穷莫怕，有朝一日开红花”。经过宣传教育，1930年秋，蒋溢、邵逃荒、叶九源、何志刚、陈从发、程广兴6人被吸收入党，于是休宁县第一个党支部——东北山党支部在东北山建立了，蒋溢任支部书记。1931年初，中共安徽省委、鄂东、赣东北等党组织先后派人到休宁开展革命活动。如参加鄂东黄梅暴动的中共党员陈岩（黄梅县五祖寺人）、陈火妹（黄梅县白岸人）、于术坤（黄梅县于大屋人）等先后到休宁投亲靠友，在岩脚、石岩、郑村一带从事革命活动。1931年6月，休宁县城、万安、屯溪一带先后建立了11个支部，党员达91名。为统一领导，中共休宁临时委员会在西馆小学成立了，韩文治任临委书记，隶属芜湖中心县委领导，11月转属徽州工委领导。在中共休宁县委的领导下，党组织逐渐壮大，上黄、石砷、潜阜、上约山等地先后建立党支部，部分村庄建立了农民协会，开展抗租抗税斗争。县委还在安徽省第二中学中发展党员，积极在山区猎户中开展工作，发展武装力量。1932年6月，休宁县共有14个支部，并在岩脚一带建立了300余人的猎户团。

3. 黟县

1930年9月，原潜山县革命委员会青年委员汪大中（汪润吾）到黟县黄梓坑以教书为掩护，秘密组织贫农团、少共团。1931年4月，中共安徽省委特派朱晓村（又名金汤、赵慰农）到黟县黄梓坑，将少共团员转为共产党员，建立黟县第一个党支部——中共黟县特支，书记汪大中，组织委员占德和，宣传委员徐际春。7月，特支扩建为中共黟县区委，汪大中任书记，下设平坑、石灰坑、黄梓坑3个支部，有党员29人。1931年，汪希直、余纪一（余庆瑞、余华）受上海的中共临时中央政治局派遣，到黟县发展党组织。1932年春，汪希直、余纪一先后在屏山、关麓、蔚文小学发展了16名党员，在城区建立中共黟县特支，书记余纪一，下属城区、屏山和关麓3个支部，分别由范澍生（范铸生）、舒政海（舒庆生）和汪希直负责。1932年初夏，汪希直、余纪一组建了中共黟县区委，11月组建中共黟县县委，下设城区特支和屏山、关麓、城区、际村4个区委。①

4. 歙县

1928年冬，安徽潜山、湖北黄梅、赣东北和上海中共党组织，先后派出党的工作者到歙县塘边及歙南一带开展秘密活动，建立组织。1930年，曾参加请水寨暴动的共产党员刘柏林从潜山到歙县，以卖雪花膏为掩护，开展革命活动。刘柏林以小练村作为工作的重点，向群众宣传共产党的革命纲领、奋斗目标和神圣使命，分析受苦受难的原因，讲述革命道理。经过几个月的活动，他发展了陈友交、陈家兴、洪继明等11名中共党员，在此基础上，8月，歙县第一个党支部在小练村成立，书记陈友交，组织委员陈家兴，

① 姚振萱:《中共黟县县委的建立及其活动》，见中共黟县县委党史办公室:《古黟烽火》（黟县党史资料选编），内部资料，1990年，第22—28页。

宣传委员童永良、凌年洲。12 月，区委会在小练支部的基础上成立了，陈家兴任书记，童永良、凌年洲、洪继明负责宣传工作，陈加云负责组织工作。区委会有党员 30 多人，活动范围扩展到罗田、草市、翰山、颖溪一带，相继成立了贫农团、妇联会、儿童团等群众性革命组织。1931 年，党组织发动小练一带群众开展反霸减租斗争，成功将每亩租额从 2 石减到 1.4 石。同年 7 月，中共歙县临时县委在小练成立，刘伯林任县委书记，陈家兴任副书记，委员 3 人，下设 8 个支部，党员 71 人。1932 年 4 月，中共歙县县委成立，汪樾任书记，委员张国祥、叶礼青，县委机关设在岩寺。

5. **太平县**

1930 年秋，鄂豫皖苏区的共产党员王礼松、刘仲弟等转移到谭家桥地区，以种山(种植山地)、教书等职业作掩护，开展秘密活动。他们一面联络从潜山、太湖、霍山、六安、怀宁、黄梅、广济等地转移来的共产党员，一面培养和发展本地穷苦农民入党。1931 年 2 月，中共安徽省委派刘震到徽州指导建党工作。王礼松与刘震取得了联系，同月，他们先后在菖莆田、南山、高山建立 3 个党支部，黄国华、陈伯满、程小发分别任党支部书记，3 个党支部共有党员 32 人。6 月，中共太平县临时委员会在谭家桥成立，王礼松任书记，刘仲弟任秘书，下辖菖莆田、南山、高山、罗村、虹山、洋湖田、辅村 7 个支部，党员 81 人。中共太平县临时委员会建立后，又逐步向庄里、兴村、地里溪、秧溪、龙门、小河里等地发展党的组织。徽州工委建立后，指派邹一清到太平开展建党工作。邹一清化名毕竟成，先住辅村黄梅同乡刘金荣家，后到黄山看庙。他以打柴、卖柴为掩护，秘密联络庄里、兴村一带的共产党员李品芬、孙华轩（孙古愚）、唐海生等，商议筹建党组织事宜。1932 年 3 月，中共太平县委员会在甘棠庄里建立，邹一清任书记，李品芬任组织委员，孙华轩任宣传委员。太平县委下辖三口、甘棠、秧溪 3 个区委和 10 个支部。太平县委建立前后，相继组建了县委红军游击队、兴（村）庄（里）红军中心小组、秧溪红军游击队和甘棠猎户团等军事组织；同时成立三口、辅村、甘棠农民协会，罗村儿童团等群众组织，带领农民开展抗租抗债、打土豪等行动。1932 年 11 月 15 日，县委红军游击队在徽州工委游击队的配合下，袭击谭家桥蚂蚁街（今西文村）土豪江德本，烧毁江家田地契约，在太平县产生了很大的影响。

6. 绩溪县

1930 年冬，在休宁万安任小学教员的共产党员章洪刚受党组织负责人刘国标（游国标，曾任少共徽州工委书记）指派回绩溪开展党的活动。次年春，章洪刚返回故里北村办学，先开办私塾，继办尚德小学，以教师身份为掩护，秘密开展党的宣传、组织工作。1931 年初夏，中共芜湖中心县委屯溪巡视区派熊一飞到绩溪指导工作，他与章洪刚一起发展小学教员胡健斋、张世芳入党，并在水村沙坝石灰窑开会，成立中共绩溪支部，章洪刚任书记，胡健斋任

组织委员，张世芳任宣传委员，直属芜湖中心县委。1931 年 11 月，支部改属徽州工委领导。中共绩溪支部建立后，在教育、商业界和农民中秘密宣传党的抗日主张，吸收个别进步知识分子加入“反帝大同盟”，发动农民组织农民协会，选拔优秀成员入党。[①]

7. 旌德县

1927 年 5 月，旌德农民暴动失败，13 名党员和青年骨干被杀害。7 月，在武汉学习的中共党员王瘦之、王同年、王士桢等人，受中共安徽省临时委员会派遣，返回旌德开展工作。8 月，他们与西乡党组织负责人谭笑萍一起，在下洋村成立中共旌德特别支部，谭笑萍任支部书记。1927 年秋冬，梅大栋等中共党员从武汉回到旌德，加强了特支的力量，先后在西乡、北乡各地建立了 7 个党小组，发展党员 30 余人。因反对教育局局长江养吾的“倒江运动”失败，梅大栋、谭笑萍、梅大梁等 10 余人被捕，梅大梁牺牲。1929 年，谭笑萍经保释出狱，继续在西乡坚持斗争，恢复了洪川、马岭、板桥、白地、下洋 5 个党组织，有党员 20 余人。1930 年夏，谭梓生在从江西苏区去上海的途中，路过旌德，与特支书记谭笑萍一起在板桥碓山召开党员代表会，会议决定将旌德特支改为旌德区委，谭笑萍任区委书记。1931 年春，皖西潜山、湖北黄梅等地的共产党员和红军干部，如程宝三（程白毛）、程天星（程黑毛）、朱晏

① 中共绩溪县委党史办公室:《中国共产党绩溪地方史（1919—1949）》，内部资料，2009 年，第 81—83 页。

如、洪士珍、柯开华、文崇山等20余人先后来到旌德西乡的板桥、江村、白地、庙首等村，以帮工、行医、教书、挖瓢等职业为掩护，开展宣传与组织工作。他们与西乡党组织一起在江村建立苏维埃政权，程宝三任主席，谭笑萍、洪士珍、江福喜任委员，同时建立了农民协会、妇女协会、青年团等群众组织，在西乡一带开展轰轰烈烈的农民运动。1932年4月，旌德区委改为中共旌德县委，隶属中共徽州工委领导，谭笑萍任县委书记，全县有党员120多人。

1931年2月，安徽省委派员到徽州巡视，7月，省巡视员刘震在写给中央的报告中指出："徽州地处皖之西南边陲，与江西赤区邻近，而与芜湖中心县委山路崎岖五六百里，交通不便，指挥有鞭长不及马腹之感。"①

由于地理和工作上的原因，赣东北省委要求中央将徽州工委划归其领导。1932年6月，徽州工委与赣东北省委发生横向联系。1932年冬，赣东北省委派宁春发到皖南，并将徽州工委改为中共皖南特委，宁春发任特委书记。徽州工委领导的范围主要是安徽南部和江西东北部的部分地区，这里北倚长江，南联浙赣，群山逶迤，道路崎岖，交通不便，是皖、浙、赣三省交界偏僻地区，且从江北迁来的外来人员多，群众基础较好。徽州工委在这一范围秘密活动，发展党员和党组织，与国民党、土豪劣绅进行了坚决的

① 中共歙县县委党史办公室：《新安江畔战旗扬》，合肥：安徽人民出版社，1991年，第3页。

斗争。①

二、祁门暴动

“四一二”反革命政变后，全国各地相继举行武装起义，实行工农武装割据。在这样的背景下，祁门县委书记刘仲希积极开展兵运工作，策划暴动。刘仲希（1910—1932，原名刘国鼎，乳名廷柱，又名盛邦，字之彦。到皖南后改名刘仲希，化名乙黎）是安徽省潜山县第六区李畈（今属岳西县沙村乡）人。1930年2月，刘仲希参加请水寨暴动。4月，他任中国工农红军第三十四师第一团政委。1931年3月，刘仲希受党组织的委派，到祁门县西乡闪里的黄土凹，找到了储德明、储鲁书等失散的战友，他们分别化装成货郎担、串乡郎中四处游访，先后联系上了施宣传、王迎悟、方鼐等10多人，进行革命宣传活动，发展党员，建立党支部。1931年6月，中共祁门县临时委员会成立，刘仲希任临时县委书记。1932年3月，经徽州工委批准，中共祁门县委员会成立了，刘仲希任书记。4月，刘仲希任中共徽州工作委员会执行委员，负责兵运、妇运和学运工作。

---

① 中共歙县县委党史办公室：《刘震给中央的报告（摘录）》，见中共歙县县委党史办公室：《新安江畔战旗扬》，合肥：安徽人民出版社，1991年，第1—3页。

为了革命需要，刘仲希化装成士绅模样，头戴礼帽，身穿长衫，携带夫人韩乔乔，经常出入祁门县城国民政府军第五十七师营所和县商团，与国民党军官及商界名流拉关系、套近乎。地下党员杨子清根据县委指示，通过社会关系，结识了国民党第五十七师驻祁门某团第一连连长郑保清（皖北人），经过杨子清的宣传动员，郑保清加入了中国共产党。郑保清又以皖北同乡的关系，发展第三连杨连长也加入了共产党。杨连长与该团团长是亲戚，通过工作，团长亦被争取到革命阵营里来了。同时，第五十七师参谋长张权也与党组织进行了联系。经过刘仲希、杨子清等人的努力，在国民党第五十七师某团内发展党员10余人，县商团内部也有了共产党员，商团的一支30余人的武装已被我党所控制。祁门县少共书记夏承世受县委派遣，到第五十七师某团当兵，在取得国民党军官的信任后，弄到短枪一支。以上这些活动，为开展武装暴动奠定了一定的基础。

1932年5月，中共赣东北省委派刘国标等人从江西带了1000多人的队伍来到祁门南坑，准备暴动。7月，赣东北省委给徽州工委发来指示：要加紧启发与领导群众经济的、政治的斗争，走上游击战争的阶段，配合各苏区红军积极进攻与苏维埃运动的热烈发展。10月，赣东北省委再次派刘国标到皖南，与徽州工委取得联系，拟在祁门、贵池、秋浦、东流等县，分别举行武装暴动，建立革命根据地。由于9月至10月，中共秋浦县委在贵秋边区发动和组织农民暴动失败，徽州工委领导朱晓村、计剑峰将工委

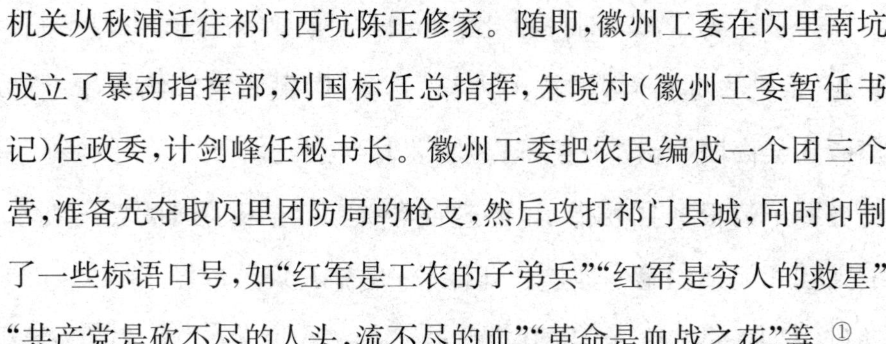

机关从秋浦迁往祁门西坑陈正修家。随即，徽州工委在闪里南坑成立了暴动指挥部，刘国标任总指挥，朱晓村（徽州工委暂任书记）任政委，计剑峰任秘书长。徽州工委把农民编成一个团三个营，准备先夺取闪里团防局的枪支，然后攻打祁门县城，同时印制了一些标语口号，如“红军是工农的子弟兵”“红军是穷人的救星”“共产党是砍不尽的人头，流不尽的血”“革命是血战之花”等。[①]

为了争取国民党祁门驻军第五十七师某团起义，夺取祁门暴动的胜利，总指挥刘国标给第五十七师某团团长写了一封信，请地下交通员方保伢去县城送信，但不巧的是该团团长赴屯溪开会去了，方保伢误将信交给了新来的副团长。方保伢被捕后叛变，供出了刘仲希。刘仲希受徽州工委的指派，到祁门县城与地下党取得联系，商谈兵变事宜。不知底细的刘仲希到县城时，亦不幸被捕。国民党一面加强防范，一面在县城加紧搜捕。隐蔽在祁门县城轿行里的地下党员王明扬得知消息后，连夜赶赴闪里南坑，向朱晓村等徽州工委领导汇报。为了工委机关的安全，徽州工委迁往歙县小练村。

国民党第五十七师师部在胡家祠堂，采用秘密手段，将驻祁门某团连排以上干部逮捕审讯，活埋、枪毙者不计其数。国民党对刘仲希威逼利诱、严刑拷打，但他始终坚贞不屈，没有泄露党组织的秘密。11月，刘仲希被杀害于祁门县城南门外笔架山麓。中

---

① 中共黄山市委党史研究室：《中共黄山地方史（1919—1949）》，内部资料，1997年，第33—34页。

共地下工作者数十人被捕，祁门县城、闪里、大桥头三个党组织被全部破坏。党组织策划的此次祁门武装暴动和国民党第五十七师起义工作流产。

三、省立二中学潮

1912 年，绩溪的胡晋接先生在歙县紫阳书院创办了省立第五师范学校，次年 7 月，购得休宁万安镇新棠吴氏、任氏两故居为永久性校址。1914 年，省立第五师范学校改名为“省立二师”，胡晋接任二师校长。1928 年春，原省立第三中学并入省立第二师范，改名为安徽省立第二中学(简称“省立二中”)，校址仍设在休宁县万安镇。学校设有普通科和师范科，还有附属小学，是皖南著名学府。由于五四运动的影响，各地学潮此起彼伏，安徽省教育厅及校方对学生防范得很严，不许学生参加任何政治活动。

1930 年秋，一批参加皖西请水寨暴动的中共党员陆续转移到皖南继续从事革命活动，位于休宁万安的省立二中也出现了秘密活动。一些进步学生不仅秘密传阅《政治周报》《共产主义 ABC》等书刊，还建立“读书研究会”“同乡会”(也称“同学会”)“曙光社”等组织，出版秘密刊物，宣传进步思想，打破了校内沉闷、压抑的气氛。

1931年，“九一八”事变爆发后，安庆、芜湖等地学生纷纷起来声讨日本侵略者的罪行，受其影响，省立二中学生爱国热情高涨，他们冲破阻力，组织了“省立二中抗日救国会”，与屯溪隆阜的“省立四女中抗日救国会”联合，在休宁、屯溪一带开展抗日救亡宣传。但学校当局按照休宁县政府的指令，干涉压制学生的爱国行动，取缔抗日救亡团体，日益引起学生的不满。

与此同时，徽州工委在斗争中逐渐发展壮大，在万安街及附近农村相继建立党支部，并在省立二中发展了中共党员。党组织在万安镇开办了徽州书局，从上海北新书局及其他书局采购来大批新文化书籍，吸引了大批学生。汪宪、章洪刚等以徽州书局为掩护，开展学运工作。学校当局极力阻挠，教务主任左敬忱甚至禁止学生购买徽州书局的书刊。

1932年，省立二中师范科三年级学生即将毕业，按规定，毕业班师范生在结业前，要组织参观团由教师率领赴外地参观教学和实习。校方却以种种理由克扣经费，引起师范生的不满。学生几经交涉，仍不能如愿。要求按规定发放参观费赴歙县观摩，属于合理要求，普通科学生亦同情与支持师范生维护其权益。11月14日晨，级长会议主席胡文候秘密召集各年级级长联席会议，商讨对策，会议决定以校方侵吞水锅费（每人2元）、图书费、克扣参观费为由，向校方提出质问和抗议。会后，即张贴级长联席会议布告，并通知晚上7点召开全校学生代表大会，选派代表与校方交涉。校长（汪采白）因母亲生病，下午回歙县省亲，校务委托训

育、教务、事务三主任负责。

晚饭后,全校学生以钟声为号,齐集大礼堂开会。训育部慌忙派人前来阻止,遭到学生抵制。大会执行主席余宝林宣布级长联席会议决议,揭露校方种种贪污行为;学生朱道煌(高二学生,中共党员)指出,以教务主任左敬忱为代表的学校当局平日压制民主,号召大家联合起来,将左敬忱驱逐出校。经过讨论,大家同意向校方提出以下要求:①退还图书费、水锅费;②驱逐教务主任左敬忱。如校方不同意,则举行全校大罢课。大会还选出60人的代表团,公推朱道煌、朱道业、李文斌等4人为代表,与校方谈判,但被校方拒绝。代表团立即开会,宣布成立总务、宣传、示威、纠察等组织,分头行动。他们首先控制发电机房,终夜发电,保障电源供应;宣传股连夜在校内书写:“收回水锅费、书籍费”“打倒左敬忱”“实行大罢课”“杀尽新社会障碍”等标语;示威股将教室门窗钉上,举行大罢课;交际股四处寻找左敬忱,要求其答复条件。左敬忱慌忙逃往校外躲避,其卧室门窗亦被学生封上,一时间,校内秩序大乱。①

中共徽州工委对省立二中学潮十分重视,指示万安镇支部朱常九利用各县学生同乡会扩大斗争;同时派工委宣传部部长汪宪(省立二中师范科上届毕业生)具体负责指导学运工作。11月16日,汪宪以校友身份赶赴二中。为进一步扩大声势,汪宪、朱道煌

① 程周虎:《省立二中“驱左风潮”》,见中共休宁县委党史办公室:《休宁党史资料选编(1919—1949)》,内部资料,1989年,第17—22页。

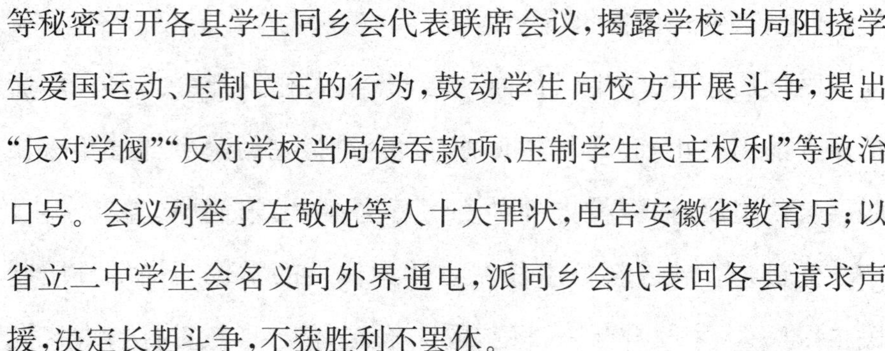

等秘密召开各县学生同乡会代表联席会议，揭露学校当局阻挠学生爱国运动、压制民主的行为，鼓动学生向校方开展斗争，提出“反对学阀”“反对学校当局侵吞款项、压制学生民主权利”等政治口号。会议列举了左敬忱等人十大罪状，电告安徽省教育厅；以省立二中学生会名义向外界通电，派同乡会代表回各县请求声援，决定长期斗争，不获胜利不罢休。

各县同乡会纷纷行动，派代表回家乡奔走呼吁。黟县同乡会代表汪集钊、叶见恒、孙景岳、舒天经（又名舒展民）4 人先后求见教育局局长吴星槎，碧阳、蔚文、屏山等小学校长、教师，得到他们的支持后致电安庆各方，声援省立二中的学生罢课斗争。省立第四女子中学学生会主席吴文晋闻讯后，立即召开学生大会并写信表示声援。休宁民众教育馆馆长李莅之热情支持学生的正义行动。兄弟学校及社会各界的声援，进一步鼓舞了省立二中学生的斗志。

学潮发生后，学校当局十分恐慌，两次电告省教育厅请求指示。校长省亲归途，慑于学潮，滞留屯溪。校方一面拒绝学生要求，一面组织“省立二中教职员临时校务维持会”，派罗教员出面调停。校方提出先复课再谈判，但遭到学生抵制。校方见一计不成，又生一计，采用分化瓦解的手段，拉拢部分学生组成护校学生会，支持复课，并鼓动学生请假回乡，以减少在校学生数，达到平息学潮的目的。11 月 17 日，罢课学生与护校学生发生冲突，学生中出现了罢课与复课的对立。20 日下午，汪校长在安徽省教育厅的催促下返校。校长抵校后，便贴出布告，挂出牌示，宣布复课。李文斌、黄承渊等立即撕毁布告，砸碎牌示，打钟集合学生，表示抗议。校方突然宣布开除李文斌、黄承渊，激起学生公愤，当时就有数十名学生聚集在校长室前示威。同日晚，省立第四女子中学许校长接省教育厅电令，赶到省立二中调停。学生代表向许校长提出四点要求：①校方须承认这次罢课为合法行动，寒假内不得开除学生，并登申、新两报声明；②浮收各费一律退还，下学期所增各费一律取消；③开除左敬忱；④开除罗教员。限21日8时前答复，否则，绝不复课。但校方没有接纳学生所提出的要求，而是试图召见为首者加以开导。学生代表朱道业与校方接触，表示是集体研究的意见，不可更改。[①]

21日，校方又强行复课，被罢课学生驱散。针对校方肆意开除学生、强行复课、制造分裂等行为，朱道煌等紧急召集同乡会代表会议，统一思想，坚持斗争，不获胜利决不妥协。当日晚，在党组织的策动下，罢课学生控制发电机房。9时许，钟声响起，全校灯火熄灭，学生手持木棒、板凳、石块等，涌向校长室，高呼“反对学阀”“驱除左敬忱”“反对压制学生民主权利”等口号，要求校方答应学生所提出的条件。校长及部分教师躲在校长室避而不见，愤怒的学生砸破门窗冲入校长室，焚烧了室内部分书画，校长汪采白头部被玻璃划伤，罗教员亦受伤。两人逃往万安街公安分

---

① 程周虎：《省立二中“驱左风潮”》，见中共休宁县委党史办公室：《休宁党史资料选编（1919—1949）》，内部资料，1989年，第17—22页。

所，要求派兵保护。当晚，4名警员赶到省立二中试图以武力相威胁，但遭到学生的包围和唾骂。警员见局面难以控制，遂逃之夭夭。

省立二中学生罢课事件，惊动了安徽省教育厅。11月22日，省教育厅电令二中校长赴省，商议对策，令省立第四女子中学许校长暂时代管校务。26日，许校长两次布告复课，学生均不予理睬，罢课斗争仍在持续。省教育厅经过磋商，电请第十区督察专员兼休宁县县长刘秉粹查办此事，12月3日，再派省督学叶明辉到校会同查办。叶督学到校后，张贴布告，要求在校学生到训导处登记，但签到的学生只有60多人，虽绞尽脑汁，而半个月过去，一无进展，束手无策。"按查在校人数100余人，其不愿登记者，显系恶劣分子混什其间阻止签名，再次暴动随时有触发之虞。"①叶督学只得致函休宁县县长刘秉粹，要求派兵到校，实行武力弹压。26日，刘秉粹派了一个中队的武装军警进驻省立二中，强令学生复课。历时一个半月的学潮，因受到国民党当局的武力镇压而平息，学潮中的骨干朱道煌、朱道业、李文斌、黄承渊等27人被省教育厅指令开除，孙荣春等12人受到留校察看处分。②

休宁省立二中爆发的大学潮，因校方克扣学生的参观费而

---

① 中共休宁县委党史办公室：《休宁党史资料选编（1919—1949）》，内部资料，1989年，第478页。

② 中共休宁县委党史办公室：《安徽省立第二中学校公函（1932年12月）》，见《休宁党史资料选编（1919—1949）》，内部资料，1989年，第478页。

起，但在徽州工委所领导的中共党组织的领导下，不断将学潮引向深入，以抗日救国、反对内战、反对独裁为斗争方向，将自发性的学潮引向具有政治性的斗争行动。省立二中学潮持续近两个月，驱逐了教务主任左敬忱，在黄山（徽州）引起了轰动，促进了黄山教育界民主思想的进一步普及与推广，打击了封建保守势力，同时扩大了中国共产党在黄山民众中的影响，是黄山学运的重要篇章。

四、屯溪兵变

1930年前后的屯溪，是国民党反动势力在黄山（徽州）地区盘踞的中心，但其内部派系林立，矛盾丛生，这为瓦解敌人，打击反动势力，扩大革命力量和革命影响创造了条件。在这种情况下，徽州工委先后派出共产党员戴天君秘密打入屯溪警察局，担任督察员；派史瑞璜打入公安局，担任巡官；派吴从周、张恺远、秦克胜、李江华、方义才等人到休宁县警察大队当警员。

戴天君、史瑞璜、吴从周等分别在警察局、公安局、警察大队内利用各种派系矛盾，特别是抓住警察大队副大队长兼教练官黄振华克扣士兵军饷、贩卖大烟等劣行进行宣传、鼓动。警察大队的士兵大部分出生贫苦，家庭经济困难，有的就是为了能吃饱肚

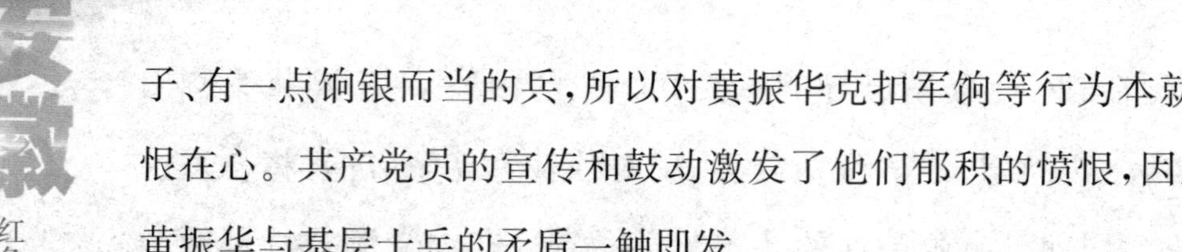

子、有一点饷银而当的兵，所以对黄振华克扣军饷等行为本就痛恨在心。共产党员的宣传和鼓动激发了他们郁积的愤恨，因此，黄振华与基层士兵的矛盾一触即发。

1932年4月间，黄振华为表现自己，命令分驻在休宁城内、上溪口、龙湾等地的警察大队官兵赶到屯溪黎阳九相公庙参加会操表演。徽州工委得知这一消息后，立即召开6个县、区委和支部书记共30余人的紧急会议，研究策动警察大队兵变事宜。4月22日中午，黄振华在屯溪西镇街紫云馆宴请省里来的教练官。趁此机会，吴从周等向集中在九相公庙的士兵鼓动，找黄振华讨要被克扣的军饷，得到了士兵们的响应。于是李江华、张恺远、秦克胜、方义才等人带着众士兵向紫云馆奔去。此时，正在紫云馆忙着接待的黄振华的亲信章清等听见枪声，急忙返回九相公庙，刚到黎阳街上，就遇到李江华等人。李江华抓住章清说："我们今天要向黄振华算总账。"遂押着章清去黎阳国民党中央银行，缴了银行门警的枪，银行职员被迫交出法币1.5万余元。接着李江华一行继续向紫云馆行进。黄振华觉察有兵变发生，立即从紫云馆出来，刚走几步，双方就相遇，黄振华的卫兵俞观桂准备反抗，被李江华当场击毙。李江华随后缴了黄振华的手枪，将其押在队伍的前面，章清被押在队后，分队副队长殷长山被押在中间，沿着中山街(现屯溪老街)往车站方向而去。

这时，在公安局内的史瑞璜也积极配合行动，公安局局长李乾璜慌忙逃往乡下去了。与中共党组织有秘密联系的原国民党屯溪保卫团人员章文彬也趁机暗中与休宁警察大队第一分队长孙宝鸾和第三分队戴春生联络，鼓动他们哗变。屯溪警察局教官戴天君带领 20 多名哗变的警察，到汽车站捣毁汽车，剪断电话线，散发传单，准备接应警察大队哗变的士兵。

黄振华被押解到下街江西会馆时，突然跑上“万年台”，准备讲话，企图稳定军心。而士兵以为黄振华想跑，当即开枪射击，黄振华见势不妙，从后台逃走，士兵紧追不舍。黄振华逃到公园时，企图跨过扬子坑往长干方向逃跑，但一时心急，反而掉入坑中。李江华等人赶到，手起枪响，黄振华饮弹而亡。

趁着混乱之际，处于队尾的章清逃跑，纠集起他的第二分队，在汽车站时，与戴天君相遇，两兵相接。戴天君兵力薄弱，怕打起来要吃亏，于是就采用缓兵之计，说其正在组织“十九路军后方补充团”，要在屯溪筹款 30 万元，制作 1000 套服装、棉被，劝章清一同参加。章清没有同意，仍带着他的队伍急忙往休宁而去。戴天君见状，即派张恺远跟着章清去休宁，准备伺机再瓦解章部。谁知这一举动被章清识破，张恺远到休宁县城后，就被章清缴了枪。

国民党士兵哗变的消息引起国民党内部的震动，公安分局钱局长找到与黄振华关系密切的商人刘紫垣，商议用金钱收买的方式瓦解士兵。对没有参加哗变的士兵，刘紫垣赏给每人 8 块大洋，此举收买了不少士兵。歙县县长闻讯后，亲自带队进行堵截。国民党驻军某部立即派出两个连的兵力，到屯溪“围剿”哗变士兵。

章清带队到达休宁县城后，与县政府秘书黄希武、李莅之以

及商人刘紫垣密议策划，计划仍由章清带队回屯溪，将哗变士兵骗上柏山。途中，章清趁戴天君、张恺远不备，命令士兵将二人捆绑起来。当晚，戴天君、张恺远和10余名警察设法脱绑后，各自四散逃亡。至此，屯溪兵变失败。

五、小练血案

小练村，位于歙西罗田乡（现隶属黄山市徽州区）境内，石冈村最西头，地处歙县、屯溪镇、休宁的交界处，是一个较偏远的小山村。村子被群山环抱，但山路四通八达，东通罗田，南到篁墩，西可到上草市，北可到休宁县城。境内黄罗尖，海拔456米，山高林密，四面都是郁郁葱葱的森林，便于隐蔽与开展革命活动。

1930年，共产党员刘伯林（1900—1933）因参加请水寨暴动失败，从潜山辗转来到歙县，以卖雪花膏为掩护，秘密开展革命活动，发展党员。刘伯林，又名刘沛霖、柳佰林，安徽潜山县后北乡人，1921年被选为安徽省学生联合会领导成员，1926年加入中国共产党。1928年，刘伯林在江西磨盘山参加红军，历任中队长、营长、团长等职，在战斗中英勇顽强，屡建奇功。1929年下半年，根据党组织指示，刘伯林返回潜山，开展建党工作和准备武装起义。1930年2月，刘伯林参加组织和领导请水寨农民武装暴动，暴动

后，成立了中国工农红军潜山独立师，任一大队中队长。4月，潜山独立师被改编为中国工农红军第三十四师，刘伯林先后担任营、团领导职务。

1930年5月底，刘伯林受党组织派遣，赴皖南开展黄山（徽州）地区革命工作。刘伯林最初落脚在岩寺的复兴饭店，后转移到小练村陈友交家中。小练村住户不多，且居住分散。童姓、洪姓为本地人，其余江姓、汪姓、余姓、何姓、凌姓分别从安庆、新安江、休宁等地迁移而来。这里，几乎每一只山坞里都有住户，多的十几户，少的一两户，特别是村中有20多户是从安庆、潜山一带迁来的。因此，小练村群众基础较好，对开展地下革命活动极为有利。刘伯林来到小练，利用老乡关系开展工作。

小练的村民长年靠为附近地主打短工、扛长活及砍柴、卖柴糊口，生活极为贫困。刘伯林利用晚上时间，经常邀集一些村民到陈友交家中聚会，向他们讲述革命道理，宣传共产党的革命纲领、奋斗目标和神圣使命，让他们弄清自己贫困的根源。经过几个月的宣传发动，刘伯林把陈友交、陈家兴、洪继明、何旺根、汪忠福、何令忠、陈灶炎、余金有、曹万财、童银六、林子娥（女）等11名骨干群众发展为中共党员，并于1930年8月建立歙县第一个党支部——中共小练支部。①

为广泛深入地发动群众、壮大革命队伍，刘伯林经常化装成

① 程学东：《小练惨案始末》，见中共歙县县委党史办公室：《新安江畔战旗扬》，合肥：安徽人民出版社，1991年，第41—47页。

货郎深入各地，肩挑货郎担走村串户，足迹遍及皖南山区。刘柏林还到草市村孔家，以当家庭教师为掩护，积极开展革命活动。随着活动范围的扩大以及工作的深入，1930 年 12 月，中共小练区委会在小练支部基础上成立了，陈家兴任书记，陈加云负责组织工作，童永良、凌年洲、洪继明三人负责宣传工作，党员发展到 30 余人，活动范围扩展到罗田、草市、翰山、颖溪一带。党组织受中共芜湖中心县委领导，发动组织群众 300 多人，相继成立了贫农团、妇联会、儿童团等群众性革命组织，凌年洲、林子娥、何玉发分别担任团长。党组织制作了苏区红旗，建立了以大刀、长矛等为武器的红色武装，制定了贫农团组织章程：参加贫农团要自愿，须有 3 个贫农团员介绍；参加后要进行宣传，要严守秘密，不叛党叛变；要为打倒土豪劣绅、反对流氓地痞、反对白匪、反对帝国主义而奋斗终生。贫农团在搞好农业生产的同时，要领导农民抓住有利时机同土豪劣绅、坏分子作斗争，缴他们的武器，夺他们的钱、粮。妇联会与儿童团则要积极配合贫农团的工作，负责赶制军鞋、站岗放哨、送信等。

在党组织的领导下，小练一带反霸减租斗争迅速展开。“小练贫农团”闹减租、打土豪、建武装，革命运动蓬勃发展。1931 年冬天，贫农团首先警告了岩寺、翰山一带的土豪劣绅朱亮清，治服了这一带的几个“地头蛇”，向土豪劣绅展开了减租、减息斗争，将每亩租额从 2 石减到 1.4 石，大长了贫苦农民的志气，大灭了地主老财的威风。

1931 年 7 月前后，草市、罗田、岩寺、梅村、长镇、塘边、伊坑、竹筒坦、石美坑、金竹等地建立了11个党支部，使黄山地区的农民运动得到了很大的发展。该年6月，中共歙县临时县委在小练成立，刘伯林担任县委书记，下设8个支部，党员达71人，受中共徽州工委领导。1932年10月初，中共徽州工委根据中央指示和中共赣东北省委决定，将机关驻地迁至小练村。是年冬，赣东北省委派宁春发来到小练村，改组徽州工委为中共皖南特委，刘伯林任秘书，特委机关仍设在小练村。至此，小练正式成为中国共产党领导皖赣边14个县革命活动的中心。

“小练贫农团”还积极开展军事行动，1932年间，“小练贫农团”曾两次配合祁门一带的红军行动，给了反动派以沉重的打击。2月的一个晚上，刘伯林率领“小练贫农团”配合祁门红军，攻打了祁门县警察局，缴获了长、短枪50多支，子弹若干发，从而打击了反动派的嚣张气焰，促进革命运动蓬勃发展。

当时，国民党六县（婺、休、歙、绩、祁、黟）保安团在屯溪驻扎。1933年3月15日（农历二月初一），保安团团总王金华去仙人洞拜佛回来，即遭到祁门红军和“小练贫农团”的突然袭击。这次战斗中，“小练贫农团”配合祁门红军捣毁了敌人的汽车，拆掉了敌人的电话线，围攻了敌人的银行，击毙了国民党六县保安团团总王金华，接受了反正过来的一个国民党军连，取得了一次重大胜利。“小练贫农团”的斗争由小到大、由秘密到公开。

“小练贫农团”的一系列革命行动引起了国民党驻屯溪的安徽省第十区保安司令部的警觉和恐慌。1933年1月，保安司令部

副司令汪汉亲自主持全区各县保安团的整顿和训练工作，督促各县充实、修理保安团队的武器装备，要求各县组织猎户队等，加强武装防备。另外，他们还网罗和收买叛徒、流氓、地痞等反革命分子四处侦查，以达到破坏中共地下组织的目的。

1933 年农历五月初的一天，刘柏林等人在小练附近的瑶里村汪金发家开会时，被打猎回来的程继元发现，他不顾在门外警戒的陈家兴、陈灶炎的阻止，强行闯入会场，高喊：你们不要在此暗中组织红军，不出三天，就把你们消灭，并用枪威逼参加会议的妻子汪姣仂回家，否则将其打死。程继元随后将情况向甲长齐双全报告，又和齐双全一同转报保长孙汉仁，再层层呈报县长石国柱、专员刘秉粹。国民党驻屯溪的省第十区保安司令部副司令汪汉，亦从休宁保安团以及密探等处得到中共地下党活动的情报。

刘秉粹、汪汉得知共产党在小练的活动以及红军将攻打屯溪的消息后，立即秘密会商，调动军警前来小练"围剿"。

1933 年 5 月间，皖南特委计划在收到上级接济的 60 余支枪后，就攻打屯溪，而后乘胜进攻徽属六县，与江西、宁国等地红军游击队会合，使皖赣一线成为红色区域。5 月 31 日（农历五月初八）晚，皖南特委书记宁春发召集刘伯林等 30 余人，在小练村林家继家里召开军事会议，准备先率领武装人员攻取篁墩国民党团防，6 月 1 日攻打屯溪。不料，由于保密工作不周，情报很快就被刘秉粹等获悉。当天深夜，刘秉粹命令汪汉率休宁、屯溪的军警待命出发，并电令歙县县长石国柱率队开赴东关木岭堵截。石国柱接到命令后，

当即率领保安队40余人乘车到达岩寺，然后步行，于夜半时分到达指定地点。汪汉率领的休宁、屯溪军警240余人，亦于6月1日凌晨2点左右到达篁墩。随后，兵分两路，包抄小练：一路由汪汉率领，由篁墩向小练进发；一路由中队长刘勃率领，从草市插小路进入小练。这样，军警从篁墩、草市、罗田三路包围了小练村。此时，宁春发、刘伯林等人仍然在开会，完全没有觉察到国民党军警的合围阴谋。会议快结束时，军警已经从三面包围了小练村。

6月1日拂晓，国民党军警一到村中，就砸门捣户、焚烧房屋，大肆搜捕中共地下党员和革命群众。被惊醒的人们立即拿起枪、长矛、大刀、棍棒等与全副武装的敌人浴血拼搏。终因敌强我弱、寡不敌众，最后被敌人团团围住。全村7幢房屋被烧，陈友交、曹万才、洪正民等22人壮烈牺牲，除特委书记宁春发携部分重要文件逃出重围外，刘柏林、王以仁（中共祁门县委书记）、史瑞璜、郑西学、罗金元等40余名党员、群众被捆绑带走，押解至大石岭时，根据程继元妻妹汪的囡指认，余小云、童永五、汪的囡的婆婆、吴玉才、余松柏和两个木匠等7人被放回。陈灶炎、何世满两人在途中遭枪杀。在草市小学，汪汉又对被捕的党员、群众进行了审讯。之后，被捕的党员、群众被押送到屯溪汽车站。在车站，国民党将25名革命群众集体枪杀，其余14人被关进强戒所监押。嗣后，童永良被游街示众后，惨遭杀害。洪三莲（女，少先队队长）等7人受到审讯，后交保释金释放。

刘伯林等人在狱中被关押一个多月，尽管敌人软硬兼施，严

刑拷打,但他们坚贞不屈,义正词严地怒斥敌人,始终未透漏地下党组织的半点消息,表现了共产党人崇高的革命气节。1933年7月19日,保安司令部将刘伯林、王以仁、史瑞璜、郑西学、罗金元5位共产党员在屯溪杨梅山杀害。就义前,刘伯林等人高呼口号:"共产党万岁!红军万岁!苏维埃政府早早成立!为我们申冤报仇!"这表现了共产党人视死如归、坚贞不屈的高尚品质。

"小练血案"发生后,中共皖南特委被破坏,小练人民遭受了重大损失。据不完全统计,罹难的党员、群众达47人,被烧毁的房屋7幢。但共产党人不怕牺牲,前赴后继,突围出来的宁春发等同志,掩埋好战友的尸体,又英勇地投入了战斗。他们在歙县、旌德、绩溪、淳安等地,开展游击活动,不断地打击敌人,把刘伯林等烈士未完成的事业继续下去。1938年间,新四军来到歙县岩寺后,又和小练保存下来的地下党接上了关系,继续进行革命活动直到解放。

从1927年大革命失败后到中共徽州工委建立前后(1931年11月—1932年12月),在中共安徽省临时委员会、鄂豫皖、赣东北、上海等地党组织的领导与支持下,黄山(徽州)地区的革命斗争持续发展,自1927年8月至1931年7月,黄山(徽州)各地先后建立了祁门、歙县、休宁、太平4个临时县委以及黟县区委、旌德特支、绩溪支部等党组织。特别是1931年11月徽州工委建立后,积极组织开展学生运动、抗租抗税、打击土豪劣绅、发动武装暴动、建立革命武装等斗争,给国民党以沉重的打击,鼓舞了黄山(徽州)地区人民群众的革命热情。

第三章

★★★★★

中共皖南特委领导的农民暴动

皖南地处皖浙赣三省交界地带，山峦起伏，地势险要，历来是战略要地。屯溪是皖南重镇，东北毗邻芜湖、南京，西北接安庆、武汉，东邻浙江，西南与赣东北苏区毗连，既是赣东北苏区通往上海临时中央局秘密交通线上的重要关卡，又是南京国民政府进攻苏区的基地和后方。这里赤白交错，斗争非常激烈。1931 年 7 月，中共芜湖中心县委巡视员刘震，在给中央的报告中提出：要以屯溪为全区工作中心的中心，建议在徽州屯溪成立中心县委指导本区工作，如成立特区，实现巩固江西苏区的任务。鉴于屯溪特殊的战略位置，随着革命形势的发展，1932 年 6 月至 7 月，赣东北省委与皖南各地党组织联系。皖南地区成为配合苏区斗争和牵制敌人、打击敌人的重要前哨和阵地。①

---

① 中共休宁县委党史办公室：《刘震给中央报告——关于徽州社会状况及组织情况(1931 年 7 月 29 日)》，《休宁党史资料选编(1919—1949)》，见内部资料，1989 年，第 124—133 页。

1933 年 9 月 25 日至 1934 年 10 月 10 日,蒋介石调集约 100 万兵力,采取“堡垒主义”新战略,对中央革命根据地进行大规模“围剿”。其中,直接用于进攻中央苏区的兵力达 50 万人。蒋介石对苏区实行经济、交通封锁,企图逐步压缩并摧毁苏区。为了配合闽浙赣苏区斗争,牵制和粉碎国民党第五次“围剿”,巩固和扩大革命根据地,1933 年冬,中共闽浙赣省委派省总工会秘书长李杰三到屯溪,秘密建立皖南特委,并由李杰三担任特委书记,机关设在屯溪老街合记春号(今老街 69 号)店内。皖南特委成立后,隶属闽浙赣省委领导。尔后,闽浙赣省委又派省消费合作总社主任宁春生(字懋行,江西省上饶县湖村人)等来到屯溪,开展党的秘密活动。

1934 年 1 月,为开展白区工作培训干部,闽浙赣省委举办了白区工作训练班。4 月,闽浙赣省委派原省苏维埃政府工农检查部部长张金载,原化(开)婺(源)德(兴)县委组织部部长刘毓标,原铅山县河南特区区委书记陈直斋,以及船员工会干部黄天贵等人前来屯溪,加强皖南特委的领导。方志敏对皖南新区工作极为重视,临行前,方志敏亲自找他们谈话,交代任务:为了扩大苏区,打破敌人的封锁,派你们到皖南去工作;到皖南以后,要把工作重点放到农村去,发动广大农民创立游击根据地,以便将来把皖南、浙西和闽浙赣连成一片。当月,刘毓标等人到屯溪,见到了特委书记李杰三,接受了任务。刘毓标到歙县任县委书记,6 月调太平任中心县委书记;陈直斋先到休宁任县委书记,8 月,调歙南(又称

“旱南”)任县委书记;张金载留特委,担任组织部部长,黄天贵去贵池,以后,担任贵秋东中心县委副书记。他们均为特委委员。[①]

皖南特委先后建立了7个(后改为5个)中心县委,下辖11个县委和11个相当县一级的区委(不含旌德4个党支部),一个浙西工作委员会和皖南红军独立团。歙县中心县委,书记张金载;石青太中心县委,书记吴介唐;太平中心县委,书记刘毓标;泾旌宁宣中心县委,洪维恭、王晓南、李步新先后任书记;贵秋东中心县委,书记夏金良;祁秋贵中心县委,书记黄南山;黟县县委,书记余纪一;浙西工作委员会,皖南特委委员陈直斋兼任浙西特派员。特委还在上海唐山旅馆设立了联络站,派交通员王春茂以旅馆服务员身份,负责皖南特委与上海临时中央局的联络工作。

为配合中央苏区的反“围剿”斗争,发展皖赣边、皖南游击区,执行闽浙赣省委关于组织年关总暴动的指示,在皖南特委的领导下,皖南地区相继举行了际村暴动、柯村暴动、杜家村暴动。柯村暴动后,建立了苏维埃政府,形成了皖南苏区,皖南特委也迁到了柯村。皖南苏区对扩大革命根据地、打击敌人、支援红军北上抗日先遣队的斗争做出了重要贡献。

① 中共黄山市委党史研究室:《中共黄山地方史(1919—1949)》,内部资料,1997年,第45页。

一、际村暴动

际村，位于黟县东北部，距县城10公里，与宏村隔河相望，有人口1000余人。这里北接太平，南连休宁，东临歙县，周围星罗棋布的大小村庄处于崇山峻岭之中，是黄山西南麓的战略要冲，具有进行革命斗争的有利地理条件。

1932年12月，中共黟县县委正式成立。当时，中央苏区第四次反“围剿”斗争的节节胜利，引起了国民党的恐惧，他们一方面加紧对苏区进行“围剿”，另一方面，在苏区周围推行“保甲”制度，设立区、乡政权。中共黟县县委趁国民党安徽省政府训令各县设立区公所的时机，利用共产党员范治农与国民党黟县县长赵华山都曾参加过国民党改组派的关系，由范治农通过赵华山的关系，选派进步人士陈默若到际村担任第四区公所区长，并相机安排余纪一（中共黟县县委书记）担任区员。县委遵照闽浙赣省委提出的为配合中央苏区反“围剿”、建立皖南新苏区而斗争的指示，积极宣传，深入发动群众，壮大党的组织，成立群众团体，秘密组织游击武装，开展游击战争。

1934年夏，徽州发生特大干旱，小河断流，田地干裂，水稻、玉米一片焦黄，收成已无指望，加上国民党横征暴敛，地主豪绅催租逼债，贫苦农民苦不堪言，生活处于水深火热之中，反抗情绪日益高涨。根据形势发展的需要，同年 6 月，县委决定把各村庄 200 多名农民游击队员组编成游击队，称号为“皖南第一游击大队”，由陈天生任队长，余纪一兼任政委。县委运用这支农民武装，因势利导，将正在进行的抗租、抗粮、抗税的“三抗”斗争推向公开的抢粮斗争。[①]

正当准备进行抢粮斗争之际，1934 年 8 月 1 日，宁月生(即宁春发，皖南特委军事部部长)、储集祥(特委交通员)带着闽浙赣省委方志敏给皖南特委的指示信到达际村，找到余纪一。信中指示余纪一等 8 月 1 日举行武装暴动，以配合省委派出由宁春生为政委的 300 人的红军挺进师夺取祁门和黟县县城，建立苏维埃政权，为红军北上抗日先遣队皖南行动奠定基础。由于路途遥远耽搁，指示信送到时已是 8 月 1 日晚上，暴动难以按指定时间进行。在这紧急关头，余纪一与宁月生召集当时在际村的舒政海、王子成、陈天生、储集祥等几个负责人开会研究(汪希直、舒展民因住在关麓、屏山家中，来不及通知，未参加会议)，会上决定，2 日晚上在际村进行暴动，夺取国民党驻际村保安中队的武器，增强游击队的装备。暴动由余纪一总负责，军事上由宁月生指挥。会上还制定了具体的行动计划：①由王子成去通知各村游击队，在黄梓坑集中后于傍晚前分批进入际村；②由余纪一侦探敌情，把握战

---

① 程臣金、方庆：《际村暴动》，见中共黟县县委党史办公室：《古黟烽火》(黟县党史资料选编)，内部资料，1990 年，第 29—35 页。

机，在际村木桥上揿亮三下手电为行动信号；③避敌锋芒，出奇制胜，力争智取；④为制造假象，在夺取际村保安中队武器的同时，也佯打区公所；⑤暴动后，余纪一不暴露身份，待暴动队伍撤离，继续领导县委工作，并由其以区公所名义"报告"县府，迷惑敌人，伺机侦探敌方动态；⑥夺取敌人武器后，游击队迅速撤离际村，向通往县城的际村岭头进发，利用有利地形，伏击县城增援之敌，尔后去石亭收缴第三区公所的武器，再插到西武岭与来自江西的红军游击大队会合，参加攻取祁门和黟县县城的战斗。会后，县委派出交通员连夜到关麓村通知汪希直，要他速去祁门与即将到达的红军挺进师联系。①

8月2日傍晚，宁月生率领游击队员从黄梓坑赶到际村，假装纳凉或闲逛，三三两两地分布在保安中队及区公所周围，待命行动。

与此同时，余纪一去保安中队长毛勋家和保安中队驻地分别察看，发现毛勋正在"打摆子"（疟疾），士兵涣散，戒备松懈。一部分人去村中喝酒、赌钱了；留守的人，有的在洗澡，有的在打牌，有的在纳凉，枪支都挂在屋里的墙壁上，门前只有一个岗哨。于是，余纪一便抓住这个有利时机，迅速来到约定的桥上，发出了行动的信号。

宁月生看到信号后，即选派队员王木匠先去保安中队，佯装

---

① 程臣金、方庆：《际村暴动》，见中共黟县县委党史办公室：《古黟烽火》（黟县党史资料选编），内部资料，1990年，第29—35页。

找他江北同乡刘班长。当王木匠走到保安中队门前时，哨兵盘问："谁？干什么的？"王木匠答："我找老乡，你们的刘班长。"哨兵听来人也操江北口音，信以为真，便让他进去。王木匠走到哨兵跟前，一闪身掏出驳壳枪对准哨兵："不准动。"随即，一脚将他踢翻在地，缴了他的枪。瞬间，分布在四周的游击队员乘势冲进保安中队的住房，高喊："不许动，举起手来！""我们穷人不打穷人，你们当兵的也是穷人，只要你们缴了枪，就不打你们！"游击队行动神速，留守的敌兵惊惶失措，来不及反应，乖乖地举手投降。流散在村子里的敌兵，闻风后也纷纷逃命。这样，游击队一枪未发，就解除了保安中队 30 多名敌兵的武装，缴获步枪 23 支、短枪 2 支。游击队对被俘敌兵进行教育后将他们遣散回家，只将一敌排长带至黄梓坑镇压了。保安中队长毛勋见势不妙，悄然逃遁。①

为了不使敌人对余纪一和区公所职员朱立高、朱立钰（均为共产党员）产生怀疑，游击队解除保安中队的武装后，也佯攻了际村区公所，先开了几枪，再取走区公所的一支驳壳枪和一支步枪，丢下几个子弹壳，把一些文件材料翻得遍地都是，造成一片混乱。

由于疏忽联络，行动中负责交通的王子成未及时到位，致使游击队各部失去联系，夺枪后未能集中到预定的伏击地点，而是撤回到黄梓坑一带。因此，原预定在际村岭头伏击敌人和到石亭收缴第三区公所武器的计划没有实现。第二天，朱立玉去西武岭

---

① 中共黟县县委党史办公室：《中国共产党黟县地方史（1919.5—1949.9）》，内部资料，2011 年，第 49 页。

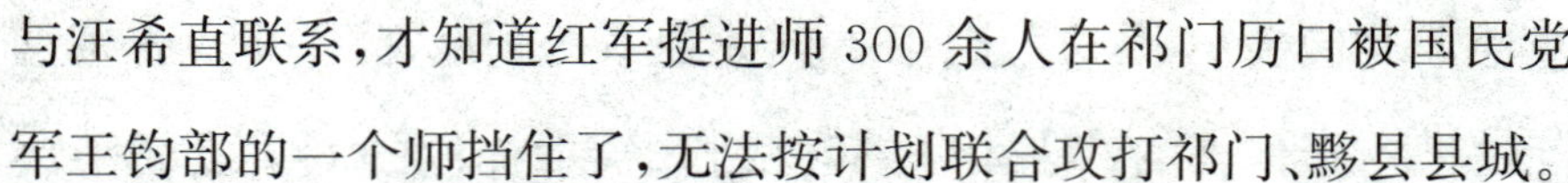

与汪希直联系，才知道红军挺进师300余人在祁门历口被国民党军王钧部的一个师挡住了，无法按计划联合攻打祁门、黟县县城。

暴动后，余纪一按计划一面邀集地方乡绅汪松涛等人，连夜联名致函国民党县政府报告枪支被劫一事，一面派舒政海去县城察看敌人动态。

国民党继任县长庄继先获报后，仓促督率200余名敌兵于次日拂晓前从县城赶到际村。开始，他们以为是盘踞在太平县观音堂的土匪李寿全一伙所为，于是，派了三个连的兵力去“清剿”这股土匪。但发现土匪们用的是短枪，没有长枪。后来发现了共产党的标语，所以，他们又怀疑是共产党游击队干的，但是查了两天，查不出结果，第三天庄继先就带兵回城了。

县委为了及时向上级报告暴动进行的情况，由储集祥去皖南特委（屯溪）汇报。不料，储集祥在暴动时，取了保安队员的一双球鞋穿在脚上，走到渔亭时被敌人认出而被捕叛变，向国民党供出了游击队和特委情况。于是，县长庄继先一面再次派兵，由储集祥带路反扑际村，准备向黄梓坑、里棚等游击根据地进剿；一面密报南昌行营和省政府，请求派兵增援。在这斗争环境日益恶化的情况下，余纪一派交通员去黄梓坑报警，宁月生立即率游击队转移到他曾活动过的杨家墩、柯村一带。当敌人扑到黄梓坑时，一无所获，恼怒之下，放火烧毁山棚，在太平十八转抓走十几个革命群众。

由于储集祥被捕叛变，国民党反动政府大肆搜捕共产党员、游击队员和进步人士。特委交通员熊一飞被捕，特委书记王弼被捕后叛变，党组织遭受严重破坏。打入敌人内部的余纪一也引起了敌人的怀疑，被秘密通缉。县保安队长邓国钧与余纪一认识，提前将消息告知陈默若，陈默若立即派舒政海抄小路赶到际村通知余纪一撤离；同时，城区区委也得知消息，通知余纪一等人立即撤离黟县。

际村暴动，是土地革命战争时期，皖南特委领导黟县人民进行武装暴动的一次尝试，它揭开了黟县人民公开反对国民党武装斗争的序幕，传播了革命思想，播下了革命火种。际村暴动，扩大了中国共产党及人民军队的政治影响，从军事上打击了敌人，壮大了游击武装，激励了人民群众的革命意志，在斗争中锻炼和培养了一批共产党员和干部。际村暴动为不久后爆发的柯村暴动增强了武装力量。

际村暴动虽然持续时间不长，规模有限，但它在黄山（徽州）革命斗争历史上有着不可磨灭的影响和深远的意义。际村暴动留下的经验教训也是深刻的，主要是暴动准备时间匆促，计划不够周密，缺乏军事斗争经验，加上红军挺进师在祁门历口被国民党王钧部所阻，未能及时与地方游击武装汇合，致使暴动未能完全实现原定计划，扩大战果。

二、柯村暴动

柯村位于黟县西北（当时属太平县），地处黟县、祁门、石埭、太平四县边陲，距黟县县城43余公里。境内山脉连绵，峰峦叠嶂，道路崎岖，交通闭塞。在国民政府统治下，大部分农民租种地主田地，饱受地租、高利贷和苛捐杂税的残酷剥削，经济、文化十分落后，而人口不到6%的地主豪绅，却占着80%以上的田地，阶级矛盾十分尖锐。

1930年8月，潜山县请水寨暴动后的中共党员和进步青年韩锦侯、储汉仪、韩彬、刘雨润、储高阳、储希文等，陆续来到乌头坑、胡家门、朗坑、王家等村，以行医、教书、种山为掩护，宣传马列主义，发动群众。同年冬，韩锦侯、储汉仪在拜祭堂的一座庙里，结识了洪常进（洪进红）和尚，发展其入党。他们利用拜祭堂居高临下、偏僻隐蔽的有利地形，进行革命活动。1931年，这些革命者又和从江西返乡的中共党员王和生、当地进步青年方再兴取得联系，团结了一些进步青年和农民，宣传革命道理，开展党的初期活动。1932年底，闽浙赣省委派出部分武装和工作人员加强皖南工作。1933年11月，中共闽浙赣省委派宁春生、黄天贵、陈大良等率领的驳壳枪队从赣东北进入柯村地区，铲奸除霸，镇压了孙村壮丁队队长孙志高，协同储汉仪在乌头坑建立了中共祁黟区委。此后，黟县、祁门、石埭、太平交界地区的一些村庄先后建立了党支部、农民团、少共团等秘密组织。活动范围逐步由中心区的拜祭堂、乌头坑、杨家墩、新棚等地向四周扩展。次年春，中共太平县委在拜祭堂成立。1934 年 4 月，闽浙赣省委派刘毓标、陈直斋等到皖南特委工作。6 月，皖南特委为进一步加强黟（县）祁（门）石（埭）太（平）边区的领导，将刘毓标从歙县调到太平工作。刘毓标到达拜祭堂后，根据上级指示，将 1934 年 1 月建立的石（埭）青（阳）太（平）中心县委合并成立太平中心县委。县委由刘毓标、韩锦侯、王和生、储汉仪、储高阳、储希文和盛守根 7 人组成，刘毓标任书记，为柯村暴动奠定了组织基础。[①]

1934 年夏，柯村地区发生了特大旱灾，眼看秋收无望。以胡炳希为首的地主豪绅，勾结官府，催租逼债，敲诈勒索，群众怨声载道，生活于水深火热之中。面对这种情况，7 月，为适应人民群众的斗争要求，配合闽浙赣苏区的反“围剿”斗争和开辟皖南新苏区，中共太平中心县委召开会议，决定进行秋收暴动，建立苏维埃政权。8 月初，中共闽浙赣省委批准暴动计划，并指示待省委派出的干部和武装到达后进行。根据闽浙赣省委的指示，中心县委召开会议，研究部署暴动的相关工作：①党支部和党员分工领导暴

① 程臣金、胡跃华：《柯村暴动与皖南苏维埃政府》，见中共黟县县委党史办公室：《古黟烽火》（黟县党史资料选编），内部资料，1990 年，第 36—43 页。

动,但党组织不能公开。②以支部或自然村为单位,普遍组织农民团,作为暴动的主力。暴动时参加的农民团的人头上绑红布,扛上大刀或梭镖。暴动前农民团是秘密组织,绝对不能泄密。③严密调查并监视当地土豪劣绅和保长的行动,暴动开始后要解除当地民团武装。④暴动后搜集烧毁田契债据。⑤以农民团团员为骨干,建立自己的武装。[①]

8 月中旬,中心县委地下交通员曹丫头从拜祭堂去新棚给储汉仪送信,在杨梅坞遇上国民党壮丁队,密信被搜出,暴动的消息走漏。中心县委得知这一紧急情况后,立即召开会议,决定把暴动时间提前到 8 月 21 日,指挥部设在拜祭堂,由韩锦侯任总指挥。恰在此时,宁月生在参加际村暴动后,率领一支游击武装辗转来到柯村,增加了武装力量。

从 21 日深夜到次日凌晨,杨家墩、乌头坑、新棚、柯村一带 3200 多名贫苦农民,在 100 余名党员的组织与带领下,进行了全面暴动。暴动中,农民团和赤卫队以长矛、大刀、土枪为武器,打土豪、烧田契、分浮财。赤卫队镇压了一批土豪劣绅,如在杨家墩镇压了黟县国民党县自卫团团总汪筱堂;在柯村镇压了民愤极大的豪绅胡炳希、大恶霸刘侠和保长王炳才、胡昌阳等;缴获地主武装各种枪支 320 余支,推翻了柯村周围地区的国民党乡、保基层政权。暴动风起云涌,短短 7 天,东起黟县方家岭,西至石埭县城

① 中共黟县县委党史办公室:《中国共产党黟县地方史(1919.5—1949.9)》,内部资料,2011 年,第 56 页。

安(今属祁门县),南到祁门县历口,北达石埭县七都,东西55公里,南北60公里的范围内掀起暴动高潮。暴动所到之处,国民党基层政权均被推翻,暴动取得了初步胜利。

1934年8月下旬,闽浙赣省委为支持皖南黟(县)祁(门)石(埭)太(平)边区的暴动,派红军游击队300多人前来皖南。9月1日,红军攻占祁门县城。9月2日,红军及干部300多人到达杨家墩。红军在政委宁春生的带领下到达柯村地区,随后在柯村东面的茅山岭,击溃国民党太平县自卫队,击毙5人,缴枪5支。群众斗争热情高涨,积极踊跃报名参加红军游击队,部队迅速扩充到4个中队。闽浙赣红军游击大队所到之处,建立农民革命团,书写“为土地、为自由、为苏维埃政权而奋斗到底”“打倒帝国主义,推翻国民党政府”“中国共产党万岁”等大幅标语。农民开仓分粮,烧毁地契债据,家家户户喜气洋洋,男女老少唱起了《红旗歌》等革命歌谣:

赤色苏俄,革命中心地,
有一个人叫列宁,是个革命家,
共产党去暴动,他把俄皇反。
想个法子明了他,宣传俄赤化。

工人农民,万众一条心,
一个人一条心,就一盘散沙。

工友们、农民们，结个好团体，

建设无产的政权，是个革命期。

在暴动浪潮的推动下，农民团、地方游击队等组织由秘密转为公开。8 月 26 日，中共石埭县委在柯村召开了周围 10 多个村庄 400 多人参加的群众大会，成立柯村农民团，有 300 多人加入，选出主席、秘书、组织、宣传等人员。接着，以柯村为中心的黟（县）祁（门）石（埭）太（平）边区的 56 个村庄也相继成立了农民团，总数达 4000 余人。地方游击队发展迅速，总数达到 600 余人。如黟县的主丈、大星、洪砼、河村、长坑、奕村、溪头等地成立农民团，组织黟祁游击队 194 人；石埭的菖蒲、城安、广楼、佘溪、竹溪、地里溪、汤村、胡村、杨村等地，有农民团 2200 余人，区游击队 100 余人，赤卫队员 360 多人；太平边的毛坦河、栏岗坑、牙坑、新棚、宝溪、翠林、杨梅坞等地，有农民团 800 余人，游击队数百人；祁门的际上、西坑、田里、湘源、花桥农民团亦有数百人。农民团的主要任务是配合游击队打土豪，站岗放哨、传递信件、担架救护，为红军游击队筹办食宿等。农民团的发展，为游击队开展武装斗争、创建苏维埃政权、充实革命力量奠定了坚实的群众基础。

三、杜家村暴动

杜家村位于太平县西北部，与青阳县毗连，周围村庄有章冲、洪田、岭下、岭上等。当时，杜家村一带的土地主要集中在少数土豪劣绅手中，贫苦农民或租地耕种，或作佣工，收入十分有限，艰难度日，虽终年劳累，仍是饥寒交迫。1934 年夏秋大旱，庄稼枯死，收成无望，而当地的土豪劣绅却勾结当地官府，照样催租逼债，农民生活是雪上加霜，苦苦度日。

8 月下旬，柯村暴动胜利的消息传到杜家村，极大地鼓舞了当地的共产党员和革命群众，他们纷纷要求组织暴动，惩治土豪劣绅，解放受苦受难的劳苦大众。中共皖南工委宣传委员岳子樵表示同意暴动。暴动原准备于 9 月 14 日夜举行，后因条件不成熟，时间推迟。10 月，中共秧溪区区委书记曹祥麟来到杜家村，与岳子樵商量暴动事宜。不久，岳子樵身份暴露，离开太平，曹祥麟开始全面负责杜家村一带的党组织工作，积极筹划组织暴动。曹祥麟在杜家村章冲组建了 50 余人的红军游击队，有 30 多支土枪，队长汪文波，教导员杜吉生。11 月，杜家村红军游击队联合泾县查村查贵荣等 5 人驳壳队镇压了横行乡里的盛村大劣绅盛其昌。

12 月中旬，方志敏率领的中国工农红军北上抗日先遣队转战

皖南,谭家桥战役失利后,兵分三路向柯村苏区进发。其中一路经过盛村、岭上等地,沿途张贴"工农群众们,你们想有饭吃,有衣穿,只有加入红军!""工农群众们,自动起来分土豪的谷子!"等标语,宣传革命思想,号召工农群众起来斗争,使贫苦农民的革命斗争意愿增强。在这样形势有利的情况下,曹祥麟也认为"年关暴动"的时机成熟,于是与中共杜家村支部书记雷金海、地方游击队负责人汪文波等商议,决定组织一场武装暴动,同时,派杜富荣、杜江水带密信去青阳,与青阳县陵阳镇红军游击队联系,请其前来协助。

12 月 20 日夜,由中共皖南工委农运委员宁坤山率领的陵阳红军游击队赶到章冲,与汪文波领导的当地红军游击队会合。当晚,曹祥麟、汪文波、雷金海、宁坤山以及当地革命积极分子等数人秘密集结在章冲杜江水家开会,在曹祥麟主持下,拟定出暴动计划:①惩处作恶多端、民愤极大的土豪劣绅(排有具体名单);②袭击岭下大地主苏百万,搜取苏家枪支弹药,用以武装红军游击队;③暴动后去向,视情况而论,或者向江西苏区转移,或者在当地建立新苏区。会议还宣布了暴动的路线和组织纪律。会议决定,由曹祥麟任暴动总指挥。宁坤山作会议总结,他说:同志们,革命的暴风雨已经到来了,我们要勇敢地到暴风雨中去接受考验!今天晚上,我们的铁拳头要把这一带的土豪劣绅打个稀巴

烂,把敌人的反动气焰打下去,扬一扬我们的威风![1]

12 月 21 日凌晨,暴动队伍分两路行动:一路到洪田,捉拿土豪曹印善;一路到杜家村,逮捕横行乡里的地主杜德正、劣绅杜仲顺、土豪杜和铨之妻等。随后两路人马 40 余人汇集岭下村,包围苏百万家宅院,缴获短枪 1 支、长枪 10 支、子弹 1 箱及部分钱物等。游击队处决了在杜家村逮捕的 4 名土豪劣绅。随即,游击队从小路转移到洪田小坑庵山里休整。

12 月 23 日,驻扎秧溪、广阳的国民党第八十八师某团,得到洪田村特务杜陶五和劣绅杜德甫(又名“杜寿衣”)的报告,迅速派出一个营,赶到杜家村“围剿”红军游击队。国民党正规军分成三路进攻小坑庵:一路从陈家西冲,一路从大山地,中间一路从曹家沿河上。宁坤山发现国民党军包围了杜家村山头,果断指挥队员占领 3 个制高点,阻击十倍于己的敌军。战斗自晨至暮,游击队弹药将尽,第八十八师调集十几挺机枪组成火力网,对游击队形成钳击之势。黄昏时,宁坤山命令游击队分散转移,自己带一名战士殿后掩护,宁坤山不幸中弹牺牲。游击队且战且退,分散突围。其中抗日先遣队留下的 7 名红军战士被敌人围困在山中,在山中与敌周旋,数日后因弹尽粮绝,被国民党地方团防捕获,壮烈牺牲于杜家村口。另一部分 9 名游击队员突破敌人的重围,在青阳、太平边区一带开展游击战,曾伏击国民党地方保安队“胡大肚

---

① 凌阜生:《杜家村暴动》,见中共黄山市委党史工作委员会:《黄山风云》,合肥:安徽人民出版社,1991 年,第 12—15 页。

子”部，缴获机枪一挺、步枪10多支，继续与敌人展开坚决的斗争。

红军游击队小坑庵战斗失利后，国民党地方驻军和地方保安队相互勾结，在杜家村一带大肆捕杀共产党员和革命群众，制造白色恐怖。佘子辉、佘子龙、杜桂声、杜三爱（女）、曹金树等人壮烈牺牲。曹祥麟的身份也已暴露，但他在通知其他同志转移之后，自己却留下来坚持斗争。1935年3月，曹祥麟在秧溪被捕，拒绝了敌人高官厚禄的诱惑，扛住了敌人的严刑拷打，坚贞不屈，视死如归。同年5月，他被国民党杀害于广阳大桥头，年仅27岁。杜家村一带的党组织也被迫停止活动。

杜家村暴动虽然功败垂成，但它是继柯村暴动之后，黄山地区共产党领导的著名暴动之一，有力地打击了国民党的嚣张气焰，镇压了一批土豪劣绅，支援了抗日先遣队的皖南行动，扩大了中国共产党及工农红军的影响，在青（阳）太（平）边区播下了革命的种子。

四、金竹暴动

金竹村，位于歙县旱南杞梓里镇东南方向，东与金川乡相邻，西与岔口镇相连，南接淳安，北近绩溪。金竹村地处天目山脉西南，山高路陡，土地贫瘠，水田极少，当地居民以开荒种植玉米、红薯为食，有少量的茶叶及青枣、山核桃等土特产出品，生活极为贫困。此地在国民党统治时期苛捐杂税众多，再加上土豪劣绅巧取豪夺，一有水旱灾害，百姓的生活便难以为继。

1931 年 2 月，受组织派遣，中共党员李春海（李宣海）从江西到歙南鸿飞等地秘密开展活动，宣传革命思想，吸收积极分子入党，发展游击武装。1933 年，三阳、叶村、中村、查坑、金竹头、横文坞、外东山、荷花形、白石源、竹铺岭脚、小曲、竹溪、金石等地分别建立中共支部，并成立中共三阳区委。游击队也发展到 50 多人。

1933 年 10 月，李春海率领的一支小游击队活动在歙南朱村、竹筒坦（今属岔口镇）一带。该年冬，李春海召集张和顺、方炳松、张爵益（张达）、汪来贵、方增进等 13 人在金竹村吴裕富家举行秘密会议，成立中共竹筒坦支部，张和顺任书记。游击武装由朱村、竹筒坦进一步扩大到英富坑、石桥上、羊毛坞、横川、蜈蚣形、田舍、佳塘降、白石鼓、盘谷坞、上源鱼塘、长川等地。竹筒坦支部建立后，开展了一系列的斗争：1933 年 12 月，张爵益等袭击昌源吴家梦土豪吴富贷，没收银圆 1000 余元；1934 年斗争井潭（现属岔口镇）土豪邵启水；有计划开展抗租、抗税、抗丁（壮丁）斗争；派地下党员与进步群众参加壮丁队、担任保甲长。

1934 年 4 月，歙县中心县委成立，隶属皖南特委领导，全面领导歙南、歙西及绩溪、淳安等县党组织。8 月，中共歙南县委成立，陈直斋任书记，机关设在杞梓里。9 月，闽浙赣省委任命陈直斋为

中共浙西工作委员会特派员。陈直斋等在浙西的淳安、遂安、昌化及歙南杞梓里、三阳、竹铺一带发展革命力量，为此后的金竹暴动奠定了基础。12月3日至4日，红军北上抗日先遣队第十九师从浙江经过昱岭关进入歙县，歙南县委发动杭(州)徽(州)公路沿线的党支部组织力量，割断电话线、烧毁桥梁、张贴标语，配合先遣队的北上行动。

1934年入夏后，皖南大旱，歙南以山地为主，受灾尤重。该年秋季，金竹一带的党员群众要求举行武装暴动，建立革命根据地。歙南县委为此请示皖南特委，特委考虑到歙南县委处于隐蔽状态，且歙南属于发展浙西、巩固皖浙苏区的重要地带，故没有同意举行暴动的要求。

1935年7月，根据革命群众的强烈要求，歙南县委决定举行武装暴动。29日，中共歙南县委代理书记张长生在朱村方增进家召开秘密会议，研究暴动计划。参加会议的有李春海、张和顺、张爵益、吴裕富、方讨饭、张茂法、张长生等。会议研究决定：①建立暴动大队，由李春海任指导员，方增进、张爵益任暴动队负责人；②由到会人通知各所在地的党员和暴动队员，8月12日到朱村集中，13日举行暴动；③会议还研究了制作旗帜、臂章等事项。会后，张长生去淳安联系，其他人分头准备。[①]

为扫清障碍、补充枪支，8月11日凌晨3时，李春海、方增进、

---

① 潘明志：《金竹暴动》，见中共歙县县委党史办公室：《新安江畔战旗扬》，合肥：安徽人民出版社，1991年，第72—79页。

张爵益等带领暴动队捉了朱村保长方鼎铭,缴了壮丁队的枪械,获土枪 6 支。12 日晚,暴动队 270 余人集中朱村,次日凌晨,兵分两路:一路由张爵益带领,攻打田舍土豪方荣宝(方建霞父)。方荣宝持枪负隅顽抗,后企图从后门逃跑时被暴动队当场击毙,缴土枪 2 支、大刀 1 把。另一路在方增进带领下攻打住蜈蚣形的联保主任方建霞。方建霞紧闭大门,开枪顽抗,暴动队员攻破大门,将其活捉,在村前河滩上执行枪决。因天黑,未击中要害,方建霞佯死,后逃脱。

13 日,暴动队回师朱村,召开群众大会,进行革命宣传。14 日,暴动队到达上金竹,召开大会,宣布正式暴动,附近 200 多名群众参加。暴动队在上金竹斗争了土豪方大坤,烧了他家的契据,令其交出祠堂租谷 300 多石。群众大会上,暴动队还教群众唱红军歌,书写"打倒土豪劣绅""抗丁、抗税、抗粮"等标语。

斗争的胜利鼓舞了士气,暴动队决定趁热打铁,于 8 月 17 日晚攻打三阳坑。但三阳壮丁队事先得到了情报,一面鸣锣集合壮丁,封锁路口;一面电告求援。当晚 11 时左右,暴动队抵达三阳附近,作了战前动员。接着,暴动队发起进攻,直取清风桥。壮丁队凭借有利地形,用密集的子弹向暴动队直射而来,2 名队员中弹牺牲。在此关键时刻,李春海命令吹响冲锋号,一些队员将事先准备好的小鞭炮点燃后扔入铁皮箱中,一时,噼里啪啦响声一片。不辨真假的敌人慌作一团,乱了阵脚,方增进、张爵益等带领暴动队员 100 余人冲进三阳坑,然后兵分两路:一路由方增进、张爵益

率领直取乡公所、盐行、税务所等要地，控制电话，攻占“洪顺泰”“洪裕和”“歙县公司”三家土豪店铺，打开仓库，将大米及银钱分给穷苦百姓。另一路在李春海率领下，攻打三阳坑近邻中村和叶村的土豪。黎明前，敌人赶来增援时，李春海按预定信号吹响冲锋号，敌人怕受伏击，不敢近前，暴动队顺利转移。此次行动，打死敌壮丁1名，伤2名，缴获电话箱1只、黑灰洋布几十匹、银圆2000多块。

8月18日，暴动队员100余人转移至皂荚坑（福泉山上）整训。暴动队编为1个连，李春海任指导员，方增进任连长，张爵益任副连长；下设3个排，徐樟顺、张茂法、方讨饭分别任排长。他们组织缝制军服，开展军事训练。

由于暴动队攻打三阳坑的计划消息走漏，保安第四团第三大队第八中队会同第九中队400余人，于18日凌晨分成两路：一路从岔口方向“进剿”，行经王祖、朱村等地；一路从英坑方向“进剿”，行经金竹、瓦上、三阳坑、福泉山等地。保安队所到之处，焚烧民房、大肆搜捕共产党员与失散的暴动队员，受到群众及暴动队员的反抗。敌人在王祖纵火烧房时，群众方广连与之搏斗被杀害；敌人在瓦上“搜剿”时，遭到失散集合起来的30余名暴动队员的迎头痛击；被捕队员陆木法、黄志达、汪金春在被敌押送途中坚持斗争，英勇献身。

8月20日，保安队进逼福泉山。为保存革命力量，暴动队转移至淳安西部的石板庵（今属淳安县王阜乡），补充了给养。在当

地党组织和群众支持下，暴动队先后在金竹岭脚、闻家、合富等地积极开展斗争。8 月 22 日凌晨，暴动队包围金竹岭脚项南山等土豪，活捉土豪项有富、童新木，接着转向闻家，于上午 11 时攻打土豪闻长木、恶霸闻木香，焚烧全部祠堂会账册，两地缴获土枪 10 余支、银洋 200 余元，并将缴获 100 多石粮食、火腿、鸡蛋、衣服、鞋子等实物分给穷苦百姓。当晚，暴动队转向合富，攻打叛徒方河元。暴动队入村后，首先抄缴了土豪方民发、方老五、方仁言、徐尚贵等家；晚 9 时许，暴动队包围了方河元住宅，但方河元已闻风逃脱。

暴动队在淳(安)西的一系列斗争，引起淳安县国民政府的恐慌。8 月 23 日，国民政府派重兵“围剿”，上午 9 时，进抵威坪。为避敌锋芒，24 日，暴动队转移到歙县瓦上苞萝源。方新自、徐海林等人到瓦上筹粮时，被甲长徐寿富发现，方新自被抓，徐海林逃脱，急忙赶回报信。李春海、张爵益等立即率领暴动队赶往瓦上，救出方新自，处决了徐寿富。当晚，暴动队移驻淳(安)西水碓山。

8 月 25 日，淳安县国民政府得到密报。26 日，淳安、建德、寿昌等县的保安队 400 余人，联合重兵“进剿”，暴动队在水碓山利用有利地形，与敌激战，敌人溃退至河村。但由于弹药奇缺，补给困难，皖浙之敌逐渐形成包围圈，鉴于当时严峻的形势，李春海在银山(水碓山附近)召开连排长紧急会议，研究对策。会议决定给每人发银圆 4 块，分散隐蔽，坚持斗争。

8 月 27 日，张长生在淳安县洞源村(今属威坪镇)被捕，后英勇就义，歙南县委遭到破坏。同日，张爵益亦被捕，被判无期徒刑，重镣监押。随后，隐蔽在绩溪岭北脚当帮工的李春海也被发觉遭捕。敌人把被捕去的暴动队员押回歙县。数十名暴动队员在狱中受尽折磨，但坚贞不屈。12月18日，国民党政府军事委员会委员长指令歙县县政府施行大屠杀。1936年1月14日，李春海、方仁才、方荣沭、徐灶鸿、洪茂林、苏允银、方水晶、方炳渭、方来闳、徐中海、方高辉、方新自、方新汉、方高维等人遇难，周宗伯、方炳林、方广三、吴位元、方生寿、黄楚章等人被判刑14年。

金竹暴动，是中共歙南县委在与上级党组织失去联系、斗争形势十分严峻的情况下，由暴动队独立领导的一次武装起义。暴动队在皖浙边境打土豪、夺枪支、分钱粮、抗丁税，宣传党的主张，转战方圆百里，历时半月余，威震皖浙边，沉重打击了国民党反动统治。暴动虽然失败了，但它播下了革命的种子，唤起广大劳动群众的觉醒，是歙南县委领导的重要的武装斗争。

五、皖南苏区的建立

柯村暴动后的两三天，宁春生带领的300多人的武装和一批干部到达柯村。中共太平中心县委及时召开扩大会议，由宁春生传达闽浙赣省委指示，研究暴动后党组织的发展、苏维埃政权建立以及分配土地、训练干部等问题。会后，中心县委从拜祭堂迁到柯村，下辖太平（书记宁月生）、石埭（书记王和生，后为黄南山）、黟祁（书记韩锦侯）、泾县（书记盛守根）、青阳（书记石生根）5个县委、18个区委、68个党支部，有党员300余名。苏区范围东起黟县方家岭，西至石埭赤岭（今属祁门县），南至祁门历口，北抵石埭七都，方圆达百余里。

1934年9月初，中心县委举办了土地训练班，开展土地改革，有600多户2300多人分得土地。10月，中心县委在柯村召开群众大会，成立皖南苏维埃政府，宁春生任主席，方再兴任副主席，下设财政、供给、土地、裁判（又称"肃反委员会""保卫局"）、交通、印刷、文教、修枪等8个部。宁春生兼任财政部部长，储汉仪任供给部部长，方再兴兼任土地部部长，胡步进任裁判部部长，王和生任交通部部长，郑国忠任印刷部部长，孙绍康任文教部部长，七军团何××任修枪部部长。各县、区、乡也相继建立了苏维埃政权。

苏维埃政权建立后，开展了党、政、军各项建设，先后成立了少共团（书记吴寿昌）、妇女部（李荣花、孙玉秀、舒喜凤先后担任部长）、儿童部等群众团体，从9月至12月，又先后举办了干部训练班、工会训练班、农会训练班、白区训练班等，培养革命干部和群众。皖南红军总医院在新棚设立，院长吴国舜，政委吴文清，收治在暴动中负伤的队员。12月，又增设孙家和老山两个分院，先后共收治暴动队员及红军北上抗日先遣队伤病员500余名。皖南苏维埃政府加强武装建设，以宁春生带来300多人的

武装为主体，吸收了地方游击队的骨干200多人，成立了中国工农红军皖南游击大队。县、区、乡也相应建立县大队、区中队、乡分队等武装，此外，还建立和发展了农民团、赤卫队等群众性军事组织。

皖南苏区还开展了土地革命，领导农民进行土地分配。苏区有200余人参加土地分配前举办的土地训练班，他们学习毛泽东的《怎样分析农村阶级》等文件，讨论制定土地分配的方法、步骤。确定以村为单位，由农民团掌握，按土地占有量和形式、劳力、雇工等情况划分阶级：没有土地或少有土地，完全靠自己劳动生活的是贫农；自有自耕，不雇长工的自给农民是中农；土地较多，雇工半年以上的是富农；有很多土地，自己不劳动而专以出租土地，向农民收租的是地主。并确定土地分配原则：雇农和红军家属分好田，外出参战时由有劳力的农民团员代耕；富农分差田；地主及外逃人员不分田。当时，以柯村为中心，东起胡村，西至宝溪，南起胡门，北达马尾洲的东西50里，南北30里的范围内，有600多户、3200多人分得土地，平均每人2亩多。柯村苏区还发行和流通使用“中华苏维埃共和国国家银行”货币（农民俗称“红军票”）。①

1934年11月下旬，中国工农红军北上抗日先遣队在方志敏的率领下进入皖南。12月18日，由军政委员会主席方志敏、军团

---

① 程臣金、胡跃华：《柯村暴动与皖南苏维埃政府》，见中共黟县县委党史办公室：《古黟烽火》（黟县党史资料选编），内部资料，1990年，第36—43页。

长刘畴西、军团政委乐少华、军团参谋长粟裕、军团政治部主任刘英等率领的抗日先遣队由太平县分三路进入柯村苏区。19日,皖南苏维埃政府召开欢迎大会,组织群众慰劳红军。方志敏在柯村的群众大会上讲了话,带领全场群众高呼"为争取北上抗日的最后胜利,造成千百万铁的红军!""中国工农红军万岁!""中国共产党万岁!"等口号。

方志敏在柯村召集皖南苏区负责人宁春生、刘毓标等人开会,听取工作汇报,分析斗争形势,指出当前敌我力量发生了巨大变化,主力红军要转移,苏区武装力量严重不足,继续在皖南搞苏维埃已经不太合适。要把苏区转为游击区,分田分地改为减租减息;坚壁清野,部队化整为零,开展游击战争;保存革命力量,保护革命群众,已经公开的党员、干部要带出去打游击,以免遇害。

为掩护苏区转为游击区,方志敏决定从抗日先遣队中留下一个侦察营,与皖南游击大队合编为红军独立团。由原侦察营营长熊刚任团长,刘毓标任政委。方志敏交给独立团三大任务:①开展游击战争;②进行抗日宣传;③大力发展白区秘密工作。方志敏手书"掌握榾枪,任他风暴"八个大字,鼓励全体干部战士,英勇不屈,顽强斗争。抗日先遣队离开柯村后,太平中心县委、皖南苏维埃政府随即召开会议,部署苏区转为游击区,基层干部转入秘密斗争的工作,并从干部中挑选了40余名骨干随独立团行动。[①]

---

① 中共黟县县委党史办公室:《中国共产党黟县地方史(1919.5—1949.9)》,内部资料,2011年,第63页。

经过简单休整，由于各路尾追之敌逼近柯村周围，先遣队在安置好伤员以后，于21日凌晨离开柯村，分兵由钓鱼岭、方家岭、章岭进入碧山村，在八卦鼎一带，击溃由国民党县长庄继先率领的保安团、别动队后，过陶岭向休宁县珰金街方向进军。12月31日，先遣队又由歙县来到黟县宏村、际村。次日，过西武岭，经祁门县金字牌向化（开化县）婺（婺源县）德（德兴）苏区进军。途经碧山村时，先遣队捉拿和镇压了罪恶较大的地主豪绅7人。

在柯村暴动和建立皖南苏维埃政府的过程中，国民党保安团和地主武装疯狂地进犯苏区，宁春生、刘毓标等率领皖南游击大队，在农民团、赤卫队的配合下，多次粉碎了国民党地方武装的“围剿”。1934年9月至1935年初，皖南游击大队先后进行了打鼓岭、木子岭、朗坑、方家岭等10余次战斗，共毙敌70多人，俘虏60多人，缴获各种武器600余件，粉碎了国民党的多次进攻，保卫了皖南苏区。

打鼓岭战斗。1934年9月，太平县郭村民团200余人进犯苏区。宁春生、刘毓标等率12名游击队员在打鼓岭伏击，毙敌7名，缴获土枪12支，活捉民团营长王炎及团丁2人。

木子岭战斗。1934年9月底，国民党保安团伙同壮丁队1000多人进犯苏区，皖南游击队配合民兵，在木子岭与敌激战，毙敌20多人，缴获枪支120支，敌军溃败退回郭村。

菖蒲岭战斗。1934年冬，皖南游击队和民兵，在菖蒲岭阻击国民党地方武装，毙敌联队长1名，缴枪5支，并乘胜追击，消灭

保安团 40 余人，缴获步枪 40 多支。

朗坑战斗。1934 年冬，驻佘溪的国民党何营 4000 余人进犯苏区，宁春生、刘毓标率游击队和民兵，在朗坑占领制高点，居高临下，用滚石、土枪、土炮，以少胜多，将其击溃，毙敌 10 名。

毛坦河战斗。1934 年冬，皖南游击队在毛坦河大摆地雷阵，阻击了国民党保安团和壮丁队 2000 余人对苏区的进犯，炸得敌人狼狈逃窜。

哺鸡坑战斗。游击队在哺鸡坑阻击国民党第七十八师第一营兵力的进攻，毙敌排长和士兵 6 人，缴获驳壳枪 1 支和长枪 18 支。

方家岭战斗。1935 年初，游击队在方家岭阻击黟县保安队、壮丁队的进犯，毙敌 7 人，活捉队长金起良及敌兵 9 人，并缴获长枪 1 支、土枪 30 支。

1935 年春季以后，柯村苏区白色恐怖日益严重，革命形势趋于恶化。为了保证抗日先遣队留下的数百名伤员安全撤退转移，保护苏区人民群众的生命财产，宁春生、刘毓标等率领红军独立团和广大干部，在极其险恶的环境下，与国民党进行了顽强的斗争。

1935 年 3 月 25 日，时任中共皖南特委书记王弼被捕叛变。国民党第七十八师、第八十八师纠集各县保安团数千优势兵力，向柯村苏区合围，实行大屠杀。在柯村、江溪、胡村、蓝湖、雷湖、菖蒲、城安、陈家坞等地，先后被杀害的苏区干部、民兵、群众及红

军伤病员共370余人;柯村、江溪、胡村被烧毁房屋81幢;被抢牛、骡马183头,毛猪600多头。在此危急关头,宁春生临危不惧,指示刘毓标率领红军独立团主力离开皖南苏区。刘毓标、熊刚等率领独立团转战青阳、贵池、泾县、绩溪、宁国、淳安等地,并向开(化)婺(源)德(兴)苏区挺进,寻找闽浙赣省委。宁春生留下小部分武装,在柯村周围的崇山密林中坚持游击战。1935年4月2日,宁春生在太平县地理溪附近被国民党第七十八师第五二三团层层包围,他战斗至弹尽粮绝,突围时不幸被俘,被押往屯溪。宁春生严正拒绝了敌人的威逼利诱,后被残忍杀害。宁月生、韩锦侯、储汉仪、方再兴、洪常进等领导人亦先后牺牲。党的活动中心地点乌头坑、拜祭堂被烧成一片焦土,皖南苏维埃政权被扼杀。

柯村暴动创建的皖南苏区,方圆百余里,历时半年有余,建立了苏维埃政权,实行了土地分配制度,有力地支援了中国工农红军北上抗日先遣队的皖南行动,在皖浙赣土地革命斗争史上写下了光辉的篇章。

1934年12月,方志敏率部队到达柯村苏区休整,听取了皖南特委、太平中心县委负责人的汇报,决定将设在白区屯溪的皖南特委机关迁到柯村,但特委书记李杰三不服从组织决定。方志敏先后任命王弼、聂洪钧担任皖南特委书记。1934年12月25日,聂洪钧在歙县许村召开特委扩大会议,参加会议的有李杰三、聂洪钧、张金载、刘毓标、陈直斋以及地方上的几个干部。会上,聂洪钧传达了方志敏对开辟皖浙赣边区、巩固扩大太平游击区的指示,

▲ 皖南特委会议旧址(许村)

并按照方志敏的意见,改组了皖南特委。新的特委委员有聂洪钧、李杰三、刘毓标、张金载、陈直斋等 7 人。聂洪钧任书记,李杰三任副书记兼组织部部长。由于不通黄山地方方言,聂洪钧于 1935 年 1 月中旬离开皖南去上海,2 月,留在上海工作。当月,张

金载被捕叛变。李杰三、陈直斋亦先后去上海。3月至4月，刘毓标率部队离开皖南。至此，皖南特委消失。

自1933年冬至1935年春，皖南特委虽然存在的时间不长，但它是在国民党严密控制、斗争十分激烈、环境极为困难的情况下开展工作的。皖南特委先后领导和举行了际村暴动、柯村暴动、杜家村暴动等武装斗争，建立了皖南苏区，有力地打击了国民党和地方顽固势力，培养和动员了广大民众，扩大了共产党在黄山地区的影响，策应了红军北上抗日先遣队的皖南行动，从而有力地配合了中央苏区的反“围剿”斗争，为三年游击战争奠定了革命基础。

第四章

★★★★★

红军北上抗日先遣队皖南行动

从1933年9月25日至1934年10月10日，蒋介石调集约100万兵力，发动对各个革命根据地的第五次“围剿”，其中以50万优势兵力采取“堡垒主义”战略，步步推进，对位于江西南部、福建西部的中央革命根据地实施重点进攻。而当时中共临时中央王明“左”倾冒险主义路线取得统治地位，他们依靠共产国际派来的军事顾问李德，用阵地战代替游击战和运动战，从军事冒险主义到军事保守主义，实行消极防御方针，造成了红军第五次反“围剿”的节节失利。到1934年夏，中央苏区已由原来的纵横近千里，缩小到方圆三百余里。根据地周围重兵压境，层层围困，并不断向中心区进逼，军事形势十分危急。

与此同时，日本侵略者加快对中国的侵略步伐。全国人民要求停止内战，一致抗日的呼声日益强烈。为调动和钳制国民党军队，减轻中央革命根据地的压力，冲破国民党军队对中央苏区的

“围剿”,同时也为顺应时代潮流,宣传和推动抗日民族运动,1934年7月,中央派出红七军团,组成中国工农红军北上抗日先遣队,举起北上抗日的旗帜,在军团长寻淮洲、政委乐少华的率领下,从中央苏区的瑞金出发,向闽、浙、赣、皖诸省的国民党后方挺进。11月初,先遣队与闽浙赣根据地的红十军会师,合编组建红十军团,方志敏任司令员和军政委员会主席,粟裕任参谋长,按照中央军区的命令,入皖作战,史称“皖南行动”。

关于红军北上抗日先遣队的任务及行动计划等事项,《中央政治书记处、中央政府人民委员会、中革军委会关于组织北上抗日先遣队给七军团作战任务的训令》[①]中有着明确的规定。其主要任务如下:①最高度地在福建、浙江发展游击战争,创造游击区域,一直到在福建、浙江、江西、安徽诸地界建立新的苏维埃根据地;②最高度地开展福建、浙江的反日运动;③消灭敌人后方的单个部队,特别是在福建及浙赣边境上的单个部队;④深入到敌人远后方去,经过闽江流域,一直到杭江铁路及安徽的南部,以吸引蒋敌将其兵力从中央苏区调回一部到其后方去。中央下达给北上抗日先遣队的主要任务是深入安徽、浙江敌后,乘敌人抽调兵力围攻中央苏区、后方空虚之际,开展武装斗争,建立苏维埃政权,以此调动国民党围攻中央苏区的部队,减轻中央苏区的压力,

---

① 中共福建省委党史研究室,中共浙江省委党史研究室,中共安徽省委党史工作委员会,中共江西省委党史资料征集委员会:《中国工农红军北上抗日先遣队》,北京:中共党史出版社,1991年,第21—23页。

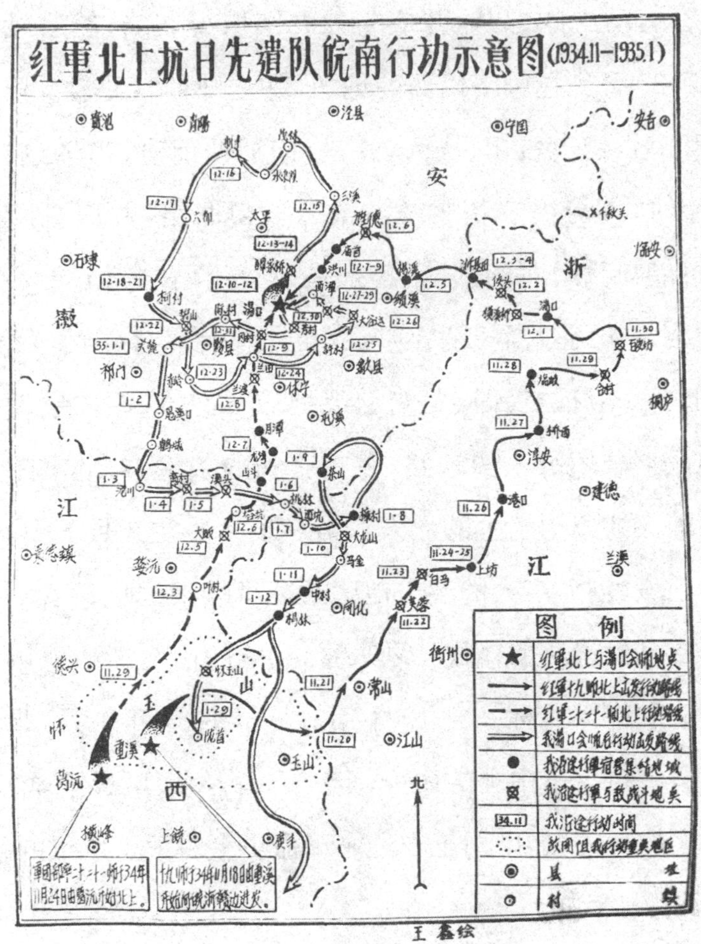

▲ 红军北上抗日先遣队皖南行动示意图

给主力红军突围创造条件,同时开展反日斗争。其预定的行动计划分为三步:第一步是由瑞金出发,经连城之北,永安东南,到达福州、延平间之闽江地域。七军团于 7 日晚由瑞金出动,约 12 日到达连城之北,在该地域相机协同第二十四师突击连城续向北进之敌。在向永安东南前进途中,应相机消灭敌第八十师及第三师

1个团在运动中的部队，并应与独九团取得联络，然后经尤溪之东，约于25日到达闽清以西的地域，并立即侦察北渡。第二步是渡过闽江后，经由古田、庆元、遂昌，向浙西前进，当经过古田、屏南、寿宁时，应与福宁各属及游击队取得联络，并应巩固这一地区，尽可能与我闽北的部队，特别是建瓯河西之第五十八团设法取得联络。在到达浙境后，应与我红十军保持经常的联络。8月中旬，七军团应抵杭江铁路之兰溪地域，同时应派出别动队在广大的地段上破坏敌人的铁路，并在有利的条件下，七军团得协同红十军消灭浙赣边境上的敌人。第三步是要在8月下旬，在浙江及皖南地域，创立广大的游击地区及苏维埃根据地。从中央下达给北上抗日先遣队的作战计划来看，到达皖南与浙西地域是此次北上作战的终极目标。自1934年7月至1935年1月，北上抗日先遣队坚决执行了中央的命令，走过千山万水，历尽千难万险，付出了巨大的牺牲，在中国工农红军革命史上写下了厚重的一笔。

一、入皖经过

红军抗日先遣队的北上行动经历了两个阶段：1934年7月初，红军第七军团受命担负抗日先遣队的任务，从瑞金出发，先后转战于闽中、闽东、闽北、浙西、浙皖边和皖赣边，10月下旬到达闽浙赣(即赣东北)苏区,这是第一阶段,亦称"红七军团阶段"。11月初,红七军团与原在赣东北的红军第十军合编为红军第十军团,继续担负北上抗日先遣队的任务,转战于浙皖边、皖赣边和皖南,这是第二阶段,亦称"红十军团阶段"。两个阶段共历时6个多月,行程数千公里,沿途进行了30余次重要战斗,牵制了十几万的国民党军队,策应了中央红军的第五次反"围剿"斗争和战略大转移。

1. 红七军团阶段

1934年6月下旬,中国工农红军革命军事委员会(简称"中革军委")命令红七军团军团部及所属的第十九师,从福建连城回到瑞金,宣布红七军团军团部及十九师改编为红军北上抗日先遣队,向闽浙赣进军,最终到达皖南。7月初,红七军团在瑞金整编,突击补充了2000余名新战士,成立了3个师,胡天桃、王裔三、王永瑞分别担任师长。全军共约6000人,长短枪3000支。中央苏区还赶印了《为中国工农红军北上抗日宣言》等文告160万份,供先遣队一路散发、张贴。

1934年7月6日晚,红七军团在军团长寻淮洲、政委乐少华、参谋长粟裕、政治部主任刘英等人的率领下,自江西瑞金出发,开始执行北上的任务。先遣队经古城、童坊,进入连城县罗坊、塘前一线。同时,中革军委命令罗炳辉等率红九军团,从江西石城南下福建,接应红七军团北上。红七军团与红九军团一部在小陶会

合后，经桃源、小湖，袭击大田县城。“围剿”中央苏区的国民党东路军总司令部立即调2个多旅，赶往大田堵截。7月23日，红七军团撤离大田北上，29日，抵达樟湖坂，抢渡闽江。红九军团进占尤溪口，保护红七军团安全渡过闽江后，返回中央苏区。北上第一步计划顺利实现。

7月31日，红七军团按第二步行动计划，朝东北方向挺进，向浙西进发。在攻克古田县黄田，正欲向浙江庆元、遂昌进军时，突然接到中革军委的电令，改向东袭击水口（福州西北重镇），威胁并相机袭取福州，军团只得改变作战部署。8月1日，红七军团一部进占水口，另一部占领了古田县城。次日，“八一”纪念大会在水口镇召开，会议向全体指战员传达了中央关于组织北上抗日先遣队的决定，对外正式打出“中国工农红军北上抗日先遣队”的旗帜。在大会上，军团领导对北上行动和攻打福州进行了动员。

8月7日晚，红七军团进攻福州，因福州城防坚固、敌情不明、敌机轮番轰炸，我军处境不利。加之敌援兵第八十七师王敬久部、第四十九师伍诚仁部陆续到达，9日，红七军团撤出福州战斗，连夜向连江县桃源方向转移。10日，红七军团在福州北的降虎村与尾随的敌第八十七师激战，毙敌无数，红军亦伤亡600余人。福州之战未达到预期目的。

降虎战斗后，部队进入闽东苏区，将700多名伤员安置在连江、罗源的红军医院中治疗。14日，部队攻克罗源县城，开拓了闽东苏区。8月15日，中革军委电促先遣队北上。8月22日，在闽

东红军独立团的配合下，先遣队攻克福安县西部的穆阳镇，消灭敌军数百人。28日，先遣队进入浙江，在浙西南击溃浙江保安团3个队的拦阻后，又迅速攻克庆元县城。30日，先遣队在竹口击溃敌浙江省保安纵队两个团的阻截，歼敌300多人，缴获步枪200余支，随后，进入闽北苏区。

先遣队本拟在闽北苏区进行休整，但中革军委来电斥责，指令迅速北上。9月9日，先遣队离开闽北苏区，北上浙西，12日，进入江山县之二十八都、仙霞岭、石门等地，次日攻占清湖镇。部队在江山炸桥破路，给敌人以一定的威胁和打击。16日晨，部队突袭常山县城。18日，先遣队到达遂安县白马村。由于敌人加强了遂安县防卫，22日晚，部队从铜山向皖浙边境转移，23日，部分到达遂安县鲁村、塔底。24日，先遣队到达姚家、送驾岭后，主力部队向歙县转移，警戒部队与敌发生激战。当晚，先遣队翻越歙遂边界的30公里连岭，到达歙县的石门、旃田（今横关村）等地。送驾岭战斗受伤的33名战士由战友及百姓从连岭抬到石门，次日转运休宁白际，就地隐蔽养伤（途中牺牲2人，31人后因告密遇害）。而敌人在遂安与送驾岭之间，两队人马天黑不辨彼此，互相对射，至天明之时，才发现失误，但已伤亡150余人。

先遣队进入皖赣边境，引起国民党的恐慌。国民党军先后调陈调元部驻婺源，调陆军第七师和第二十一旅驻屯溪、歙县，调安徽省保安团到皖浙边堵截。9月25日，先遣队派出第五十五团、五十六团从石门出发，准备袭扰皖南重镇屯溪。下午，部队行至

旃田时，在下塘山与敌第二十一旅第四十团杜润一部发生遭遇战。战斗从深夜持续至第二日，我军击毙敌兵22名，其中副营长和排长各1名，击溃了当地士绅花费1700块大洋请来助战的芜湖壮丁队。此战我军仅牺牲1人。敌人派飞机进行轰炸，但由于山高林密，目标不清，数枚炮弹反而落在敌群中爆炸，死伤10余人。当部队进至休宁榆村时，又与从屯溪方向开进的敌第二十一旅主力遭遇，第五十五团、第五十六团两团则放弃原定计划，返回石门、汊口，与第五十七团一起从岭后经威风岭、狮子石、结竹营到达休宁白际，虽然袭扰计划没有成功，但整个徽州却为之震动。位于屯溪的中共徽州特委当时曾在信中描述："徽州五县反动士绅，于24日下午纷纷逃跑，请兵不来，打电话不通，休宁、屯溪、徽州等处十分闭塞，商业不通、汽车不通，戒严检查来往人身等。"①

在白际，先遣队又与敌军发生遭遇战。9月27日，先遣队由白际越清岭，经清坑、黄尖、桥亭复入浙江，经遂安县木瓜、大水坑等地，抵达开化县左溪一带宿营。后卫部队在桥亭遭到了当地民团的暗袭，4名红军战士阵亡。为了获得地方的支持，军团部建议部队向婺源以北的流口地区（皖赣边界）转移，寻机休整。28日晨，部队自开化左溪出发，经里秧田，翻越松木岭重新进入皖南休宁，到达三溪、岭南。29日，红七军团以三溪人王社天等为向导，越东流岭，进入婺源东北部的溪头、段莘一带，当晚在段莘阆山宿

① 中共休宁县委党史办公室：《休宁党史资料选编（1919—1949）》，内部资料，1989年，第166页。

营，军团临时指挥部驻阆山曹家祠堂。附近群众纷纷腾房子、烧茶水，慰问红军，还将各户筹集来的50担大米送到红军驻地。红七军团攻清华镇未克，中共皖赣特委及游击队建议西进黎痕（今东至县的利安）。

9月30日，先遣队到达休宁横楼下。10月1日，部队占领休西流口镇，消灭自卫队，烧毁碉堡，占领了镇公所，补充了一部分物资给养。部队本欲攻打休宁县城，因路遇国民党新编第七旅李宗鉴部堵截而折回。2日，先遣队以松潭村裁缝戴昌华为向导，派出一支30多人的小分队到祁南探路。

10月3日，先遣队主力从横楼下翻越休宁、祁门交界的塔头岭，经榨里、姚村、老胡村、新胡村、碣上等地，行程50余里，傍晚到达祁南查湾村。驻守查湾的自卫队闻风逃遁，红军入村后，烧毁了一座碉堡，并在村子周围挖了战壕，派了巡逻队和岗哨。查湾村临近皖赣边苏区，距此12里的芦溪村，是皖赣苏区祁浮区芦溪乡苏维埃政府驻地，群众基础较好。芦溪乡苏维埃政府主席汪晓光组织农民欢迎、犒劳红军，并带领一部分战士到芦溪、奇岭口休整。皖赣苏区还给先遣队补充了500名新战士。先遣队在查湾、芦溪共停留3天，获得了短暂的休整。期间，先遣队向群众进行抗日宣传，散发传单，书写“红军是工农自己的军队”“只有苏维埃才能救中国”“实行土地革命”“农民起来打土豪分田地”“农民起来组织赤色农会”等标语。红军没收和征用了村里地主的粮食和祠堂的租谷，一部分作为军粮，一部分救济穷苦百姓，均张榜公

布。对食用群众的粮食、蔬菜或损坏的物品等，红军均付给足够的银钱。如松潭村的裁缝戴昌华在查湾为红军做了几天衣服，领了工钱，高高兴兴地回家了；在店埠滩看守渡船的女孩李彩谷得到了红军给的300枚铜钱、2斤苎麻、2顶箬笠和搪瓷缸等物品。红军秋毫无犯的作风得到沿途群众的一致称赞。

10月7日，先遣队开始分三路出发，驻查湾的红军一路过木桥，经尚田进入江西浮梁境，到陈村、港西；另一路经店埠滩渡河，经燕子桥进入浮梁，两路在港西会师后，向兴田、程家山（时为皖赣特委及苏维埃政府驻地）进发。同日，驻芦溪、奇岭口的红军，也自浮梁县境向程家山进发。10月12日，部队到达祁门倒湖，本打算奔袭祁门县城。13日，部队与敌激战一日，缴获轻机枪一挺、步枪20多支。14日，部队进入浮梁，西进到黎痕地区。10月下旬，先遣队返回闽浙赣苏区。

红七军团自瑞金出发到进入闽浙赣苏区，转战闽、浙、赣、皖4省的几十个县镇，历时近4个月，行程1600多公里。在黄山地区的活动东起歙县与浙江遂安县交界处的连岭，西至祁门南面的查湾，在浙皖赣边迂回运动数百里，翻越重重山岭，涉深溪、历险谷，在前有堵截，后有追兵的情况下，先后在查湾、道口、鸦桥、黎痕等地进行了几次战斗，消灭了一部分敌军，缴获一批武器。

红七军团本拟在皖赣边和皖南发展，开展游击战争。因为一是皖赣边有皂江、白际山，皖南有黄山，既有大山区，又有丘陵山地，河道可以徒涉，在地形上便于我军隐蔽和机动；二是此地经济上比较富裕，有利于部队解决粮食供给问题；三是此地文化教育比较发达，稍大点的村子大都有报纸，便于先遣队了解形势与动向；四是该地区党的工作有一定的基础和影响，群众条件比较好；五是该地区地理位置重要，向东北可以威胁芜湖、南京，向东可以威胁杭州。但中革军委最终没有同意红七军团的计划，仍然电令红七军团转移到闽浙赣苏区整顿补充。

尽管红七军团长途奔袭，连续疲劳作战，中间没有进行较为有效的补充和休整，部队弹药奇缺、战斗减员严重，但全体指战员以坚韧不拔的革命意志和勇敢顽强的战斗精神，风餐露宿，不怕牺牲，克服艰难险阻，粉碎了敌人企图消灭北上抗日先遣队的企图。同时，先遣队沿途积极开展群众工作，宣传党的抗日救亡主张，揭露国民党消极抗战，积极内战的真实面貌。先遣队发扬了红军的优良传统，纪律严明，买卖公平，秋毫无犯，以实际行动扩大了党和红军的影响。先遣队沿途陆续给各游击区留下了1000多名军事骨干力量。10月初，路过祁门时，先遣队还派出一个100多人的侦察连支援柯村苏区。先遣队到达闽浙赣苏区时还保持了3000多人。红七军团孤军转战敌后，广大指战员用血汗写下了一段鲜红的战斗历史。

2. 红十军团阶段

1934年10月底，红七军团抵达闽浙赣革命根据地。11月1日，方志敏率军在赣东北德兴县重溪与红七军团会师。红七军

团受到苏区军民的热烈欢迎，群众送来1000多头猪、5万余双草鞋以及粮食、棉衣等大批物资慰劳长途征战的红军，使得军心大振。休整期间，军队召开会议对前阶段部队行动的成败得失及经验教训进行了总结，对以曾洪易为代表的右倾悲观情绪进行了严肃的批评。

11月4日，根据中央军委电令，红七军团同闽浙赣苏区的红十军合编为红十军团。原红七军团编为第十九师，原红十军编为第二十师，寻淮洲任第十九师师长，聂洪钧任政委，刘英任师政治部主任；原闽浙赣军区司令员刘畴西为军团长兼第二十师师长，乐少华为军团政委兼第二十师政委。部分地方武装编为第二十一师。同时，闽浙赣军区党政军领导也作了调整，方志敏任苏维埃主席兼军区司令员，曾洪易任省委书记兼军区政委，粟裕调任军区参谋长。军团整编后的任务是“1. 十九师于整理后，应仍出动到浙皖赣边，担任打击‘追剿’敌人与发展新苏区的任务。2. 廿师则仍留老苏区，执行打击‘围剿’敌人与保卫苏区的任务。”此时中央和中革军委已率中央红军主力转移，中央苏区成立了以项英为首的中央分局和中央军区，所以军委在电令中还指出，红十军团和闽浙赣军区今后接受中央军区的指挥。①

11月18日，红十九师在寻淮洲、聂洪钧、刘英等同志率领下，

---

① 中共福建省委党史研究室、中共浙江省委党史研究室、中共安徽省委党史工作委员会、中共江西省委党史资料征集委员会：《中国工农红军北上抗日先遣队》，北京：中共党史出版社，1991年，第139—140页。

从怀玉山和德兴东北通过敌封锁线，高举抗日大旗，向浙西进发。19日，红十九师向玉山、常山行进，21日，进入常山县境，22日，到达芳村、芙蓉。红十九师的突然出动，出乎敌人意料，敌浙江保安纵队副指挥蒋志英率两个团尾追，23日，双方在芙蓉激战数小时。24日，红十九师在遂安县白马伏击尾追之敌，缴获机枪1挺、步枪百余支，敌伤亡百余人，蒋志英负伤败退常山。25日，部队到达上坊，26日，经安阳坂抵港口。27日，部队渡新安江，经泗渡洲越施岭，到桥西，28日，到临岐，29日，到达分水县合村（今属桐庐县），先头部队与敌补充第一旅在距分水县城约1.5公里处激战4小时。30日，红十九师在百岁坊附近的金子山、凤凰山夹击尾随之敌，敌伤亡百余人。12月1日，部队进入昌化县（今属杭州市临安区）的湍口，逼近临安，震动杭州。国民党当局以为先遣队将袭击昌化县城，急电国民党安徽省政府派军队前往"协剿"。2日，安徽保安处赵青海团在昌化西部的横溪桥、白果庄一带与西进的红十九师相遇，先遣队当即击毁军车一辆，毙伤敌数十名，敌人败退侯头村。

12月3日，部队按电令与红二十师会合，红十九师由浙西转向皖南行动，抵达浙皖交界处，在昌化县的银垄坞、浙基山、阳山和绩溪县的岭脚下、大坦、半岭亭一带宿营。5日，部队经上雪堂、下雪堂、黄茅培，穿过绩溪"江南第一关"的古隘口，经伏岭下、大石门，越歙岭，进驻扬溪镇。红十九师烧毁泉水塘桥和高枧桥，断绝绩溪县城和宁国方向的交通。

6日，红十九师取道扬溪源，过尚田、长岭、下隐塘村等，进入旌

德县东乡白沙村，直逼旌德县城。国民党县政府一面下令紧闭四方城门，一面派兵去途中阻挡。十几个自卫队员行至五里亭时，闻大军压境，忙向梓山方向逃遁。当日上午10时，红十九师先头部队抵达城东中市桥（今旌阳镇河东路驾虹桥），守城敌人见先遣队来势凶猛，立即弃城逃走。国民党县长彭树煌亦化装逃跑。部队进城后，打开监狱，释放了97名政治犯，逮捕了曾残害革命工作者的典狱员，贩卖人口的地保汪瑞林，资本家程志庭，大地主汪茂林、汪茂信等人，还将大地主兼工商业吕德裕布号的布匹和财物没收，分给穷苦的百姓。12月7日，部队在城内小学（今旌阳镇第一中心小学）操场上召开全体士兵大会，宣传红军和共产党的抗日主张。

12月8日，先遣队撤离县城，经蔡家桥、孙村到达庙首，9日，经白地、下洋到洪川宿营。在旌德西乡板桥、下洋等村，先遣队镇压了8个作恶多端的土豪和乡保长。10日上午，红十九师翻越雀岭，经谭家桥，到达黄山东南的汤口地区。

在红十九师出发的当晚，中央军区突然来电，命令红十军团的第二十、第二十一师全部出动，同十九师会合，在开化、遂安、衢县、常山之间集结兵力，以运动战消灭敌人，创建浙皖赣边新苏区。为统一领导，中央军区决定由方志敏、刘畴西、乐少华、聂洪钧、刘英5人组成军政委员会，由方志敏任主席，随十军团行动，调粟裕任军团参谋长、刘英任军团政治部主任。

11月24日，方志敏、粟裕等率红十军团团部和红二十师离开闽浙赣苏区首府葛源（28日被国军占领），开始北上皖南的行动。

苏区仅留下未编入军团的红三十师900余人，转移至磨盘山地区坚持游击战争。11月29日，部队离开重溪，突破敌封锁线，12月4日，由德兴县叶村经杨家溪进抵婺源县东北的大畈村，7日，由婺源县塔坑进入休宁县璜茅。部队兵分两路，一路经新岭脚，一路经千金坦，到达山斗，烧毁村口东北山坡上的2座碉堡，占领制高点，随后大部队通过山斗，直抵五城、龙湾。因探知霞阜村有敌军驻守，部队即向伦堂、月潭进发。为使大部队迅速渡过率水河，先头部队于7日下午4时左右翻过大商岭，赶到大商村，动员群众借出门板，在浅水滩处搭设浮桥。8日，大部队渡过率水河，经梅田、首村、上里桥、汪金桥、竹背后到达钗坑，避开休宁县城，经许村、典口抵蓝渡后，分两路进入西馆、环居一带宿营。9日，部队经休宁岩脚、东亭、小溪、蓝田到儒村，部分部队经龙源、北山、迪岭、南塘、贵源、闵坑，到儒村会合，下午，大部到达歙县冈村。10日，部队到达歙县汤口(今隶属黄山市黄山区)，与寻淮洲率领的红十九师会师。红二十师一路未遇到有效的抵抗，沿途摧毁碉堡百余座。12月9日晨，红二十师在休宁蓝渡至西馆途中截获敌军车4辆，缴获步枪100余支、迫击炮2门。

红军北上抗日先遣队两路人马于1934年12月10日同时到达歙县汤口地区，胜利会师，8000壮士情绪高昂，红军声威大震。次日，红十军团召开会师大会，方志敏作即席演讲，揭露国民党假抗日、真反共的真面目，号召群众在民族危难之际，聚集在抗日的旗帜下，参加全国的抗日救亡斗争。会后，红军镇压了罪大恶极

的土豪劣绅，并将没收的粮食分给贫苦农民。红军还教唱《红军歌》《当兵歌》等革命歌曲，书写“行动起来，打土豪，分谷子”等宣传标语，积极宣传。一批正在修筑青（阳）屯（溪）公路的青年民工，纷纷报名参加红军。

二、谭家桥战斗

红十军团会师汤口的消息，令蒋介石大为震惊，当晚即发出急电，令浙江保安司令俞济时为指挥官，统率浙江保安第二纵队、第四十九师、补充第一旅和第七师第二十一旅李文彬部组编的“追剿队”，对北上抗日先遣队进行“围剿”。同时蒋介石令赵观涛部堵击浙西、赣东，安徽省主席刘镇华堵击皖南。国民党调动的总兵力有 11 个团，逾 10 万人。

俞济时将自己的指挥所设在歙县，令第二十一旅李文彬部集结太平，王耀武的补充第一旅集结在歙县岩寺，第四十九师由婺源北调至休宁，并令航校飞机侦察轰炸，企图在汤口地区对先遣队实施南北夹击。

12 月 12 日，先遣队一部翻越黄山，过汤岭关至太平县焦村，次日，又经辅村、沟村、罗村、黄榜岭至谭家桥，分驻在谭家桥和文雅、西潭、留杯荡等村。同日，红十军团团部及主力部队沿屯溪至青阳的公路向北转移,经过乌泥关到达黄山东麓的谭家桥地区。

国民党反动军队分三路尾追而来,面对敌人重兵的围追堵截,红十军团指挥部召开会议,欲选其一路给予打击。恰在此时,红十军团获悉其他敌军距离尚远,唯中路之敌王耀武的补充第一旅已抵达汤口,正继续向我追击前进中,显得孤立突出。该敌是蒋介石的嫡系部队,共 3 个团,将近 7000 人,全套德式装备。红十军团有 3 个师,兵力和敌人差不多,装备不如敌军,但地形对我军十分有利。乌泥关是一个山隘口,东侧有一个制高点。自乌泥关至白亭约 3 公里为峡谷,西靠黄山的断崖绝壁,东有石门岗和蛇形山。白亭至谭家桥约 4 公里为较平坦的缓坡,自黄山脚斜向麻川河。麻川河发源于黄山,自南向北,西部是石门岗山地,高约 200 米,东侧是连绵的群山。先遣队决心利用乌泥关至谭家桥段约 7 公里的公路两侧有利地形,伏击歼灭王耀武的补充第一旅。

先遣队的作战部署如下:以留杯荡为后方,在钟鼓山后坳山上设立指挥部,从乌泥关起,沿公路两侧自南而北,按第十九师、第二十师的顺序设伏。战斗力较强的红十九师配置在石门岗一带上峰,除以 1 个连兵力控制乌泥关制高点外,该师主要兵力部署在乌泥关以北,与第二十师阵地依次衔接。自石门口至木鱼山为一至六连的阵地,在鼓山、石壁坞、前干、钟山、鼓山等几个山坡上建立了机枪火力点。随军教导团在正西马路两旁布置地雷;红二十师以 1 个营构筑工事,坚守谭家桥正面。待敌补充第一旅通过乌泥关,进入设伏地域以后,即行封锁乌泥关口,断敌退路,阻

击敌可能之增援。红二十师会同红十九师部分兵力对敌拦腰出击，将其大部歼灭于乌泥关至谭家桥的沿线公路上。[①]

12月14日凌晨1时左右，部队进入公路两侧设伏，红十九师在北，被部署在公路右侧；红二十师在南，被部署在公路左侧。早晨6时，王耀武的补充第一旅从汤口出发，以其第二团为前卫，向谭家桥方向搜索前进。7时许，王耀武部队抵达乌泥关，王耀武见这一带地势险要，留下第一团防守乌泥关及其东西附近高地，其余人马继续前进。上午9时许，补充第一旅前卫团搜索进抵谭家桥3公里处时，一名红军战士的枪走火，引起敌人的警觉。敌前卫团即停止前进，派1个营占领谭家桥西南高地，其余在公路两侧展开，并将情况飞报旅部。在此情况下，寻淮洲命令部队发起攻击，敌顿时惊慌失措，陷入一片混乱，敌团长周志道受伤。但由于过早开火，对敌没有形成伏击包围态势，而且红十九师除以1个连控制乌泥关制高点外，未能将主力配置于乌泥关以北，而是摆到乌泥关以南。乌泥关以南是悬崖陡壁，兵力展不开。因地形缘故，敌人组织密集的火力网，居高临下射击，红军几次冲锋，都未能冲上公路和有效割裂敌人。

王耀武发现截击后，立即调整部署：将其加强营和第三团第三营增援前卫团正面作战；第一团第一营进攻乌泥关，第二营控制乌泥关以西地带；第三团主力则集中迫击炮、机关枪等武器，猛

---

① 粟裕：《红军北上抗日先遣队与谭家桥战斗》，见中共黄山市委党史工作委员会：《黄山风云》，合肥：安徽人民出版社，1991年，第86—90页。

攻先遣队战斗力较弱的第二十师左侧背。红二十师指战员虽奋勇反击,但因不长于正规作战,阵地被冲垮。王耀武亲率旅部特务连到前卫团督战。敌人集中大部分兵力反扑谭家桥,尽占乌泥关以及谭家桥以东一带高地,控制了乌泥关一带的公路。接着,敌第一团第一营从乌泥关、黄泥岩包抄上来,夺去石门岗制高点,此时,敌军居高临下,先遣队已处于劣势。

当红二十师方面战斗一打响时,红十九师即按作战计划向南出动,尚未通过前方高山地带时,红二十师已经溃败。军团首长随即改变作战计划,令红十九师回援,共同突击敌前卫。但红十九师仍按原计划远出石门岗、乌泥关方向。敌第三团已派出1个营占领了石门岗的制高点,俯瞰北面低地,将穿插行进中的红十九师隔断在石门岗以东、以北的悬崖峭壁之下。红十九师队伍施展不开,被敌人火力压制在狭窄的山沟里,情况万分危急。红十九师只能被迫返回,改从石门岗西北发起进攻。为夺回制高点,师长寻淮洲亲自带队,身先士卒,接连向敌人发动了4次冲锋,几经反复,夺回了制高点,但因敌众我寡,随即得而复失。红十九师师长寻淮洲不幸右下腹部中弹,身负重伤。同时,红二十师方面情况更加恶化,部队几次仰攻公路上的敌军均被打退,而且各处阵地反而被敌冲垮。在战斗最激烈的石门岗,双方短兵相接,展开肉搏战。第十九师一至六连的指战员大部牺牲,第八十七团团长黄英特牺牲。

下午2时左右,王耀武下达出击命令。敌第三团在高地右翼谷地的森林里布置了两挺重机枪,以猛烈火力阻击红十九师的进

攻。下午3时，敌正面出击部队在优势火力掩护下，突破了红二十师最后阻击阵地，一部自左翼猛插红二十师右翼，渡麻川河，攻抵军团指挥所附近，大有包抄之势。军团政委乐少华虽带队奋力反击，但终不能挽回颓势，自己亦身负重伤。至下午5时，红十军团主要阵地大部分丧失。此时，敌第二十一旅正由太平向谭家桥方向集结。为保存实力，先遣队决定撤出战斗。黄昏，先遣队开始向文雅街、留杯荡东北方向转移，至15日拂晓，全部撤出谭家桥地区。在组织掩护的战斗中，红十军团政委乐少华、政治部主任刘英先后负伤。谭家桥一战，红十军团损兵折将，寻淮洲等8名师以上干部负伤，官兵伤亡300多人。①

谭家桥战斗也给敌人以沉重的打击，敌军伤亡220余人，亦无力马上组织对先遣队的追击。初战失利，红军北上抗日先遣队陷入被动的局面，在皖南的大山中辗转迁徙。

三、转战皖南

谭家桥战斗后，敌第四十九师、补充第一旅、浙江保安第一纵

---

① 张德华：《忆红十军团进军皖南和回师赣东北》，见中共福建省委党史研究室、中共浙江省委党史研究室、中共安徽省委党史工作委员会、中共江西省委党史资料征集委员会：《中国工农红军北上抗日先遣队》，北京：中共党史出版社，1991年，第343—347页。

队等部接踵而至。为了保存实力,先遣队从谭家桥向旌德方向转移,15 日,经旌德县的庙首、孙村、三溪,向泾县茂林方向行进。红军路过洪川时,为了不惊动当地老百姓,他们露宿在洪川的道路两边。部分伤病员和指挥员,就在洪溪桥边摆石庵一座破庙以及一个路亭里歇息。20 多个伤病员留在洪川养伤,其中 6 个重伤员在蔡家湾山上的一个石洞养伤,其余在一个大山沟里的庄屋养伤(伤愈后返回江西)。该日,十九师师长寻淮洲因伤势过重,在向泾县茂林转移途中不幸牺牲,年仅 22 岁。

在转移的途中,部队进行了改编。红十九、二十两个师编为十九、二十、二十一三个师,十九师师长由王如痴担任,新编成的二十一师师长由胡天桃担任。16 日,部队经茂林折而向西,到达泾县水东翟、太平县新丰一带,17 日,转移到青阳县陵阳镇、石埭县六都(雍溪)一带。

12 月 18 日,先遣队分三路进入柯村地区,在皖南苏区柯村休整 3 天。在柯村,方志敏主持召开了一系列的会议,总结了谭家桥战斗失利的原因,研究下一步的行动计划。方志敏还会见了皖南苏区负责人宁春生、刘毓标等,部署皖南苏区转为游击区的工作,并留下军团侦查营和教导营,与皖南地方武装合编为皖南独立团,加强皖南的游击力量。

12 月 21 日,各路尾追之敌进占柯村地区周围,企图实施合围。先遣队安置好 300 多名伤员以后,于 22 日黎明时分开始撤离柯村,在美溪口兵分三路,经湘口、杨家墩、大星、奕村、洪硁、双坑等村庄,

翻过方家岭、钓鱼岭、漳岭，直抵黟县城西碧山一带。先头部队行进到碧山的案台山、八卦鼎时，与国民党壮丁队遭遇，国民党黟县县长庄继先与南昌行营别动队驻黟中队队长曾镇国闻讯后，带领保安队赶往堵击。先遣队抽出一部分兵力，占领八卦鼎、金鸡石、打石台的制高点，与之接战，自午前开始直战至下午4时。该战毙敌多人，俘敌数人，红军仅牺牲一名战士。庄继先等败逃回县城，紧闭城门不出。战斗结束后，先遣队向城西南的丰口、长岭、光村、古筑、玕田、赤岭、关麓等村庄分路挺进，沿途宣传中国共产党的抗日主张，张贴《中国工农红军北上抗日先遣队告农民书》，刷写"反对日本帝国主义强占东三省""拥护中国苏维埃""打倒一切帝国主义""打倒恶霸"等标语，同时还将敌人建筑在丰口泗洲庵、古筑琉璃柱、关麓降下等处的碉堡全部烧毁。先遣队在中光村没收"新生活"消费合作社的财产，分给贫苦农民。当晚，先遣队在赤岭村及周围村庄宿营。部队每到一处，都要了解民情，宣传民众。①

12月24日，先遣队从赤岭村越过陶岭，经过祁门东部、黟县南部的边界，向休宁铛金街方向进发，先遣队转移到蓝渡、蓝田一带。25日，转移到歙县许村一带，留下红十九师政治委员聂洪钧担任皖南特委书记，并召开皖南特委会议，改选了皖南特委，26日，转移到歙县大谷运、石门一带。27日，担任后卫的第十九师第三团在歙县的汪满田村与敌第四十九师的前卫营激战数小时，歼

① 中共黟县县委党史办公室:《中国共产党黟县地方史(1919.5—1949.9)》,内部资料,2011年,第68—69页。

敌19人，但团长王吉山阵亡。28日，为防止先遣队越过芜(湖)屯(溪)公路向东发展，敌军陈兵芜屯路堵截，先遣队改向西北方向转移，经绩溪县金坑附近，越箬岭，向谭家桥方向行进。29日，先遣队转移到谭家桥地区。30日，国民党刘惠心旅、阮勋旅在三口、辅村一带堵截，先遣队折返歙县汤口地区。

31日，先遣队由汤口向南转移，在歙县芳村和冈村两次与国民党补充第一旅、第二十一旅激战，分别歼敌57人、15人。随后部队转向休宁县的里仁、高桥和黟县的东坑、历舍、岭下株、木坑等村庄，到达宏村、际村一带。宏村和际村是隔河相望的集镇。部队到达时，为避免惊动群众，在路旁休息，做饭取暖在河边三棵大树之下，当地群众甚为感动。

▲ 黄山芳村：抗日先遣队曾住过的祠堂

鉴于敌我力量悬殊，先遣队处境日趋险恶，又值隆冬天气，雨雪交加，红军指战员衣着单薄，给养日益困难，方志敏电请中央军区，要求把部队带回闽浙赣苏区休整。当时闽浙赣苏区大部分已经丧失，由于通信中断，方志敏和中央军区当时都不知道这一情况，于是中央军区同意了方志敏的要求。

1935 年 1 月 1 日，先遣队经黟县的碧山、古筑，过西武岭，进入祁门，由岭脚到陈村，当晚在柏溪村一带宿营。先遣队在柏溪村处决了从黟县碧山捉拿的 6 名土豪和柏溪的地保程秀章，征收了祠堂租谷 1000 余斤。

2 日凌晨，部队从柏溪出发，经白塔到金字牌，与前一日从陈村、小柏溪、潘村来的一部会合。午饭后，部队经石坑口、一心岭，到达凫溪口一带，当晚在凫溪口、高岭脚、江村等 10 余个村庄宿营，总部设在江村。3 日，部队朝南经祁门的黄畲口向休宁的呈村、流口、鹤城进发，转移到婺源县沱川一带；4 日，转移到裔村；5 日，在婺源县裔村、溪头一带 2 次与国民党第四十九师、补充第一旅激战，分别歼敌 29 人、23 人，并击毙第四十九师少校团副王瑞。6 日，先遣队转移到休宁县桃林；7 日，进入开化县齐溪乡西坑口；8 日，经开化的大麦坞、龙门下转入淳安县境，经储家坞到达樟村、扎坑、黄林关一带。9 日，先遣队为避开行进方向之敌，由南下改为北上，进抵茶山、半山一带宿营；10 日，因歙县石门有敌军堵截，又复南下，进入开化县的大龙山地区，计划由此打开道路，回到闽浙赣苏区，中午与阻击之敌第四十九师激战，当晚进入开

化县马金。至此，北上抗日先遣队结束了历时 50 天的皖南行动。①

四、兵败怀玉山

1935 年 1 月 9 日，先遣队经浙西开化县的西坑口，北上遂安县茶山一带宿营。在茶山，红十军团指挥层召开紧急会议，讨论分兵问题及执行中央军区关于部队转向浙西南活动的电令。关于分兵问题，乐少华、刘英、粟裕等人提出，大兵团的运动战、消耗战于部队十分不利，宜适度分兵游击，减小目标，保存实力。而以刘畴西为代表的观点则坚持继续大兵团作战，转回闽浙赣苏区休整。关于执行中央军区关于部队转向浙西南活动的电令问题，方志敏等人认为，皖南行动一个多月，部队在不断地行军、打仗，弹药、粮食消耗严重，战士疲乏不堪，亟须到根据地休整。但由于通信困难，信息阻隔，红十军团及中央军区对闽浙赣根据地内外当时的实情并不掌握。实际上，红十军团北上后，闽浙赣苏区已经沦陷，国民党在苏区疯狂烧杀，已严重毁坏了苏区的物质基础和

① 中共福建省委党史研究室、中共浙江省委党史研究室、中共安徽省委党史工作委员会、中共江西省委党史资料征集委员会：《中国工农红军北上抗日先遣队》，北京：中共党史出版社，1991 年，第 181 页。

群众基础。沿苏区边界的路上被设置了多道封锁线，进出苏区十分困难。苏区内地域狭小，不利用兵。经过争论，最后整个军团仍然决定继续南下，经（开）化婺（源）德（兴）苏区返回闽浙赣大苏区休整。

茶山离闽浙赣苏区只有100多公里，急行军2天就能到，但这是一条充满凶险的路。为了阻挠红军的行动，蒋介石集中了10余万兵力，妄图一举扑灭红十军团。其以第四十九师、补充第一旅及浙江保安纵队尾随红军，伺机截击；以第一路军总指挥陈调元坐镇婺源，以第六军军长赵观涛坐镇上饶，在赣东北的白沙关、九都、暖水、陇首、童家坊、分水关、徐家村、杨林、濠岭关、中洲、港首、宗儒、桂湖等地，设置了一道道纵横交错的封锁线，堵住红军的去路，而后面的追击部队仅与红十军团相隔半天的路程。前有堵截，后有追兵；粮秣不足，衣着单薄；士气不振，指挥不力，先遣队形势十分险恶。

1935年1月10日，先遣队离开茶山，南下赣东北，部队7天内受到4次阻击。10日当天，在大龙山与敌第二十一旅第四十团激战数小时后，部队改由青岭顶的山脊向东转移，担任侦查与掩护的一个连与主力失去联系（后留在皖浙赣边坚持游击战争）。[①]

---

① 中共福建省委党史研究室、中共浙江省委党史研究室、中共安徽省委党史工作委员会、中共江西省委党史资料征集委员会：《中国工农红军北上抗日先遣队》，北京：中共党史出版社，1991年，第15页。

化婺德苏区，直径约15公里，周围约50公里，是闽浙赣大苏区北面的一个外围小苏区。1月12日晨，红十军团到达化婺德苏区东北边缘的杨林（属浙江开化县），方志敏、粟裕等率先头部队800余人，不停息直抵闽浙赣大苏区的港头村。刘畴西率军团主力到达杨林之后，顾虑部队疲劳，就在当地宿营。而敌浙江保安第二纵队第五团从星口连夜急进35公里，超越了红十军团，赶到化婺德苏区东部边缘的王坂、徐家村，并占领了有利阵地。13日上午，双方在徐家村激战，时断时续，一直到傍晚，刘畴西令一部兵力掩护，大部队绕道南华山、王山村，15日，主力部队才大部进入化婺德苏区。1月15日中午，红十九师刚到德兴县的港首村，即与国民党军第四十九师遭遇。红十九师负责掩护方志敏、粟裕率领的军团机关和伤病员等冲出。而刘畴西率领的红二十师、二十一师行动迟缓，被敌人分隔在后面。16日，粟裕等率领的先头部队800余人突破敌童家坊至暖水封锁线，安全到达赣东北苏区德兴县的大小坪、黄石田一带。方志敏自己则留在陈家湾，等待大部队。

1月15日，刘畴西见前面受阻，便率大队改道向南，但在张家坞又遇到国民党军4个营的阻击，混乱中红二十一师被打散，被分割在黄土岭北侧；红十九师、二十师边打边撤，到了黄土岭南侧。但刘畴西未按方志敏的要求，连夜突围，再次错失良机。国民党的14个团已完成了对怀玉山地区的合围。1月17日，红二十师在玉龙山的刺窝一带被包围，除担任警卫的五连突出重围外，其余都被俘或牺牲，师长胡天桃负重伤后被俘。

1月18日，方志敏在陈家湾附近等到了红十九师、二十师，立即组织部队向金竹坑、树坞突围，但在遭到阻击后即改变突围方向。实际上这里只有敌人的一个排封锁山口，先遣队失去了最后的突围机会，陷入重重包围之中。随后，部队被围在怀玉山西北山地和北部的玉峰、马山一带。先遣队经过长途行军作战，十分疲劳，陷入重围之后，弹尽粮绝，伤亡不断增加，又遇到天气骤变，雨雪交加，许多指战员几天粒米未进，以草根树皮充饥。在极端困难的情况下，先遣队虽然组织了多次突围，但都未能成功。敌人采用搜山、烧山、分割、包围等手段，使部队被打散，除少数突围进入赣东北苏区和皖南游击区外，大部分牺牲或被俘。1月29日，方志敏、刘畴西在陇首被俘，英勇而悲壮的北上抗日先遣队皖南行动至此结束。

▲ 方志敏(中)、刘畴西(左)、王如痴(右)在狱中

1935年8月6日，蒋介石电令将方志敏、刘畴西、王如痴等人在南昌赣江下沙窝杀害。方志敏时年36岁。粟裕、刘英率领的先遣队800余人到达闽浙赣苏区后，根据中央分局的指示，组建了红军挺进师，1935年2月27日，由赣东北向浙西南进军，开始了三年的游击战争，建立了闽浙边游击根据地。

红军北上抗日先遣队前后两个阶段共历时6个多月，行程2800多公里，深入闽浙赣皖4省几十个县，先后进行了樟湖坂、福州、桃源、罗源、庆元、清湖、大陈、分水、旌德、谭家桥、怀玉山等30余次重要战斗，一度震动了福州、杭州、芜湖等地，严重威胁蒋介石的反革命统治中心南京，牵制了十几万的国民党军队，策应了中央红军的第五次反"围剿"斗争和战略大转移。

尽管红军北上抗日先遣队由于孤军深入、敌我力量悬殊、指挥不当等因素导致最后失败，但其仍具有重要的战略意义和历史意义：一是红军在所经过的广大区域散发传单、书写标语、张贴《中国工农红军北上抗日宣言》、召开群众大会，开展革命宣传，从而有效宣传了中国共产党的抗日主张，推动了抗日运动的发展，扩大了中国共产党的影响；二是红军不畏强敌、顽强战斗的革命精神和秋毫无犯、买卖公平、关心群众的严明军纪，在人民群众中留下了深刻的印象，扩大了中国工农红军的政治影响；三是红军在所到之处，镇压了当地的土豪劣绅，没收了他们的粮食、物品，分给穷苦的百姓，打击了国民党反动统治的基层政权，传播了革命的火种；四是沿途留下了一批干部和游击队员，为此后南方三年的游击战争奠定了基础。如派红十九师政委聂洪钧

担任皖南特委书记，派随军干部团的李步新在泾县、太平一带开展工作；留下军团侦查营与皖南游击大队组建皖南红军独立团；留下红十九师十连（连长柴荣生）60余人在皖浙边境，保护留在地方就医的一部分伤病员。这些部队与伤愈的红军干部战士一道，在皖南坚持了三年的游击战争，与敌人进行了坚决的斗争。

第五章

★★★★★

皖南三年游击战争

自1934年7月至1935年1月，中共中央先后派出红七军团和红十军团组成中国工农红军北上抗日先遣队，高举抗日的旗帜，先后两次北上皖南（“皖南行动”），有力打击了国民党顽固派，宣传了党的抗日主张。1934年12月21日，方志敏等在率先遣队离开柯村苏区时，留下一个侦察营，与皖南红军游击大队合编，组建皖南红军独立团，再加上其他的零星部队以及伤愈的红军一起，在皖浙赣边以及皖南坚持了三年艰苦卓绝的游击战争。在中共闽浙赣省委、中共皖浙赣省委的先后领导下，部队机智灵活地转战赣东北、浙西、皖南、皖赣等三省边区的40多个县，开辟了皖浙赣边、闽赣边、闽浙边三大游击根据地，不仅保留住了革命的火种，而且在斗争中不断发展壮大。

一、红军游击队的独立斗争

1934年11月，赣东北革命根据地被国民党军队分割、占领。同年底，红军北上抗日先遣队“皖南行动”失利，次年初，兵败怀玉山，方志敏、寻淮洲等同志或被俘或牺牲，皖南党组织和地方武装与闽浙赣省委及党中央失去联系，地方党组织和部队之间的联系也被割断。在这种特殊的情况下，皖南地方党组织和红军游击队各自为战，坚持独立自主的游击战争，开辟了鄣公山游击根据地、贵(池)秋(浦)东(流)游击根据地、泾(县)旌(德)宁(国)宣(城)游击根据地、开(化)婺(源)休(宁)游击根据地。

1. 鄣公山游击根据地

1935年3月，由于王弼的叛变，中共皖南特委遭到破坏，皖南红军独立团失去了党的领导。经过研究，宁春生、张政委带1个营在皖南继续坚持斗争，独立团政委刘毓标、团长熊刚带领1个营前往赣东北苏区寻找省委。4月初，他们在德兴广田山找到了中共闽浙赣省委，省委书记关英听取皖南的工作汇报后，指出赣东北苏区正遭敌人重兵围困，形势十分危急，皖南红军独立团应尽快返回，以黄山为中心，独立开展皖南的游击战争，但要尽量避免打消耗战，保存革命的有生力量。于是，刘毓标、熊刚在苏区精编了队伍，补充了枪支弹药，带着100多人返回皖南。

1935年4月下旬，刘毓标、熊刚带着部队从德兴返回皖南，经过婺源、浮梁、祁门、休宁4县交界的鄣公山、莒莙山以及休宁石屋坑一带。这里高山深谷、地形险要、山高林密，很适合隐蔽与机动；这一带具有良好的群众基础，1934年3月，赣北红军挺进师100余人，来到莒莙山，召开群众大会，镇压反动保长，发动群众参加革命，莒莙山有3名贫苦农民参加了红军，鄣山村还有余玉堂、余洪福等积极分子；这里离皖浙赣边国民党统治的核心区较远，便于开展群众工作与游击战争。因此，刘毓标、熊刚便商议决定，先留下一个班在田里、石屋坑、高舍这一带开展游击斗争。

5月下旬，因柯村苏区已经遭到国民党的破坏，宁春生已失去联系(4月21日在太平县地里溪附近被俘，不久被杀害)，刘毓标、熊刚找到了在皖南坚持斗争的张政委，将皖南红军独立团全部带回到鄣公山一带。刘毓标等组织召开群众大会，在群众中开展革命宣传，扩大红军的影响，使群众认识到红军是穷人的队伍。在红军的支持发动下，莒莙、水岚、源口、古坦、大坑、菊径、篁田、通元观等地群众纷纷参加革命斗争。

在鄣公山，皖南独立团把余玉堂作为开展地方革命工作的骨干，以他为向导，带领红军走村串户，发展群众组织，建立地方党组织。5月底，余玉堂、谢正发、胡同庆、张志澄、胡有记等加入中国共产党，先后建立鄣公山、高舍、石屋坑、里庄等党支部。余玉

堂为鄣公山党支部书记，谢正发为高舍党支部书记，胡同庆为石屋坑党支部书记，胡有记为里庄党支部书记，吴灶文为莒碁山党支部书记。各支部按照分工，分头活动：鄣公山支部负责白山、洪源一带；高舍支部负责冯村一带；里庄支部负责里广山、榔溪、查山一带；石屋坑支部负责田里、汪村、上下大连一带。其主要任务是大力开展革命宣传，迅速建立群众性革命团体，发展党的秘密组织，领导白区斗争，解决红军游击队物资供应。[①]

6 月，水岚、莒碁、鄣山村等地成立了农民团、青年团、妇女会等群众组织。在各支部的积极工作下，斗争局面逐步打开，8 月，休西、婺北与祁门、浮梁一带基本连接成片。该年秋，闽浙赣省委书记关英向皖南转移，到达石屋坑。从此石屋坑、高舍、鄣公山成为闽浙赣省委的常驻地。

1935 年秋后，国民党调集独立第四十六旅廖运周（中共地下党员）团、第五十五师及地方保安团三个中队对鄣公山地区进行“清剿”和经济封锁，在田里、汪村等地修筑碉堡，组织“清乡委员会”和“便衣队”，清查户口，编组保甲，对山区群众的粮食及日用品限量供应，妄图达到消灭红军的目的。红军游击队在当地党组织和革命群众的掩护和配合下，化整为零，与敌人兜圈子，并抓住机会集中力量打伏击战，先后取得大连、榔溪、狗肠岭等战斗的胜

① 程周虎：《皖浙赣省委驻地石屋坑革命斗争概况》，见中共休宁县委党史办公室：《休宁党史资料选编（1919—1949）》，内部资料，1989 年，第 33—42 页。

利。红军依靠群众，分批秘密采购运输物质；发动妇女会成立缝衣组，解决了红军独立团的过冬棉衣。至1936年春，经过皖南红军独立团的宣传发动和武装斗争，以鄣公山为中心的游击根据地初步创建了。

2.贵(池)秋(浦)东(流)游击根据地

1935年1月29日，中共贵秋东中心县委领导了以贵池郑家村(今属石台县)为中心的武装暴动，参加暴动的农民达千人以上，暴动后，在留田(今属池州市贵池区)建立苏维埃政府。暴动持续了9天，因敌我力量悬殊而失败。暴动期间，皖赣红军独立师在师长匡龙海、政委王丰庆率领下进入暴动地区，支持群众的革命斗争。此后皖赣红军独立师转战皖南和皖赣边，在与江天辉领导的原红十军团侦察连、皖赣分区司令员周成龙领导的部队会合后，研究共同开辟贵秋东游击根据地。

1935年6月，为了统一领导贵池、秋浦、东至地区的革命斗争，中共江南特区委员会在至德县高山成立，由周成龙、王丰庆、欧阳斌、黄天贵、倪南山、余文先、江从新等人组成。周成龙任特委书记，王丰庆任组织部部长兼军事部部长，黄天贵任宣传部部长，江从新任财政部部长，何少奇任少共书记，江小妹任妇女部部长。特委下辖贵秋、贵东、贵祁三个县委。贵秋县委设在高山，书记余文先；贵东县委设在东流青峰岭附近的罗汉坦，书记黄天贵；

贵祁县委属于秘密工作区，江寿康、黄国太先后任书记。[①]

江南特委成立后，为统一军事指挥，将原红军长江游击大队、皖赣红军游击队、皖赣红军独立师三方面的部分兵力500余人，整编为江南红军独立团，团长杨艳溪，政委王丰庆，参谋长杨春标。为了发展地方武装，有效地与地方反动势力作斗争，特委又从独立团抽调出50多人，作为军事骨干分配到贵秋、贵东、贵祁三县游击大队中，归各县县委直接领导，统称为江南红军第一、第二、第三游击大队。这样，既有利于各县武装斗争的开展，又使红军独立团能够机动作战。到1935年底，三个游击大队已发展到140余人，在发展和保卫根据地的斗争中起到了重要作用。红军独立团则机动地开展武装斗争，4月到7月，在九都塔三次伏击敌人，三战三捷，缴获花筒式冲锋枪4支、驳壳枪7支、步枪100余支；7月，在猪公岭歼灭敌安徽保安团一个中队，缴枪20余支；7月下旬，奔袭殷家汇，全歼敌一个自卫团，生俘敌团长，并缴获大量的武器和布匹、食盐等物资。对深入根据地的金塔据点，独立团采用打其给养运输队的方式，迫其自动撤走。

中共江南特委成立后，加强了对干部的培养。7月到8月，特委分别在东坑和马坞施举办了两期党员干部训练班，培训党的干部、积极分子和妇女干部；召开干部会、代表会和群众大会，宣传和发动群众，积极策划暴动。在红军独立团的有力配合下，1935

---

① 中共黄山市委党史研究室：《中共黄山地方史（1919—1949）》，内部资料，1997年，第73—75页。

年9月12日(农历八月十五日),中共江南特委以高山为中心地带,领导了贵秋东地区第三次农民暴动。中秋节这天,1800多名农民分别在高山、火龙坑、洪家堰、北山欧等地同时举行暴动,解除反动武装,推翻反动政权。同日,江南特区苏维埃政府在北山欧四房村成立了,主席欧阳斌,财政部部长江从新,肃反委员会主席何少奇(后为倪南山)。接着特区总工会、妇女会、青年团、互救会相继成立了。贵秋县苏维埃政府也同时宣布成立,欧阳斌兼任主席,下辖5个区、16个乡苏维埃。8月底,贵东县苏维埃在青峰岭宣布成立,张士春任主席,下辖6个区、22个乡苏维埃。

中共江南特委机关自中秋暴动胜利后,就从高山迁到马坞施。11月,安徽保安旅一团、二团进犯马坞施地区,江南红军独立团在牌楼击溃安徽保安旅二团,在塘埂、丁冲设伏,击溃其一团。12月初,敌人又组织重兵进攻,特委机关再度转移至高山的石门口。1936年1月,江南红军独立团展开了保卫高山革命根据地的战斗,但由于时值隆冬,红军战士生活艰苦,武器弹药、军需给养得不到及时补充,敌我力量悬殊。在这紧急关头,特委在石门口附近召开会议,决定将红军独立团分为两部分:一部分改称为江南红军挺进纵队,由杨春标率领,执行赴闽浙赣省委汇报的任务;另一部分则改称江南红军挺进大队,由王丰庆率领,继续牵制敌人,与敌周旋。王丰庆率部队在贵秋东地区活动了半个多月,便被迫撤至赣东北浮梁县境内。同年2月,王丰庆率领的游击队在鄣公山汇集。

3. 泾(县)旌(德)宁(国)宣(城)游击根据地

1934年冬,中共泾县县委成立,潘茂彬为书记,徐世良为团县委书记。1934年12月16日,北上抗日先遣队途经太平县新丰(今属黄山市黄山区)时,方志敏决定李步新等留在地方,在太平、泾县一带组织开展游击斗争。12月,洪维恭带领短枪队来到泾县东北乡戴阳村。1935年1月,原先遣队红十九师团长王岐山带领1个排(在执行掩护转移任务时,与主力失去联系),青阳县游击队领导人老柯(吴介唐)、王晓南率领游击队,共七八十人一起来到戴阳村与洪维恭、李步新等人会合,决定成立中共泾(县)旌(德)宁(国)宣(城)中心县委,洪维恭任书记,李步新任副书记兼组织部部长和中心县委游击队政委,王晓南任宣传部部长,储希文任秘书长。①

中心县委成立后,确定了游击队和地方党的任务:游击队的任务是打击地主保安队和敌人便衣队,宣传组织群众,打土豪筹款;地方党的任务是发动群众抗租、抗税、抗"抽丁",组织农会、妇女会、少共团、自卫队。在中心县委的领导下,革命烽火越烧越旺。1935年三四月间,李步新、王岐山等率游击队向宣城、宁国、旌德等地出击,连战连捷,消灭了宣城县溪口镇的敌保安分队,缴获长、短枪20余支,攻下了白果树国民党乡公所。4月,部队已发

---

① 中共黄山市委党史研究室:《中共黄山地方史(1919—1949)》,内部资料,1997年,第75页。

展到100余人。中心县委决定将游击队分为三个中队：王岐山率一、三中队在泾县、宣城一带活动；王晓南率二中队到宁国板桥一带活动。

1935年5月，徐世良等人叛变投敌，并带领国民党军队“清剿”，一些基层干部、群众被杀害，仅上漕、新丰、大坑、张北、戴阳等村就有390多人遇害。7月，洪维恭遭敌袭击牺牲。8月，王岐山率部作战时牺牲。10月，伤愈归队的李步新改组了泾旌宁宣中心县委，李步新任中心县委书记，王晓南任副书记兼组织部部长，储希文任宣传部部长兼秘书长。面对复杂的形势，李步新等整顿游击队和地方党的组织，加强政治思想教育，武装力量和群众运动又得到迅速恢复与发展。至1936年春，中心县委下辖3个区，即特区（宁国板桥）、一区（宣泾边区）、二区（旌德）；游击队扩大到200余人，游击根据地发展到纵横50余公里。

1936年1月，国民党纠集第七十八师和第四十五旅等正规军及当地保安队，共3000余人，对泾旌宁宣根据地发动“围剿”。敌我力量悬殊太大，为保存革命力量，中心县委决定突围出去，寻找中共赣东北省委。2月，李步新带队从泾县涌溪出发，经旌德、太平、黟县、休宁等地，到达鄣公山脚下的里庄。

4. 开（化）婺（源）休（宁）游击根据地

开化、婺源与休宁接壤地带山高林密，地形复杂，有利于开展游击战争、建立游击根据地。1934年秋，中共化婺德中心县委奉

闽浙赣省委指示，派保卫干部赵礼生和陈绍兴等到开化工作。赵礼生等同志积极深入乡村发展党员、建立党组织，同时还帮助建立贫农团、妇女会、儿童团等群众组织，发动群众开展武装游击活动，开辟新的革命根据地。

1935 年 1 月，红军北上抗日先遣队留下一个连（约 60 人）在开化的何田、齐溪和休宁的龙头一带打游击。1935 年春，被敌打散的先遣队某部侦察排长宋泉清带着数十名红军战士，在开化的里岸、中村、何田等地及婺休边境活动。原德兴县小河特区区委书记赵礼生（又名曹立森）也经常活动在开化的苏庄、齐溪、长虹乡一带。为统一领导、有效开展斗争，1935 年 5 月中旬，赵礼生在开化库坑召开会议，成立开（化）婺（源）休（宁）中心县委，下设 7 个中心区委。赵礼生任中心县委书记，邱老金（又名邱金炳）任常委。邱老金、张春娜、宋泉清领导的三支游击队，合并成立开婺休中心县委游击大队，邱老金任队长。中心县委隶属闽浙赣省委和化婺德特委双重领导。7 月，闽浙赣省委书记关英率部分省委领导，在开化库坑建立闽浙赣省委秘密机关。中心县委成立后，积极发展党员，建立党的基层组织，至 1936 年 3 月，共有党员 470 人，党支部 107 个，还建立了一支 24 人的秘密游击队，队长余金高，政委张振洪。①

---

① 中共黄山市委党史研究室：《中共黄山地方史（1919—1949）》，内部资料，1997 年，第 76 页。

二、皖浙赣省委的建立与工作

1935年1月，闽浙赣苏区被国民党军占领，苏区的红三十师受到很大损失。在关英和唐在刚的率领下，余部转移至德兴和弋阳交界的磨盘山地区坚持斗争。7月，唐在刚牺牲。该月，关英在德兴县毛家畈主持召开省委扩大会议，决定由关英、邵长河率省委机关向皖南一带转移，开辟新的游击区，由赣东北特委书记余金德继续领导赣东北的游击斗争。会后，关英、邵长河率中共闽浙赣省委机关转移到开化库坑，建立省委秘密机关。8月，在开化库坑，关英主持召开省委扩大会议，研究如何壮大游击区、如何取得中央的指示、如何与各地游击队联系等问题。会后，省委一面派宣传部部长涂振农去上海寻找党中央，一面派出一批交通员赴周边各游击区，秘密联络失散的红军游击队。

1935年8月，皖南独立团与开化邱老金率领的红军游击队取得联系。中共闽浙赣省委书记关英得知皖南独立团在婺源鄣公山一带创建了鄣公山游击根据地，便决定率省委机关向婺北鄣公山转移。同月，关英在休宁的里广山找到了刘毓标、熊刚。面对国民党重兵对各游击区的"围剿"，互不联系、各自为战的方式使得斗争更为艰难，闽浙赣省委决定将各地分散坚持游击斗争的红

军游击队集中到敌人力量相对薄弱、群众基础较好的鄣公山地区，进行集中整编、统一思想、统一部署，更好地打击敌人。

1936 年 1 月，王丰庆部撤出贵秋东游击根据地。同月，在赣东北坚持斗争的余金德、余熙庆、滕国荣率部来到鄣公山。2 月，李步新率领红军游击队 180 余人撤出泾旌宁宣游击根据地，到达休宁西乡鄣公山脚下里庄，找到了赣东北省委。3 月，王丰庆率部 200 余人到达鄣公山。不久，江天辉也率部到达鄣公山。这样，原来分散坚持斗争的几支革命武装在鄣公山胜利会合。

中共闽浙赣省委为了统一思想、加强党的领导、总结各地游击斗争经验、结束一年多分散坚持斗争的局面，1936 年 4 月，在鄣公山召开省委扩大会议。参加会议的有关英、王丰庆、李步新、刘毓标、滕国荣、邵长河、吴镇清等。会议认真总结了一年多来的斗争经验，详细分析研究了当时的政治形势，研究了游击区的斗争策略，并作出了如下决议：[①]

①鉴于斗争形势与斗争中心的改变，闽浙赣省委改为皖浙赣省委。由关英、滕国荣、余金德、邵长河、刘毓标、李步新、王丰庆、赵礼生、何英、余熙庆等人组成新的省委，关英任书记，刘毓标任组织部部长，滕国荣任宣传部部长，邵长河任少共省委书记。

②确定省委总的工作方针是开展广泛的游击战争，大力进行抗日宣传工作，积极发动与组织群众，发展党的秘密组织，巩固和

---

① 朱文芳：《皖南三年游击战争》，见中共徽州地委党史工作委员会：《黄山红旗》，合肥：安徽人民出版社，1986 年，第 57—72 页。

扩大以鄣公山为中心的皖浙赣边区游击根据地。

③以皖南独立团为基础，成立皖浙赣红军独立团。

④为了加强党的领导，根据当时发展形势和具体情况，决定将皖浙赣边区划分为5个特委：赣东北特委、皖赣特委、上浙皖特委、开(化)婺(源)休(宁)特委、下浙皖特委，由余金德、王庆丰、邵长河、赵礼生、何英5人分别担任特委书记。关英和滕国荣主持省委日常工作。

⑤对边区党的建设、武装斗争、统一战线，特别是政策上的转变，相应作了具体的规定。

鄣公山会议是皖浙赣边游击战争的重要转折点，从此结束了各游击区独自为战的局面，实现了皖浙赣省委统一领导，开创了皖浙赣边游击区斗争的新局面。

皖浙赣省委实行了一系列的政策：①

在党的建设上，发展党员注意政治上的纯洁，部队和地方发展党员须具备三个条件：出身成分好、社会关系好、须经过革命斗争的长期考察。只有政治上纯洁，才能在艰难困苦中立场不动摇，坚定革命信心。在环境允许的条件下，部队和地方党组织都要抓紧时间对党员进行党章教育和党员须知教育，保证党的团结与行动一致，地方上一有情况就能及时反映到上级党组织来。

在干部培养上，举办各种短期培训班，提高干部的政治素质

① 朱文芳：《皖南三年游击战争》，见中共徽州地委党史工作委员会：《黄山红旗》，合肥：安徽人民出版社，1986年，第57—72页。

和军事素质。皖浙赣省委在莒莙山开办了短期干部训练班，每期20人，时间为5天。各个特委和中心县委也举办有类似的短期训练班，如祁（门）浮（梁）婺（源）中心县委在祁门举办了训练班。培训内容主要是教育干部加强群众观点，紧紧依靠群众，注意组织和发动群众，加强内部团结，与国民党作坚决的斗争。

在武装建设上，保证党对红军的绝对领导，坚持政治工作和政治委员制度。独立团有党总支部，连队有党支部。独立团和独立营设立政治委员，连队设立政治指导员。部队的政治工作以党的支部为核心，根据政治任务和部队思想情况来进行，其主要内容有阶级教育、时事与革命前途教育、政策教育（对待俘虏政策、没收政策和对保甲长政策等）、纪律教育及党员标准教育等。同时部队中的党组织一直坚持党的生活制度，适时召开小组会，进行政治思想和工作上的检讨。一系列的政治工作，使得分散在各地的红军团结在省委周围坚持斗争，并得到巩固和发展。

在斗争策略和活动方法上，以积极的军事行动作掩护，向穷苦群众深入宣传党的政策，领导群众开展抗租、抗息、抗税和抗"抽丁"斗争，建立农民团、妇女会等各种群众组织，发展党、团员，建立基层党、团支部，在群众中扎下根。在赤白交界区和敌人占领区，教育群众采用"白皮红心"的策略应付敌人，但须坚定革命立场。

在统一战线政策上，实行争取中间力量、打击首恶分子的政策。对保甲长以教育为主，打击其中个别作恶多端的，争取教育大多数。允许他们作“两面”工作，为红军代购物资、搞情报、掩护党的秘密工作等。对地主豪绅，除民愤极大有血债的外，一般不杀，采用筹款的办法，迫使他们接受红军提出的罚款、不打击报复群众、不进行破坏等条件。对城市商人（如茶商、山货商、窑柴商等），允许他们到山区做生意，以提供书报、文具、药品等。

在妇女和儿童工作上，红军非常注意抓妇女的文化教育，通过各地的妇女会，教妇女们学文化、学政治、学唱歌，特别是《妇女解放歌》，在游击根据地普遍流行。红军每到一地，与儿童特别亲近，给他们讲红军的战斗故事，对儿童进行教育，区分敌我，不被蒙骗。

皖浙赣省委一系列政策的转变与执行，使皖浙赣边区游击战争有了很好的发展。中共皖浙赣省委机关常驻在休宁县石屋坑、高舍一带，1936 年四五月间，皖浙赣省委书记关英，省委委员、红军独立团政委刘毓标等人住在石屋坑张志周家。后来，为对付国民党军队的“清剿”，农民团和赤卫队在附近的葛藤坞、野猪塘、螺丝塘等密林中，搭了 10 多个山棚，关英、刘毓标、余玉堂住葛藤坞山棚，李步新住螺丝塘山棚，倪南山住野猪塘山棚，各个山棚都确定专人负责联系。他们还在尚岩里山棚建起了红军医院。

皖浙赣省委加强了对赣东北、皖赣、上浙皖、开婺休、下浙皖 5 个特委的领导，建立组织，宣传群众，发展党员；在军事上设立军分区，每个特委各领导 1 个独立营，每个中心县委均有游击大队或游击队，每个县委均有游击队组织，积极开展武装斗争。至

1936年底,红军和游击队发展到近3000人,游击区域扩大到40余个县。

1. 赣东北特委

赣东北特委以德兴为中心,包括乐平、浮梁、婺源、上饶、横峰、弋阳、贵溪、余江、万年等县,余金德为特委书记。鄣公山会议后,赣东北地区斗争出现了新的局面。1936年6月,余金德率游击队在德兴县的三都坞一带活动。赣东北特委在三都坞召开会议,研究部署当前的工作。部队侦察到国民党德兴县大队有一个分队要到三都坞搜山,特委决定歼灭这股敌人。三都坞位于乐(平)、德(兴)、婺(源)三县交界处的盘居山下,游击队在中三都坞口设下埋伏。30多名国民党军荷枪实弹来到三都坞,大肆抢劫,毫无戒备。游击队突然从四面八方冲杀下来,不到20分钟就解决战斗。这次战斗的胜利,增强了赣东北军民的斗争信心。7月,皖浙赣省委决定将赣东北特委改为赣东北分区委,余金德任书记,夏年丰任军区司令员。在赣东北分区委的领导下,赣东北游击队得到较大的发展,各地党组织得到恢复和巩固。至1936年底,赣东北游击区纵横几百里,游击队由70余人发展到130余人,各县游击队也有四五十人。

2. 中共皖赣特委

1936年4月,中共皖赣特委在婺源县西北莒莙山村成立,王

丰庆任书记,李步新任副书记。皖赣特委以祁门为中心,包括休宁、婺源、浮梁、都昌、鄱阳、湖口、彭泽等县,下辖祁(门)婺(源)休(宁)、祁(门)浮(梁)婺(源)、浮(梁)乐(平)婺(源)、都(昌)湖(口)鄱(阳)彭(泽) 4 个中心县委,李步新兼祁婺休中心县委书记。皖赣特委认真地贯彻省委关于边区党的建设、武装建设以及经济、文化工作等政策,根据地各项工作有了较大发展。皖赣特委领导的红军独立营发展到 100 余人,李步新兼红军独立营政委。各中心县委和县委也建立了规模不等的游击队。

3. **上浙皖特委**

上浙皖特委包括安徽的宁国、泾县、宣城、广德、郎溪和浙江孝丰、于潜、昌化 8 县,邵长河任书记。鄣公山会议后,邵长河率省委独立团第三营第七连(原为闽浙赣军区特务连)近百人的部队,从鄣公山出发,经休宁、歙县到浙江昌化、于潜,于 1936 年 9 月到达上浙皖中心地区宁国、广德一带。同时,皖浙赣独立团也来到宁国一带活动,并留下第三营政委阙怀仰任特委副书记。独立团一部与地方游击队组建上浙皖特委独立营,阙怀仰任独立营司令员,李冬财任政委。上浙皖特委及其武装在深入上浙皖地区活动过程中,在皖浙赣独立团的配合下,开展游击活动,开辟游击根据地,秘密建立和发展党的组织,先后建立了 4 个县委:宁昌中心县委,书记余玉堂;宁广县委,书记黄耀荣;孝广县委,书记老梅;孝宁中心县委,书记彭长清。特委活动中心在宁国、广德

一带。

4. 开婺休特委

1936年8月13日，中共开婺休特委（亦称浙皖特委）在浙江开化县福岭山成立，赵礼生任书记，邱老金任常委。开婺休特委下辖化婺德中心县委、衢遂寿中心县委、开化县委和休宁县委，同时成立浙皖军分区，邱老金任军分区司令员，赵礼生任政治委员。在浙皖军分区统一指挥下，除特委独立营外，还有各中心县委的游击大队，县委、区委的游击队，共有游击队员1300多人。浙皖特委领导下的游击区也进一步扩大，辖区以开化为中心，包括浙江的常山、衢县、遂安、寿昌及安徽的休宁和江西的婺源、德兴，共8个县的地区，建立了横跨皖浙赣边区8县1000多平方公里的千里岗游击区，成为浙西革命斗争的中心区。

5. 下浙皖特委

下浙皖特委区域包括淳安、遂安两县和歙县的一部分。1936年初，在茗坑（今属歙县狮石乡）建立淳遂歙中心县委，书记程太良（何英），副书记刘忠林，在歙南大、小茗一带开展群众工作，建立群众组织。1936年6月，下浙皖特委在狮古山正式成立，何英任书记，刘忠林为副书记兼组织部部长，苏宏发为副书记兼团委书记，委员有谢良才（兼任游击队司令）、黄立义（兼任游击队大队长）、朱用地（兼任游击队政委）、唐敦禄、方城等人。特委下设中

心县委、县委、中心区委、区委。根据皖浙赣省委指示，特委积极开展游击斗争，发动群众，建立党的组织，扩大红军组织和群众组织，以狮古山为中心，有计划地向平原地区发展。从 1936 年 4 月至 1937 年 2 月，在下浙皖特委、下浙皖军分区的领导下，下浙皖独立营、游击大队在浙皖边区和国民党军队进行 10 多次较大的战斗，打击地方反动势力，壮大了革命队伍，先后发展和建立了下浙皖苏维埃政府、中共淳遂中心县委和中共歙县中心县委，在淳遂地区建立了中共淳安县委和中共遂安县委及下属的 9 个区委和 1 个特别区委。党员发展到 650 多人，游击队由 30 人发展到 500 多人，还有 1500 多人参加红军的外围组织农民团。

三、皖浙赣红军独立团的成立与活动

皖浙赣省委扩大会议后，1936 年 5 月，各路红军游击队聚集在水岚山休整，省委在此召开连以上干部参加的军人大会，省委书记关英在会上分析了形势，宣布以皖南红军独立团为基础，成立红军皖浙赣独立团，准备组织大规模的武装行动。独立团下辖 3 个营，共 800 余人，机枪 10 余挺，团长熊刚，政委刘毓标，政治部主任邵长河，倪南山为独立团特派员。原皖南红军独立团编为第一、第二营，各地汇合在鄣公山的游击队编为第三营。一营营长

熊才辉，政委张××；二营营长×××，政委杨汉生；三营营长宋泉清，政委阙怀仰。第一营辖3个连，第二营辖3个连，第三营辖2个连。皖浙赣红军独立团是皖浙赣边游击根据地的主力武装，由省委直接领导。独立团的任务是积极到以鄣公山为中心的根据地的外线开展游击活动，牵制和打击敌人，组织发动群众，大力开展抗日宣传，筹集活动经费。[①]

独立团成立后，在皖浙赣省委的领导下，采取积极军事行动，在皖浙赣边广泛开展武装斗争，使游击战争进入了一个新的发展阶段，接连打了几个大胜仗，鼓舞了士气。

1936年6月，“两广事件”发生，广东地方实力派陈济棠和广西地方实力派李宗仁、白崇禧等通电宣布“北上抗日”，反对蒋介石。蒋介石为对付两广地方实力派，将浙皖闽赣边国民党军大部主力外调。皖浙赣独立团决定抓住有利时机，扩大斗争。

1936年夏，熊刚、刘毓标率独立团向皖南和浙西北一带行动，7月初，独立团从休宁来到开化福岭山，从当地游击队那里了解到开化城内敌人兵力空虚，仅有保安团2个中队，战斗力较弱，同时这一带群众基础较好。于是，独立团决定趁敌空虚之际，攻打开化城。7月8日凌晨，独立团在开婺休特委邱老金的游击队配合下，利用凌晨天黑之时，攀上城墙，偷袭敌哨兵，打开城门，一举攻下开化县城，击毙巡官冯志祥及巡警等6人，俘虏100余人，缴获

① 中共黄山市委党史研究室：《中共黄山地方史(1919—1949)》，内部资料，1997年，第80—81页。

机枪6挺、步枪100余支、子弹4万余发、电台1部。独立团捣毁了县衙门，国民党政府官员纷纷逃窜；打开监狱，释放90余名“政治犯”；没收几家豪绅开设的店铺，将其中的部分布匹、百货、药品分发给穷苦百姓。部队在开化县城逗留4小时后，即向婺源转移，经裔官、山坑至沱川，沿途捣毁碉堡及联防办事处数十个，俘虏保丁数人。开化一役为皖浙赣红军独立团组建以来的第一大仗，极大鼓舞了皖浙赣三省边区的军民斗志。

开化战斗后，独立团行至沱川月岭附近时，俘虏电话兵2名，经询问得知敌独立四十六旅的2个连将从清华街开往沱川，即组织在月岭伏击。敌军进入伏击圈后，独立团突然开火，一举将敌击溃，当场打死、打伤敌军30余人。敌军除一小部逃脱外，大部为独立团俘虏。此战缴获机枪4挺、步枪100余支，子弹无数。战后，独立团回到鄣公山休整。

独立团连战皆胜，声威大震，游击区青年踊跃参加红军。8月，皖浙赣独立团发展到1200余人。为了扩大红军的影响，皖浙赣省委提出独立团到更远的地区开展游击活动。9月，独立团到宁国、宣城、昌化(今属临安)一带活动，在昌化境内两次与浙江保安部队激战，歼敌40余人。10月，独立团路过休宁流口大连时，遇到敌杨自力部200余兵力对游击区进行“清剿”，即部署部队在小岭头伏击敌人，消灭敌1个小分队，伤敌10余人，缴获机枪2挺、步枪10余支，以及电话机等战利品。

1936年12月，红军皖浙赣独立团团长熊刚、政委刘毓标率独

立团1个营来到上浙皖地区，在宁国南乡找到邵长河及特委武装，接着袭击了国民党宁国竹峰区公所，从缴获的报纸上得知西安事变的消息，大家深受鼓舞。为进一步扩大影响、发动群众，刘毓标、熊刚和邵长河商量决定，就近攻打敌人守备松懈的浙江省昌化县城。12月20日，独立团从宁国奔袭昌化。根据战斗部署，12月21日拂晓，担负前卫任务的上浙皖特委独立营第七连在连长邵兴发和指导员程祥元的带领下，装扮成国民党军，率先冲进了昌化县城，活捉了国民党昌化县党部执委兼株柳乡乡长章本范和马鹄乡乡长王道明，缴获步枪70余支、子弹8箱，释放"政治犯"100余人，焚烧监狱和国民党昌化县政府房屋5座。此战红军无一伤亡。昌化战斗结束后，刘毓标率独立团回到鄣公山，向省委书记关英及其他省委领导同志汇报了西安事变及蒋介石被扣的消息。

1937年1月，关英、刘毓标、李步新等率独立团在石屋坑宿营，侦察到敌第四十六旅一部出动，独立团立即选择在平鼻岭组织伏击，结果生俘敌副连长1名，打死、打伤敌军数十人，缴获枪支七八十条。

5个特委所属的独立营及各游击大队也相应开展武装斗争，并在斗争中不断发展壮大。如1936年9月，余金德率赣东北游击大队在乐平县洞天峰伏击国民党"清剿"部队，击毙30余人，缴枪30余支。上浙皖独立营从孝丰（今属安吉）长途奔袭于潜县（今属临安），与浙江保安部队激战，毙敌营长1人，俘敌20多人。

下浙皖独立营和各县游击队紧密配合，频繁袭击国民党军据点，镇压作恶多端的土豪劣绅，先后进行了歙县绍濂低岭、璜蔚水家磅、长陔石门坑等战斗，部队从 100 余人发展到 300 余人。浙皖独立营开辟了千里岗游击区，红军游击队人数最多时达到 1300 余人。

由于党加强了对红军独立团的领导，部队统一指挥、统一行动，在战术上采用伏击、长途奔袭、奇袭、夜袭等方式，军事上不断取得胜利，极大地鼓舞了皖浙赣边的人民群众，边区青年纷纷要求参加红军，至 1936 年底，皖浙赣边区红军游击队发展到 30 余支，总人数达 3000 余人。各地党组织和特委独立营及各游击大队、赤卫队、农民团、妇女会、儿童团等积极配合皖浙赣红军独立团作战，侦察情报、传递消息、安置伤病员、采购军需物资等，甚至直接参战，给予了独立团很大的支持，有力打击了国民党和地方恶势力，推动了皖南革命斗争的继续发展，逐渐形成了以鄣公山为中心的游击根据地，其范围包括皖南的休宁、歙县、祁门、黟县、太平、石埭、青阳、秋浦、东流、泾县、旌德、宁国、宣城等 43 个县的广大地区。国民党军龟缩在县城和较大的村镇，不敢轻易出动。

四、西安事变后的反“围剿”斗争

1936年12月，西安事变爆发并得到和平解决。但是，国民党采用两面政策，施行所谓的“北和南剿”政策，一面与中共停战议和，一面调集重兵对南方八省各游击根据地加紧“清剿”，妄图乘谈判之机，消灭在南方坚持斗争的各游击队和党的地方组织。

自1936年12月开始，国民党调集大批军队到皖浙赣边区。1937年1月6日，闽浙赣边区绥靖公署主任刘建绪，在浙江衢州召开十几名师、旅军事指挥官和60个县长参加的“绥靖会议”，限令3个月内将边区各红军游击队全部肃清。会后，国民党调集十几个正规师及浙皖赣三省保安团10余万兵力，向浙皖闽赣边区发动大规模的进攻。

国民党的兵力部署如下：第八十八师驻开化，第五十五师驻歙县，第一九二师和独立四十六旅驻屯溪、休宁、祁门一线，第九十三师驻贵池，第六十六师驻东流、至德，独立四十五旅驻婺源，浙江保安团2个团驻乐平、婺源，第十六师驻浮梁、乐平、婺源，刘建绪别动大队驻浮梁瑶里。刘建绪为闽浙皖赣4省“清剿”总指挥。国民党“清剿”皖浙赣边区分为三个步骤：第一步向浙江的遂安、淳安、昌化等地进攻；第二步向皖南泾县、宁国地区进攻；最后

集中各路兵力，向以鄣公山为中心的休宁、祁门、浮梁、乐平、婺源进攻。

1937年1月下旬，中共皖浙赣省委在鄣山村召集会议，分析西安事变后国内可能出现的形势转变，研究相应的对策。会议决定由关英率独立团一部前往浙南寻找刘英、粟裕领导的红军挺进师，利用他们的电台与中央取得联系；各特委和红军独立营也可离开根据地，寻找战机打击国民党军。

但由于游击战争环境艰苦，信息比较闭塞，又与上级党组织失去了联系，皖浙赣省委和独立团对敌人的“清剿”部署不清楚，对形势过于乐观，致使对当时的形势判断失误。实际上红军挺进师的电台早已损坏，浙南的红军挺进师在刘英、粟裕的领导下，在进行艰苦的反“围剿”斗争。

2月，刘毓标、熊刚等率独立团3个连共300余人向浙南进发，皖浙赣省委书记关英等同志随军行动。2月10日（农历除夕）夜，独立团抵达遂安毛汰里宿营。2月11日，独立团从毛汰里出发，经牛栏基、童家田朝霞源山方向前进。霞源村大地主周芳陛组建了一支40多人的反动武装“铲共队”，当独立团兵分三路向霞源山进军，一部分从村后下来时，周芳陛立即报告驻余家的国民党军，自己带领“铲共队”攻击红军。在红军的三面包围下，“铲共队”很快溃逃。但国民党陆军第六十三师数百人从余家追赶而来。双方激战3小时，因敌强我弱，独立团主动撤出战斗。当晚，关英在中毛汰里的一个庙里主持召开独立团干部会议。会议决定，独立团兵分三路，由关英、刘毓标、熊刚各带一个连分路突围，到白马东边的千里岗强盗坪集中后，再往浙西寻找粟裕、刘英，以取得与党中央的联系。但由于路线不熟，情况不明，独立团未能跳出国民党军的包围圈。刘毓标带的一个连在淳安白马陷入重围(国民党有1个师的部队)，损失惨重，最后只剩下刘毓标和警卫员、侦察班长3人，且刘毓标右手已负伤。3月3日晚，刘毓标在衢县姜孟坑纸厂被俘，被押至衢县监狱(8月5日，经交涉获释)。关英当时正在病中，部队被打散，在警卫员的掩护下，关英突围后在江西玉山隐蔽下来，因找不到党组织和游击队，而且回鄣公山游击区的路也被堵死，关英只好以客商名义，与人合伙在玉山乡下开了一个榨油坊，2名警卫员扮作伙计，一面榨油做生意，一面打听中央及闽浙赣独立团的消息。皖浙赣省委的工作停滞。熊刚带的一个连只剩下20余人，半途折返鄣公山地区，继续坚持斗争。

国民党军队对鄣公山等游击根据地，进行了大规模的“清剿”，实行“移民并村”，到处建立明碉暗堡，密布据点岗哨，一见形迹可疑的人，就“格杀勿论”；实行“五家连坐”，一人通“匪”，五家同罪；强迫“自首”政策，派遣便衣队，刺探情报，制造谣言，开展特务活动；经济上，对粮食、盐、药品实行严密控制，妄图割断红军与群众的联系，将红军困死山中。游击区的军民与国民党进行了顽强的斗争。1935年12月，皖浙赣游击队翻越六股尖时，因遭遇高山严寒，为避免敌人发现，不能生火取暖，一夜间竟然冻死了20

多位饥寒交迫的战士。长年的艰苦生活和恶劣的环境，使一些红军游击队员患了疟疾、腹泻、夜盲、水肿等疾病，一些患病和受伤的游击队员因无药医治而牺牲。

1937年上半年，在国民党重兵"围剿"下，皖浙赣省委红军独立团和皖赣特委红军独立营先后陷入敌军重围，损失严重。皖浙赣省委和下浙皖、开婺休、赣东北、上浙皖4个特委均遭破坏。

2月中旬，下浙皖特委独立营攻打遂安县城战斗失利，后在东亭严家、中洲的泰厦等地遭到数倍于己之敌包围，100多名干部战士惨遭杀害，最后剩下特委书记何英等30余人，被敌包围于淳安许家山。何英下山后暗中投敌叛变，下浙皖游击区遂告失败。

2月，中共浙皖特委（中共开婺休特委）书记赵礼生率浙皖独立营与国民党军多次激战，损失惨重，浙皖独立营被打散。6月，独立营营长邱老金率战士20余人困守山头，弹尽粮绝。7月，国民党军集中昔树林、里后山村民，架机枪威逼村民交出邱老金，否则烧毁村庄，杀尽村民，邱老金只身下山就缚。12月7日，他被杀于开化城东郊河滩上。浙皖特委书记赵礼生亦被捕杀害，幸存的革命者被迫转入地下。

5月初，赣东北分区区委书记余金德、军分区司令员夏年丰率赣东北游击队，与皖赣特委书记王丰庆等率领的皖赣独立营共四个连，联合进攻乐平鸣山，不料战斗失利，被敌第十六师重重围困，突围时队伍又被冲散。5月9日，王丰庆率皖赣独立营幸存的40余人转移到德兴张家坂时，又被包围，王丰庆被俘，仅10余人

冲出敌围。中共赣东北分区区委书记余金德率部强行突围，在乐平县铭口的刘河渡口渡河时，为掩护战士们渡河，余金德腿部受伤。余金德、夏年丰率赣东北游击队余部50余人，从三县岭突围后，在德兴上杨家湾村，因叛徒出卖，遭敌伏击，游击队伤亡殆尽。5月中旬，敌军大搜捕，余金德、夏年丰先后被俘杀害。

6月初，上浙皖游击区特委独立营在皖南广德县野鸡冲因叛徒告密，遭敌突然合击。战斗中，独立营被打散，仅30余人突出重围，特委书记邵长河身负重伤，脱离险境后，隐居民间。游击区的党组织相继遭到破坏。

经过1937年春夏的大挫折，皖浙赣游击区元气大伤。省委中止了活动，名存实亡，各地党组织均遭到严重的破坏，红军游击队损失惨重，新开辟的几个游击根据地基本丧失，老游击根据地也被分割得支离破碎。面对这种险恶环境，皖赣特委及其游击队仍坚持战斗在皖浙赣边。他们一面留下少数人在内线坚持斗争，与群众共赴患难，一面将游击队转移到外线，在敌人力量较薄弱的地带，加强武装活动，与敌人继续进行不屈不挠的斗争。皖赣特委于1937年2月将特委机关由莒莙山转至祁门县舍会山，继续坚持游击战争。婺源县委书记吴镇青、休婺中心县委书记倪南山率红军游击队仍在婺源县西北、大鄣山西侧古坦一带坚持斗争。

在三年游击战争中，皖浙赣各游击根据地的党员、干部、群众与党组织及游击队一道，坚持斗争，不怕牺牲，做出巨大的贡献。

他们为红军游击队筹办物资、站岗放哨、转运物品、传递情报、安置伤员等，在敌人的“清剿”中，想方设法掩护党的干部和游击队员，不惜牺牲自己的生命。如休宁石屋坑 36 户 98 人的小山村，就有 20 多人被抓坐牢、7 人献出生命，村中群众先后 3 次被迫搬家。休婺中心区委秘书张志流一家就是其中的代表之一，他在敌人“并村”后，为了保护中心区委和伤病员，冒着生命危险，四处奔波，买粮弄药，不幸被捕，受尽敌人拷打，直到流尽最后一滴血，表现了一个共产党员大无畏的英雄气概。他的两个儿子张仲云、张仲宏参加红军后相继牺牲。“在三年游击战争中，如果离开广大群众，就没有我们的立足之地。”①

抗日战争全面爆发后，国共两党以民族利益为重，实现第二次合作，南方红军游击队改编为国民革命军陆军新编第四军。1937 年 12 月初，陈毅从南昌到祁门舍会山，向皖赣特委传达中共中央关于国共合作抗日的指示，并代表中共中央东南局将中共皖赣特委更名为中共皖浙赣特委，王丰庆、李步新分别任正、副书记。随后，根据陈毅关于迅速将红军游击队集中进行整编的指示，皖浙赣特委将李步新、王丰庆、杨汉生、田英、熊刚、柴荣生、倪南山、程祥元等率领的各地游击队，共 300 余人，改编为江西抗日义勇军第一支队，1938 年 1 月开赴窑里（今瑶里）整训。2 月，江西抗日义勇军第一支队在瑶里召开抗日誓师大会。会后，根据陈

① 刘毓标：《战斗在皖浙赣边》，见赵倩等：《刘毓标纪念文集》，内部资料，1998 年，第 101 页。

毅命令，除留下一部分短枪队和留守处工作人员外，李步新等率领江西抗日义勇军第一支队先行开往歙县岩寺，4 月，编入新四军第一支队第二团第三营，并开赴抗日前线。

皖浙赣边党组织和红军在三年游击战争中，在失去同党中央的联系和长期被敌人分割包围的情况下，坚持党的绝对领导，紧紧地依靠广大人民群众，从客观实际出发，不断总结斗争的经验教训，适时改变斗争形式和组织形式，采取灵活机动的游击战术和斗争策略，终于战胜了强大敌人的残酷"清剿""围剿"和种种反革命诡计，克服了重重艰难困苦，给国民党以有力的打击，保存了自己的力量和阵地，为中国革命战争的胜利做出了重要的贡献。

第六章

★★★★★

新四军岩寺整编

蒋介石国民政府奉行的“攘外必先安内”政策，致使国土沦陷，人民陷于水深火热之中。三十万东北军不能与日本侵略者战斗在白山黑水之间，反而被驱使到西北去“围剿”红军。1936 年 12 月 12 日，张学良和杨虎城为了达到劝谏蒋介石“停止内战，一致抗日”的目的，发动“西安兵谏”，史称西安事变。该年底，在中共中央的主导下，通过周恩来等人的斡旋，西安事变以蒋介石接受“停止内战，联共抗日”的主张而和平解决。西安事变的和平解决为抗日民族统一战线的建立准备了必要的条件，成为中国由内战走向抗日民族战争的转折点。

1937 年 7 月 7 日，卢沟桥事变爆发，日本发动全面侵华战争。根据国共两党谈判达成的协议，10 月，江西、福建、广东、湖南、湖北、河南、浙江、安徽等南方 8 省的红军和游击队整编为国民革命军陆军新编第四军，或称国民革命军新编第四军，简称“新四军”，下辖四个支队，编入第三战区战斗序列(指挥官顾祝同)。

一、红军游击队的集中改编

1937年10月，中共皖赣特委派李步新、江天辉等为代表，与国民党浙赣皖边区主任公署代表、中校参议、驻瑶里别动队队长张甫成等在祁门舍会山（现隶属祁门县祁红乡）和江西瑶里（现隶属江西省景德镇市浮梁县）举行谈判。为方便联络，技术人员特地从瑶里的江家下到舍会山的梅树坞之间架设了一条专用电话线。双方代表在祁门舍会山初次会面，列出谈判议项，双方代表通过当面协商和电话联系两种方式对议项进行反复商议。在此基础上，11月初，双方代表在瑶里举行正式谈判，最后达成四条协议：①国民党当局停止向红军游击队进攻，撤去在根据地周围的一切驻军，准许游击队派人联络各地红军人员，红军人员过境应通行无阻；②国民党当局解除“移民并村”封锁，恢复群众生产自由；③释放一切“政治犯”；④红军游击队停止打土豪、停止与当局的敌对活动，其全部给养由国民党当局负责。[①]

协议达成后，皖赣特委派李步新、江天辉前往南昌向项英、陈毅汇报，他们从瑶里出发，经婺源到浙江衢州，乘火车辗转至南昌。李步

① 中共黄山市委党史研究室：《中共黄山地方史（1919—1949）》，内部资料，1997年，第86—87页。

新、江天辉将谈判的有关情况以及目前的形势与队伍的现状一一作了汇报。陈毅对皖赣特委的工作非常满意，对皖浙赣边区还保存着350多人的武装力量予以充分的肯定。考虑到国民党当局催促游击队下山，而游击队中的许多队员对当前的形势与任务还不太理解，对《告南方游击队公开信》中"国共合作"仍有疑虑，有人提出不挂"中华民国"的旗、不带国民党的帽徽，甚至少数队员还尖锐地提出游击队下山就是向国民党投降等认识不深的问题，为顺利完成整编工作，陈毅决定亲自到舍会山与同志们见面，传达党中央精神。

▲ 南方游击队部分干部在南昌合影
前排左起：刘英、刘树木、曾山、徐正坤；
后排左起：陈丕显、黄知真、谭启龙

1937 年 11 月下旬，陈毅由皖赣特委负责人李步新、江天辉陪同，从南昌到景德镇，在景德镇作了短暂停留，与浮梁县国民政府商洽有关红军游击队改编和在景德镇建立新四军办事机构等事宜。12 月初，陈毅从景德镇风尘仆仆来到瑶里，未作停留，直接去了祁门舍会山。到达舍会山的当晚，在一间简陋的民房里，陈毅召开了皖赣特委会，在会上传达了党中央关于国共合作、共同抗日以及抗日民族统一战线的政策，并与同志们亲切交流，解答了他们的问题与疑惑，使皖赣特委的各位领导在思想上统一到党中央的决策部署上来。

次日上午，陈毅在王丰庆、李步新等人的陪同下，看望了住在草棚里的红军战士。下午，在舍会山的一片空地上，陈毅对集中的红军战士作了目前的形势与任务的报告。陈毅强调：日本侵略者亡我之心不死，战火烧遍了东北、华北，在大敌当前、救亡图存之际，当以民族利益为重，枪口对外，一致抗日；整编不是投降，新四军要坚持党的领导与部队的独立性。陈毅的报告既诚恳亲切，又风趣幽默，提高了同志们的认识与境界，为皖浙赣边区游击队的顺利改编打下了坚实的基础。

陈毅离开舍会山之后，皖赣特委根据上级指示，一面宣传建立抗日民族统一战线的重要性，一面联络各地的游击队到舍会山地区集中。王丰庆、李步新、江天辉、杨汉生带领的皖赣独立营与活动在祁浮婺休一带的红军游击队 150 余人先期到达；第二批到达的是由熊刚带领的原皖浙赣红军独立团的一部分队伍和阙怀仰带领的红军梭镖队 50 余人；最后一批到达的是由都湖鄱彭中心县委书记田英带领的红军游击队 150 余人，三支红军游击队汇合后达 350 余人。根据陈毅的指示，皖浙赣边红军游击队改称“江西抗日义勇军第一支队”。各路红军游击队先行在祁门舍会山集结，等待接受改编。舍会山集结后，为适应新的作战任务的需要，红军游击队积极开展军事训练，实行早操制度，组织统一列队、射击、投弹、刺杀等课目动作与要领的训练，练就过硬的本领；同时开展思想教育，教育游击队员明确目前的形势与任务要求，搞好革命团结、自觉遵守纪律等。游击队组织了 10 余支宣传队，到祁门、休宁、至德、浮梁、景德镇等地的城镇、农村，开展广泛的宣传，宣传国共合作、抗日救国的道理。

1938 年 1 月，根据中共中央东南分局的指示，红军游击队下山改编。考虑到扩军训练、交通给养、尽快开赴抗日前线等因素，陈毅经与国民党地方当局商洽，决定将靠近鄣公山的浮梁瑶里作为新四军改编地。该月底，红军游击队从舍会山开赴瑶里，驻扎在瑶河西岸的吴家祠堂、敬义堂、宏仁寺等处，准备接受改编。当地群众自发燃放鞭炮，欢迎工农子弟兵进驻瑶里。

2 月初，陈毅在瑶里召开了干部会议，传达中央关于国共合作的抗日方针和南方 8 省游击队改编为新四军的指示，宣布“江西抗日义勇军第一支队”正式编入新四军序列，调整了皖赣特委领导机构及其主要负责人。2 月 10 日，集中在瑶里参加改编的全体红军战士，以及当地的许多群众，在瑶里吴家祠堂召开抗日誓师

大会，陈毅发表了重要讲话，给广大军民以深刻教育和极大鼓舞。陈毅还召集当地的保长、甲长、地主、资本家以及地方士绅等社会各界人士召开会议，宣传国共合作、共同抗日的道理，建立广泛的民族统一战线，赢得了社会各界人士的支持。

经过瑶里改编，皖浙赣边游击队改称为中国国民革命军新编第四军第一支队第二团第三营，下辖七、八、九三个连。熊刚任营长，张振东任副营长，刘玉林任军事教导员。在改编期间，由于地方党组织的宣传动员，加上陈毅以民族利益为重的博大胸怀和军事才能的影响，许多热血青年慕名而来。不到 20 天，就从祁门、景德镇等地扩军 200 多人，部队人数达到了 550 多人，有机枪 3 挺，步枪 200 多支，短枪 30 多支，但多数人还是背着大刀，拿着长矛、梭镖，枪械十分简陋、紧缺。2 月 10 日下午，瑶里改编后诞生的新四军第一支队第二团第三营的战士们，告别了当地的父老乡亲，告别了支持和养育他们近十年的皖赣边革命根据地，在李步新和熊刚等人的带领下，浩浩荡荡，精神饱满，启程开往新四军集结地——岩寺(徽州歙县)。

二、新四军军部移驻岩寺

1937 年 10 月，中国共产党与国民党在南京达成协议，将留在江西、福建、广东、湖南、湖北、河南、浙江、安徽等 8 省坚持游击战争的红军和游击队(琼崖红军游击队除外),改编为国民革命军陆军新编第四军,叶挺任军长,项英任副军长。12月25日,叶挺、项英在当时武汉日本租界的大和街26号(今武汉市汉口胜利街332—352号)召开新四军干部大会,分析抗战形势,总结上海和南京失陷的教训,研究当前的工作和任务。

▲ 新四军副军长、政委项英

1938年1月4日,项英率领新四军军部工作人员从汉口乘船到南昌,叶挺留在武汉继续办理同国民党交涉的有关事宜。1月6日,项英、张云逸、周子昆等到达南昌与陈毅等人会合,即在南昌市三眼井高升巷张勋公馆(今江西省南昌市西湖区友竹路7号),以新四军军部名义正式对外办公。1月28日,《新华日报》刊出新四军军部启事:本军奉命即行整编出发,军部当即移驻南昌,前大

和街26号军部即行结束。[①]

▲ 岩寺新四军军部旧址

在武汉期间，叶挺、项英同国民党和共产党中央两方面进行沟通、协商的同时，接待、调配了大批从延安来的高级领导干部，配备了新四军军部各处、科干部，有效解决了新四军各支队集中整编、干部任命、隶属关系和后勤给养等问题。在南昌期间，项英等首先建立了新四军的领导机构，正式确定叶挺任军长，项英任副军长，张云逸任参谋长，袁国平任政治部主任，周子昆任副参谋长，邓子恢任政治部副主任；其次健全军部内部机构设置，司令部

① 政协黄山市徽州区委员会:《新四军与岩寺》(《徽州文史》第六辑)，内部资料，2015年，第10页。

建立参谋处、军法处、副官处、军需处、军医处、秘书处，政治部建立组织部、敌工部、民运部，并开始工作；同时还分批派员赴各地传达中央指示，动员、指导红军游击队集中整编，指挥部队向安徽歙县岩寺集结，筹备各种军需物资，建立新四军兵站。为加强中国共产党的领导，中共中央决定成立中共中央东南分局和中央军委新四军分会，项英为分局和军分会书记，陈毅为军分会副书记。武汉与南昌的筹备工作，为此后的新四军岩寺集结整编以及开赴前线、深入敌后、开展作战打下了良好的基础。

古镇岩寺，地处歙县西部，是皖、浙、赣、鄂、苏、闽、粤等 9 省市的交通要道，东连上海、杭州，北连芜湖、南京，西连武汉、重庆。抗战初期，岩寺一带局势较为稳定，既有利于新四军江南部队的集结、整编，又有利于新四军向江南敌后进军。1938 年 1 月初，为使新四军军部以及各部队安全顺利地迁移、集中至岩寺，时任中共中央革命军事委员会新四军分会副书记兼新四军第一支队司令员的陈毅在大部队尚未出发之前，率领军部作战科长李志高、电台台长廖昌林、军部机要员何凤山等 10 余人先期到达屯溪，住在六路饭店。

陈毅到屯溪后，深入各学校，向全体师生作报告，宣传中国共产党的抗日主张以及建立抗日民族统一战线的重要意义，阐明新四军到江南敌后抗日的任务，号召广大知识青年积极投身到抗日救亡的运动中去，投笔从戎，杀敌报国。陈毅还与屯溪各界人士、机关以及驻屯官兵积极接触，宣讲抗日主张。他深入伤兵医院，

看望为抗战负伤的将士。

陈毅离开屯溪后，又到了岩寺，当晚就召集了中共党组织4个特支负责人开会，会上他生动地宣讲了当时的抗战形势和我党的抗日民族统一战线政策，并对当地工作情况进行了认真细致的询问。第二天，陈毅利用同乡关系，住进国民党第七战区（川军）参谋长鲁自诚（中共地下党员）家里，开展统战工作，并听取了中共“七政”特支负责人黄诚、谢云晖等同志的工作汇报。在这期间，陈毅还和上海劳动妇女战地服务团（国民党第十九集团军战地服务团）团长胡兰畦取得联系，并秘密向胡兰畦指示工作。陈毅还对岩寺当地的风俗民情以及地形地貌进行研究，利用各种机会和关系，为新四军安全顺利转移、集结，疏通关系，作好周密的安排和准备，这些为新四军到岩寺集中奠定了良好的基础。

1938年2月6日，国民政府军事委员会命令新四军第一、二、三支队于2月20日到岩寺集中，接受点验。新四军军部在接到集结命令后，即着手军部转移及各支队行进工作。2月9日，叶挺军长离开汉口，11日抵达南昌。12日晚，军部召开军人大会，欢迎叶挺、项英等人，并召开各处长会议，讨论部队开拔事宜。13日晚，军部召开军政会议，讨论部队行动与补充整训等问题。3月14日，军长叶挺偕一支队司令员陈毅、军部秘书长李一氓由江西南昌启程，17日抵达皖南屯溪，会见国民党第三战区司令顾祝同，交涉部队行军路线、集中驻地事宜，并分别拜访了当时驻扎屯溪的第三战区前敌总指挥薛岳、驻歙县的第十九集团军军长罗卓英、皖南行署主任戴戟等军政领导，做好关系的疏通与协调工作。4月初，陈毅、叶挺先后到达岩寺，4月4日，新四军军部机关从南昌出发，次日，新四军军部机关、特务营及战地服务团到达岩寺，军部及政治部设在岩寺金家大院(原岩寺血防组旧址，现辟为新四军纪念馆)，叶挺、项英均住此院，重要机关也集中在周围。参谋处和副官处设在金家大院附近的吴小亭家，军需处设在时任岩寺镇长的潘瑞庭家，卫士排设在金家大院隔壁的曹氏宅内，军部机要科设在洪桥东桥头的房子里。军部其他直属机关均设在岩寺镇及周边村落。①

▲ 岩寺新四军住屋

---

① 左和平:《新四军军部移至岩寺和一二三支队集中》，见中共歙县县委党史办公室:《新安江畔战旗扬》，合肥:安徽人民出版社，1991年，第104—126页。

三、新四军一、二、三支队岩寺集中

1938年2月上旬，新四军军部下达命令，要求各部迅速出动，兼程赶到皖南岩寺集中。南方8省红军和游击队，告别亲人和群众，依依不舍地离开根据地，长途跋涉奔向集中地点岩寺。新四军第二支队在《全体指战员为出发抗敌告别父老书》中如是写道："父老、伯叔、兄弟、诸姑姊妹们！看！日本鬼子肮脏的血手已经探进我们华中、华南来了！它的贪婪无厌的欲壑，它的穷凶极恶的兽行，是要把我们全中国锦绣河山与五千年的灿烂文化吞噬下去，是要把四万万五千万炎黄胄裔变成奴隶牛马！今天为着祖国的河山，为着自己的生存，为着子孙的前途，我们大踏步地上前线去和日本鬼子拼命了！"①

前往岩寺集中的新四军军部和3个支队及特务营计7000余人，他们分散在福建、广东、江西等地，距离集结地岩寺远者达1000公里以上，需1个月左右的时间才能到达，近者也需一周的时间。千山万水，军需辎重携带不便且沿途情况复杂多变，既要做好部队的思想工作，又要防止各种意外的发生，可谓是困难重

① 安徽省档案馆、安徽省博物馆、新四军军部旧址纪念馆：《新四军在皖南（1938—1941）》，内部发行，1985年，第11页。

重。但新四军指战员发挥了高超的指挥才能，上下一心，不顾劳顿，采用乘车与徒步相结合的方法，终于于4月中旬完成了集中。新四军在岩寺集中，是为了接受国民党第三战区的点验及加强军政、军事训练，奔赴抗日前线，抗击日本侵略军。

1. 新四军第一支队

一支队是由项英、陈毅领导的赣粤边游击队、游世雄领导的桂东游击队、傅秋涛领导的湘鄂赣游击队、谭余保领导的湘赣游击队和李步新领导的皖赣游击队所编成的，陈毅任支队司令员，傅秋涛任副司令员，胡发坚任参谋长，刘炎任政治主任。全支队下辖第一、第二2个团。湘鄂赣游击队1100多人，600余支枪，编为一团，傅秋涛兼任一团团长，江渭清任副团长，王怀生任团参谋长，钟期光任团政治主任。一团下辖3个营，其中一营营长熊应堂，副营长汪克明；二营营长吴泳湘，副营长吴嘉民；三营营长丁麟章，副营长肖辉锡。湘赣游击队335人，200多支枪，编为二团一营；赣粤边和桂东游击队750余人，300余支枪和1挺轻机枪，编为二团二营及三营一部；皖浙赣游击队198人，75支枪，编成二团三营一部，张正坤任二团团长，刘培善任副团长，王必成任团参谋长，肖国生任团政治主任。二团下辖3个营，其中一营营长段焕竞，副营长李忠民、尹清；二营营长曹跃全（后廖昌金），副营长刘震英（后罗维道）；三营营长熊刚（后刘玉林），副营长刘玉林（后

刘别生）。全支队共2300余人。[1]

1938年1月，由傅秋涛、江渭清、王怀生、钟期光等率领的新四军一支队一团在湖南省平江县嘉义镇集结，并召开东进誓师大会。2月7日，傅秋涛电告军部，拟于10日出发，并派出参谋与军部联络。15日，军部下达关于傅秋涛部行动及工作的指示。傅秋涛部途径宜春、樟树、东乡、上饶、常山，2月下旬到达开化。当部队到达湘赣边界时，傅秋涛接军部紧急通知，防止国民党驻军伏击新四军，要求做好应战准备。傅秋涛立即告诫部队保持高度警惕，做好一切战斗准备。部队在萍乡上火车后，傅秋涛下令把机枪架在火车头上，马刀亮出窗外，火车到宜春时不要停车，一直向前开。火车抵达浙赣边的玉山后，傅秋涛命令部队下车，徒步向浙江常山县挺进，顺利将部队带出。在浙江省开化县以南的华埠镇，傅秋涛与支队司令员陈毅亲切相见。由于当时开化大雪封山，且浙皖边界为崇山峻岭，道路崎岖，部队便在开化休整了20余天。3月8日，复接军部指令，傅秋涛率第一团经过临安、昌化，从昱岭关进入歙县，到达岩寺地区，驻扎在岩寺附近的潜口。至此，一支队一团胜利完成了集合任务，成为最先到达的部队。

湘赣游击队接受改编后，部队迅速发展到600余人。1938年2月，部队奉命从江西莲花县龙上、神泉出发，坐火车经安福、吉安、樟树、东乡、上饶、浙江华埠，到达玉山县，在此改为步行，于

---

① 政协黄山市徽州区委员会：《新四军与岩寺》（《徽州文史》第六辑），内部资料，2015年，第14页。

2月下旬到达开化，与傅秋涛部会合，参加集训。二团团部在此成立，刘培善政委宣布将湘赣游击队编为二团一营。春节过后，冰雪融化，部队翻越马金岭，进入歙县境内，到达王村驻地。

赣粤边和桂东游击队接受改编，成为一支队二团二营及三营一部后，按照军部部署，经崇义、赣县、万安、吉安、樟树、东乡、上饶、常山，到达团部驻地王村参加集训。

2.新四军第二支队

二支队由张鼎丞、谭震林、邓子恢领导的大部分闽西（南）游击队，粟裕和刘英领导的浙南（浙江平阳）游击队，钟德胜、胡荣佳、彭胜标领导的闽赣边（中央苏区）游击队及闽南（闽粤边）游击队编成。张鼎丞任司令员，粟裕任副司令员，罗忠毅任参谋长，王集成任政治主任。全支队辖第三、第四2个团。闽西、闽南两个游击队共1200余人，500余支枪，编成二支队三团一部和四团一部；闽赣边游击队300余人，150余支枪，编成三团一部；浙南游击队600余人，200余支枪，编成四团第三营。全支队2100余人。黄火星任三团长，邱金声任副团长，熊梦辉任团参谋长，钟国楚任团政治主任。卢胜任四团长，周桂生任副团长，王胜任团参谋长，廖海涛任团政治主任。三、四团分别辖3个营。三团一营营长王玉庭，副营长何志远；三团二营营长杨洪才，副营长王成安；三团三营营长伍从祥，副营长阮文松。四团一营营长池义彪，副营长廖成美；四团二营营长陈林真，副营长谭成章；四团三营营长刘亨

云,副营长范钦洪。[1]

1938 年 1 月,部队先后集中于福建龙岩县的白土、后田,成立司令部、政治部、直属单位,颁布命令,调整干部,开展政治动员。2 月 27 日下午,新四军第二支队各部集中在白土西边广场,举行了盛大的北上抗日誓师大会,此时,全支队已发展到 2400 余人。参加大会的除支队和闽粤赣省委的负责同志外,还邀请了上杭、永定、龙岩、南靖、平和等地的各界代表和白土、后田一带的群众,军民一共 6000 多人,在当地产生了极大的影响。3 月 1 日,闽西(南)游击队从白土出发。3 月 7 日,雨夹小雪,气候寒冷,部队沿汀龙公路经庙前到达新泉,9 日,经朋口、南山坝,到达河田,11 日到达汀州,14 日,到达古城,然后绕过瑞金城,到达于都。部队从于都乘船,过赣州,21 日中午到达吉安码头,23 日下午到达樟树。部队从樟树乘火车沿浙赣线行驶,24 日下午,到达玉山县。28 日,部队从玉山出发徒步行军,经浙江开化县华埠镇,翻过金鸡岭,经屯溪到太平。4 月初,部队到了军部指定地点潜口附近的琶村、琶塘。

闽南(闽粤边)游击队从龙岩、古田出发,经瑞金、赣县、万安、吉安、樟树、东乡、上饶、常山、开化,翻越马金岭到屯溪,然后抵达琶村、琶塘。闽赣边游击队走的路线与闽南(闽粤边)游击队行进路线大致相同。1938 年 3 月,东南分局组织部部长曾山到三门

① 政协黄山市徽州区委员会:《新四军与岩寺》(《徽州文史》第六辑),内部资料,2015 年,第 14 页。

街，传达军部指示，并一同研究了部队整编的问题。18 日上午，浙南（浙江平阳）游击队 400 余人在粟裕的率领下，历时一个月，从浙江平阳县山门镇三门街（今称“山门街”）出发，途经瑞安、泰顺、丽水、松阳、遂昌、龙游、衢县、常山、开化等县境，从开化翻越马金岭，过屯溪，抵二支队住地琶村、琶塘。

3. 新四军第三支队

三支队由黄道、黄立贵、曾镜冰、饶守坤领导的闽北（闽浙赣）游击队和叶飞领导的闽东游击队编成，全支队 1500 余人。张云逸兼任支队司令员，谭震林任副司令员，赵凌波任参谋长，胡荣任政治主任。全支队下辖第五、第六 2 个团。闽北游击队 600 余人，300 余支枪，编成三支队六团。饶守坤任五团团长，不久，改由孙仲德接任，曾昭铭任副团长，桂逢洲任团参谋长，刘文学任团政治主任。五团下辖 3 个营。一营营长严昌荣，副营长余光茂；二营营长陈仁洪，副营长马长炎；三营营长夏强，副营长阙中一。闽东红军游击队改编为新四军第三支队第六团，叶飞任六团团长，吴琨任副团长，黄元庆任团参谋长，阮英平任团政治主任。六团下辖 3 个营。一营营长陈挺，副营长张文龙；二营营长张朝富，副营长廖正国；三营营长杨元三，不久改由梁金华接任，副营长王义顺。[①]

① 政协黄山市徽州区委员会：《新四军与岩寺》（《徽州文史》第六辑），内部资料，2015 年，第 14—15 页。

1938年2月下旬,饶守坤、刘文学率三支队五团从江西省铅山县石塘镇出发,越过弋阳、横峰之间的浙赣铁路,经德兴、饶家坂、过白沙关到达开化县华埠镇,与当月到达华埠镇的闽东游击队改编的三支队六团会合,进行整编,3月初,翻越马金岭到达歙县王村。与此同时,2月14日,叶飞、阮英平率领新四军三支队六团1000余名将士,告别闽东父老乡亲,从屏南双溪、棠口出发,经政和、浦城、玉山、常山到开化,在华埠镇与五团会合,3月初,到达岩寺附近的西溪南村。三支队司令部也于同月抵达西溪南村。

其他部队还有军部特务营,由李林领导的湘南游击队和闽中游击队所编成,共800余人。邱玉权任营长,陈茂辉、李林任副营长。军部战地服务团由朱克靖团长、谢云晖副团长、徐平羽秘书长率领,随军部一道从南昌出发,历经数日到达岩寺。军部教导队随军部进驻岩寺后,扩建为军部教导营,学员300多人,刘世湘任营长,谢祥军任副营长,龙树林任政治教导员。新四军军部机关、特务营及战地服务团于4月4日从南昌出发,5日到达岩寺。由鄂豫皖、鄂豫边、豫南的红军和游击队组编的第四支队,奉命集结于皖西霍山县流波疃。

新四军军部及第一、二、三支队在岩寺完成集结,克服了部队饷额不足、粮秣不济、路途遥远、人员分散等困难,一路乘车与步行相结合、乘船与行军相结合,翻山越岭,渡河过江,沿途不仅饱受饥饿,还受到了各地军事当局的无理阻碍及不明大义者的恶意造谣破坏。但新四军指战员坚持抗日民族统一战线,宣传"一致对外，共同抗日”的主张，赢得了沿途群众及开明人士的支持。战胜了种种困难与阻力，大部先后于3月初至4月初到达岩寺及其附近的潜口、琶塘、西溪南、王村等地，出发较迟的浙南新四军部队于4月18日到达驻地琶村、琶塘。叶挺、项英、陈毅、张云逸、袁国平、周子昆、邓子恢、粟裕、傅秋涛、谭震林等新四军领导人亦陆续到达岩寺。4月中旬，军部在岩寺鲍家祠堂召开军直机关及三个支队营以上干部会议。项英主持，陈毅首先发言，叶挺作了精彩演讲。项英介绍了新四军组建经过和各支队整编情况，明确面临的任务。新四军的顺利集结，为后期整训及开赴抗日前线奠定了基础。

▲ 叶挺军长在讲话

四、新四军在岩寺的活动

新四军完成集结后，第三战区司令长官顾祝同授权罗卓英副司令长官，率领点验委员前往岩寺负责“点验”。面对新四军当时兵员不足、武器缺乏、军容不整等现状，新四军领导人积极研究对策，一方面对各位点验军官热情接待，安排好食宿，由叶挺军长利用与点验官罗卓英的同乡同学关系（叶挺同罗卓英既是广东同乡，又是保定军校的同学和粤军时期的同事），疏通关节，联络感情；另一方面由项英副军长负责，组织各单位编造好名册，在“点验”时用临时拼凑的办法补足员额，对付“点验”。新四军军部领导叶挺、项英还趁“点验”之机，将还没有来得及调整的部队编制进行调整，将“超编”干部充实到基层，将各支队宣传队调入军部服务团集中，并将原军部教导队改为教导营。

4 月 20 日，国民党首席点验官罗卓英中将带着几十名将、校级“点验委员”抵达岩寺，开始对新四军进行“点验”。“点验”仪式在岩寺凤山台举行。经过周密的安排和上上下下的努力，“点验”顺利通过，打破了蒋介石想通过“点验”限制新四军发展的阴谋，为新四军开赴抗日前线争取了必要的军饷和一定的军需物资。新四军集中整编后，辖 4 个支队，10 个团，一个特务营。据时任军

部参谋处长赖传珠的统计材料(赖传珠:《抗战五周年讲话稿》):实际上游击队集中时约有8000人,3500余支枪,4挺轻机枪,以及3挺不能连放的重机枪,加上新扩的战士与梭镖、大刀,对外号称全军共1.03万余人,6200余支枪。新四军虽然人数不多,装备落后,但大都是经历三年艰苦卓绝的游击战争保存下来的。[①]

4月23日,新四军第一期学员举行了开学典礼。4月26日,为配合徐州会战,叶挺、项英在岩寺鲍家祠堂主持召开新四军军直及三个支队排以上干部参加的北进敌后、坚持抗战的誓师大会,进行政治动员。军部政治部主任袁国平奉命赶到岩寺参加会议,并在会上传达了中共中央和毛主席对新四军今后任务的指示。会后,军部从三个支队中抽调部分战斗骨干,组成500余人的抗日先遣队,粟裕任司令员、钟期光任政治主任。4月28日,先遣队高举抗日大旗从潜口出发,开往前线,揭开了新四军东进抗日的序幕。

新四军在岩寺集结的目的,一方面是接受国民党第三战区的"点验",使部队"合法化",能够得到必要的军需物质;一方面是加强部队的整训,开展军事训练、政治教育以及民运工作等。

① 安徽省档案馆、安徽省博物馆、新四军军部旧址纪念馆:《新四军的前身及其组成与发展经过概况》,见《新四军在皖南(1938—1941)》,内部资料,1985年,第419—445页。

1. 进一步做好部队的组编

在组建时，新四军各支队由于时间紧、游击队分布比较散，驻地秘密且经常转移，尚有不少同志没有能够及时取得联系，未能随部队行动。新四军在岩寺集中的消息通过报纸、电台等各种渠道传播以后，许多没有赶上整编的游击队员相继从四面八方向岩寺集中；许多穷苦农民、个体工商业者、工人、小职员等纷纷前来参加新四军；不少知识青年和流亡学生，抱着报国杀敌的热情，亦结伴而来，投奔新四军。人员来源多样，有的是各地地下党介绍来的，有的是被国民党抓的“壮丁”偷偷逃回来的，还有的是不满包办婚姻而双双参加队伍的。新四军对这些新加入的战士进行了组编并加以军政训练。

根据国共两党的协议规定，新四军编制序列隶属第三战区，三战区司令长官顾祝同，副司令长官上官云相、冷欣对新四军的人员和编制进行种种限制，军衣等军需物质不能按时拨发，将新四军全军的供给卡到相当于国民党一个丙等师的标准，同时卡掉新四军师、旅两级建制，限制新四军的发展，甚至克扣军饷、武器装备等。如新四军给三战区写了一个报告，因办事人员的疏忽，写了一个错别字，就被扣了50万发子弹。新四军从大局出发，与国民党官员进行了有理、有利、有节的斗争，维护了新四军的权益。为团结友军抗战，叶挺军长还亲自主持召开营以上干部会议，邀请国民党驻棠越的第十九集团军总司令罗卓英给新四军讲授抗战经验与教训，密切与友军的往来。

2. **充实部队的武器装备**

由于三年游击战争条件十分艰苦，当时新四军武器装备很陈旧，战士用的是老套筒、“汉阳”造，还有少数同志用的是梭镖和大刀。虽然国民党当局提供了一部分的枪支弹药，但由于群众抗日热情高涨，报名参军人数众多，所供装备难以满足军部需要。面对这种困境，新四军军部决定自己动手，创办兵工厂。

经过一段时间的筹备，新四军在岩寺上渡桥畔江家祠堂内办起了兵工厂，当时称“皖南新四军修械所”，由朱宗山任所长兼技师，贾冠军任副所长。修械所主要由 20 多个来自宜春县慈化、万载县株潭等地的新四军战士组成，他们以前在家时当过铁匠和木工，其中朱宗山和罗克绳懂得一些机械修理知识。修械所因陋就简，白手起家，土法上马，用收集来的子弹壳和废铜铁，修好了许多损坏的掷弹筒、迫击炮和汉阳造、步马枪、驳壳枪等长短枪支，并给每支修好的长枪配上刺刀。起初，他们每人一天只能打 1 把刺刀，后来技术熟练了，每人一天能打 16 把，最多者能打 24 把。叶挺的住处离修械所很近，他常来修械所摸摸枪支，抡抡锤子，甚至坐下来帮助他们拉风箱。他经常鼓励工人们要不怕困难，不灰心，不泄气，埋头苦干，自小而大，逐渐壮大。他还派人深入敌占区，设法搞到一些钢铁，然后动员大家伐木头，土洋结合，制造必要的工具。经过大家的共同努力，旋枪管的车床，拉来复线的机床以及钻床、手摇铣床等工具，都自己动手造了出来。工人们自

己设计，把石头凿成大轮子架起来，装上皮带当发动机用，石轮子一转动，整个“车间”也就跟着“轰轰”地动了起来，兵工厂就是在这种艰苦的条件下办起来的。兵工厂不但工作紧张，生活艰苦，而且随时有生命危险。一次，有两位战士正在给一枚榴弹安装木柄，突然“轰”的一声巨响，两人当场牺牲，9 人受伤。叶挺对兵工厂工作十分重视，他告诫工人：我们的枪是给战士们拿去打鬼子的，枪修得不好，出了毛病是要害自己人的。后来，兵工厂一直跟随军部辗转大江南北，人员由起初的 20 多人发展到 200 多人，生产规模由单纯修理发展为修造结合，并成立了军工科，下设榴弹厂、翻砂厂、制造部，以及若干个车间性质的段与组。

除了依靠修械所修理部分枪支外，新四军还通过其他方法，如向地主借一部分，购买一部分民间所藏的枪支，缴获民团枪支等途径来充实部队的武器装备，提高部队的战斗力。

3. 加强部队的军政训练

新四军虽然完成了岩寺集结，但有些干部和战士对南方红军游击队改编成新四军的目的与意义理解得还不够深入，对国共合作持怀疑态度，组织上不同程度地存在着山头主义、本位主义和关门主义，对平原地区能否建立根据地、能否打游击，抱着一定的怀疑态度。新四军军部及支队领导根据上述情况和问题，有针对性地加强了部队的思想政治工作，组织官兵认真学习中共中央有关抗日统一战线的方针、政策，消除他们对国共合作问题的误解

和疑惑，坚持既联合又斗争的方针，既注意与国民党配合作战，又坚持独立战斗的原则。军部还加强官兵对日军战术的研究，熟悉日军作战特点，学习水网地区的游击战。

4 月 26 日，新四军召开军直及三个支队排以上干部参加的北进敌后、坚持抗战的誓师大会，进行政治动员。会议最后一天，军部政治部主任袁国平奉命赶到岩寺参加会议，并在会上传达了中共中央和毛主席对新四军今后任务的指示。他说："新四军是在中国共产党领导下，同八路军一样在敌后坚持抗战的人民革命的英雄部队，它将以游击战为主，打击和消灭敌人。它的主要任务首先是宣传、组织和武装群众，团结敌后各阶层绝大多数的爱国人士和武装力量，组成抗日统一战线，共同协作抗战。现在的任务就是要加强我军内部团结，迅速做好开赴敌后的一切准备工作。"

游击队善于打游击战争，部队游击习气很浓厚，但军事技术、战术的基础较差。岩寺练兵，首先抓部队正规化、正规作风养成，克服游击习气，学习内务条令，建立起一整套部队的正规制度。部队天天出操训练，起床拖拉了、早操迟到了，就得挨批评；队列训练一转一上午，一走一下午；要求着装整齐，军帽戴不正要批评，风纪扣不扣要批评，掉了纽扣要批评，绑腿打不好要批评，出操时还要班对班、面对面地检查，街上还有臂上带红箍箍的纠察队检查军风纪；吃饭以连为单位集合，全班围成一个圈蹲着，还要听值星排长的哨音才能动筷子；熄灯号一吹，就得睡觉；步枪丢通条、少螺丝的，要受处分。叶挺军长是以治军严格著称的，经常检

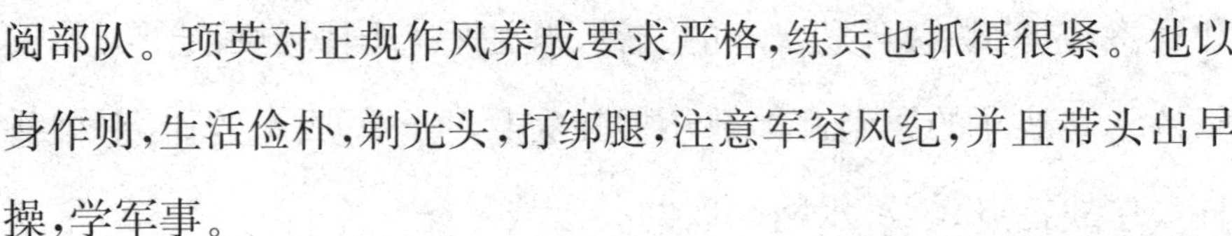

阅部队。项英对正规作风养成要求严格，练兵也抓得很紧。他以身作则，生活俭朴，剃光头，打绑腿，注意军容风纪，并且带头出早操，学军事。

接着队列训练的是军事技术训练和战术训练。除学习基本动作外，主要学习射击、投弹、刺杀和爆破四大技术，采用的是群众性练兵方法，官教兵、兵教官，各连、排之间进行训练竞赛。在文峰塔下新四军大操场，叶挺军长常来打靶，精准的枪法深得战士叹服。吴焜、刘松青等一批来自延安的干部，对把一支游击部队训练成一支抗日的正规部队，起了很大的作用。

通过军政训练，部队不仅统一了思想，提高了认识，而且把从各个游击区分散的游击队改造成了一支统一的集中的正规军。部队的人员装备得到了充实，军事素质得到了提高，指战员群情激愤，上下一心，斗志昂扬，有效提高了部队的战斗力，为开赴抗日前线作了必要的准备。

4. 开展民运工作

群众是水，部队是鱼。每到一地，做好群众工作是新四军的优良传统。新四军初到岩寺时，由于对党的方针政策了解不多，老百姓还存在着一定的戒备心理，不敢过多接近。新四军尊重当地群众的风俗习惯，严格执行“三大纪律、八项注意”。4 月，新四军到达岩寺时，正是春耕大生产季节，军部和支队领导带头参加劳动，新四军战士三五成群，分散到各农户家帮助耕田、插秧、提水、打柴，为群众分忧，与群众打成一片。新四军官兵走门串户，热情宣传抗日道理，与老百姓拉家常；书写抗战标语、张贴布告（歙县博物馆中珍藏着一张新四军第二支队司令部张贴的《布告》，其内容如下："本军奉命抗敌，志在报国卫民。士兵历受训练，纪律素称严明。沿途秋毫无犯，买卖更见公平。为着国家利益，决不重记旧恨。军民联成一体，相敬相爱相亲。□□□□□□□①，一本合作精神。□□□□□□□，共同努力前进。□□□□□□□，中华民族复兴。"）、登台演讲；编辑印刷《抗敌报》，利用报纸向人们宣传新四军和讲授抗日救亡的道理。新四军还在岩寺一带办起了农民夜校，穷人孩子进夜校，书簿笔墨由新四军提供，每 30 人配一名教师，课本由政治部编写。夜校除教学员识字、读书、讲授抗日救亡道理外，还教唱《国际歌》《暴风雨来了》《挖战壕》《大刀进行曲》等革命歌曲。叶挺、项英、陈毅等经常到夜校讲课，热情解答学生的提问。②

民运部门积极开展群众的宣传、组织教育和发动工作，先后建立了"皖南青年救国会""歙县妇女抗敌后援会""歙县农民抗敌后援会"等各种抗日团体，广泛发动群众，动员大家有钱出钱、有力出力、有枪出枪，投入抗日救亡的洪流中。新四军军部战地服务团每到一处，就组织刷写"大家武装起来，参加神圣的抗倭战

---

① 因年代久远、档案缺失，个别缺损字用"□"代替。

② 中共歙县县委党史办公室：《新安江畔战旗扬》，合肥：安徽人民出版社，1991 年，第 13 页。

争”“赶快起来，组织游击队，保卫乡土，改善人民生活，解除人民痛苦”“中国万岁”等抗日标语；举行群众集会、办墙报、画漫画；战地服务团还自编自演文艺节目，如《放下你的鞭子》《火烧东洋鬼》《大战罗店》等，在岩寺及其附近的棠樾、郑村、潜口、西溪南、徽城等地演出，节目形象生动，通俗易懂，受到群众的欢迎。新四军文工团还和以胡兰畦为团长的上海劳动妇女战地服务团（国民党第十九集团军战地服务团）共同演出。叶挺、陈毅经常与群众一同观看演出，三支队司令员张云逸、副司令员谭震林也经常在驻地与群众联欢，深得老百姓的尊重和信赖。以岩寺为中心的抗日救亡宣传工作如火如荼，新四军与群众的心紧紧连在了一起。

有一个“汪五婆送白菜感谢叶军长”的动人故事流传至今。1938 年 4 月，新四军军部从江西南昌移驻安徽歙县岩寺。当时，当地有位孤寡老人汪五婆患有严重的肺气肿病，久治不愈，骨瘦如柴。叶挺军长得知病情后，亲自提着鸡蛋等登门探视汪五婆，还派出新四军军医上门为她治病，这让老人很是感动。汪五婆痊愈后，提着自种的新鲜蔬菜找到岩寺后街金家大院军部的叶挺军长特致谢意，结果被卫兵挡住，闻声而出的叶挺军长紧紧握着汪五婆的双手，真诚地说道：“您老人家真客气！”这则故事生动地体现了中国共产党领导的革命军队与人民群众打成一片、紧密团结的鱼水深情。新四军在政治上宣传群众，工作上组织群众，生活上关心群众，牢牢地打下了群众基础。

新四军还积极做了大量的统战工作。陈毅在潜口金紫祠、谭震林在屯溪南木桥头河滩都作过抗战动员报告;新四军在堨田郑家坦的汪家大厅召开当地绅士座谈会,宣传共产党的抗日民族统一战线政策。堨田士绅汪烈武与陈毅结为好友,岩寺巨商余郎卿、粮商方允执都曾为新四军代办过军粮。新四军还与国民党驻军及当地屯溪、歙县、岩寺的国民党官员开展交流及联谊活动。

5.配合地方党组织开展工作

1938年2月,李步新奉陈毅命令,率皖赣边区游击队先行下山开往岩寺与潜口,接收了黄诚领导的中共"七政"(国民党第七战区司令长官司令部战地政治工作委员会驻岩寺工作团青年干部训练班)特支,着手恢复皖南党的组织工作。4月,中共皖南特委在潜口成立,李步新任书记,陈时夫任组织部长,余华任统战部长,黄诚任秘书长兼宣传部部长,领导皖南的抗日救亡运动。皖南特委是为新四军服务的军事战略机构,主要从事情报搜集、情报传递、筹款筹粮、民运服务等任务,兼顾做地方统战工作。5月,中共皖南特委派统战部部长余华在屯溪秘密成立中共徽州中心县委,领导徽州人民的革命斗争。[①]

为培养地方党骨干,皖南党组织在潜口举办党员训练班。参加学习的人有通过"七政"特支介绍的,如休宁的黄剑秋、姚镛、李显之(李先之)、查鸿寿,歙县的郑家琪、胡正瑞,婺源的胡社庆,黟

---

① 中共黄山市委党史研究室:《中共黄山地方史(1919—1949)》,内部资料,1997年,第100—101页。

县的汪怀仁、汪晋候、汪学英。此外，还有一些在皖南打游击的红军基层干部，共有29名党员。在党员培训班讲课的有陈时夫、黄诚等，讲解《中国问题》《马列主义初步》《如何组织群众及发展党员》等内容。党员培训班自开办到结束历时两星期，陈毅到党员培训班给学员讲话。“七政”训练班先后在石埭、太平、岩寺等地举办，400余名青年受训，人员分布遍及皖浙赣三省。

三支队到西溪南后，皖南特委书记李步新将歙县特支的隶属关系转到新四军，受三支队党组织的直接领导，张云逸、胡荣都具体指导过当地的党组织工作。张云逸经常听取歙县特支负责人的工作汇报，并定期参加特支会议，指导地方党组织开展社会调查，发动群众支援新四军。此时，歙县党组织扩展到芝皇、朱家阁、余家山、伊坑、潜口、岩寺、信行、稠墅、徽城、王村、大梅口、昌溪等地，党员发展到200多人。地方党组织的建立与发展，给予新四军极大的支持。

新四军在岩寺经过整编、教育，抗日情绪高涨，士气旺盛，战斗力空前提高。根据党中央、毛主席的指示，4月27日，一支500余人的抗日先遣支队成立，粟裕任司令员，钟期光任政治主任。4月28日，先遣队从潜口出发，向苏南敌后挺进，进行战略侦察，揭开了新四军挺进敌后抗战的序幕。5月1日，军部下达出发命令，陈毅率领一支队离开岩寺、潜口等地，经南陵、高淳到达茅山地区，开辟以茅山为中心的抗日根据地。5日，新四军军部离开岩寺，向太平县转移。5月中旬，第二、第三支队先后离开岩寺地区，分批奔赴抗日前线。①

新四军主力奔赴抗日前线后，为方便新四军与大后方联系，新四军岩寺兵站留下了。该兵站原设在岩寺鲍家大屋，后迁至朱坊，于4月9日设立，后改为兵站派出所，并经国民党三战区兵站分监部备案。该所工作人员大都为上海煤业救护队队员（1938年集体参加新四军），尚有新四军特务营第五连的战士，包括军、政、技、勤及警卫部队近百人。军部撤离时，留下15辆汽车供派出所使用，派出所为适应工作需要，沿用上海红十字会煤业救护队称号活动。岩寺新四军兵站派出所建立后，为新四军殚精竭虑，争取军需，巧斗敌顽，输送人才，接送与护卫重要首长及国际友人。1939年2月，中共中央军委副主席周恩来到达皖南，岩寺兵站派

▲ 周恩来、叶挺等五同志在黄山去云岭途中的木排上

① 中共黄山市委党史研究室：《中共黄山地方史（1919—1949）》，内部资料，1997年，第101—103页。

出所派车接送。2月22日，叶挺军长、中共东南局副书记兼江西省委书记曾山、岩寺兵站站长王公道热情接待了周恩来，陪同视察了新四军军部旧址，检查了兵站工作。周恩来在岩寺逗留一天一夜，使在兵站工作的同志倍受鼓舞。

新四军虽然在岩寺地区的时间不长，但对黄山（徽州）地区的抗日救亡运动产生了积极的影响，具有深远的历史意义。一是扩大了共产党、新四军的政治影响。新四军纪律严明，秋毫无犯，与群众水乳交融，亲同一家，与国民党军队形成了鲜明的对比，受到了群众的拥护和爱戴。二是宣传了中国共产党的政治主张。新四军的军政领导亲自组织和参加了各种报告会、军民联欢会、座谈会，宣传党的抗日救亡和建立广泛的抗日民族统一战线的主张。战地服务团更是通过演戏、演讲、歌咏、话剧、漫画展览、刷写标语等形式，宣传党的方针政策。三是组织了群众。在新四军的直接帮助和影响下，歙县及黄山（徽州）所属各县纷纷成立抗日救亡组织，如“皖南青年救国会”“歙县青年工作团”“歙县妇女抗敌后援会”等进步团体，积极开展抗日宣传及捐款捐物等工作。

新四军军部移驻岩寺和一、二、三支队的集中整编，是中国共产党及中国人民解放军历史上的一件大事，也是中国共产党抗日民族统一战线政策的巨大成功。新四军在岩寺不仅发展壮大了队伍，提高了战斗力，而且对皖南地区的抗日救亡运动起到重要的推动作用，产生了深远的影响，在中国革命史上写下了光辉的一页。

第七章

★★★★★

皖南事变后的游击斗争

1940年10月，黄桥战役爆发，蒋介石集团掀起了第二次反共高潮。12月27日，国民党第三战区在歙县岩寺镇附近的瑶村召开秘密军事会议。1941年1月6日，新四军军部及部队共9000余人在安徽泾县茂林地区时，遭到国民党军队7个师8万余人的包围和袭击。广大指战员经7昼夜的浴血奋战，除2000余人突出重围外，一部分被俘，大部分壮烈牺牲。与此同时，皖南党组织受到严重破坏，革命群众遭到残酷迫害，皖南重新陷入白色恐怖之中。

但皖南人民并没有被敌人的嚣张气焰吓倒，在以胡明为书记的中共皖南山地中心县委的领导下，黄山周围地区的人民群众与国民党进行了艰苦卓绝的斗争。其过程大致可分为三个阶段：第一阶段，建立泾（县）旌（德）太（平）中心县委（后改为中共皖南山地中心县委），开展反“清剿”斗争（1941年1月至1942年10月）；

第二阶段，在皖中区委(后改为皖江区党委)的领导及新四军第七师的支持下，采取对内巩固、对外扩大游击区的方针，打下长期斗争的基础(1942年11月至1944年初)；第三阶段，变隐蔽坚持为公开斗争，广泛发动群众，扩大游击区，积极争取武装斗争的胜利(1944年春至1945年底)。其活动范围在旌德、太平、绩溪、歙县、泾县、宣城、宁国等县的广大区域，直到抗战胜利，前后达5年之久，使黄山地区的革命斗争薪火不断，且愈烧愈旺。

一、中共泾旌太中心县委的建立与活动

1940年12月，中共中央东南局和皖南特委领导机关随新四军军部撤离皖南。为适应时局的变化，同月在休宁建立中共皖南秘密特委，黄耀南任书记，留在皖南坚持党的领导。秘密特委辖泾(县)旌(德)太(平)、徽州、南(陵)芜(湖)宣(城)、铜(陵)繁(昌)芜(湖)中心县委。泾旌太中心县委书记胡明，徽州中心县委书记崔思权，南芜宣中心县委书记孙宗溶，铜繁芜中心县委书记张伟烈。秘密特委的任务是通过各种形式，反对国民党的镇压和破坏，保护党的组织和新四军家属，隐蔽埋伏，坚持长期斗争。

为加强对黄山地区的领导，根据特委指示，1940年12月，中共泾旌太中心县委(1943年1月改为中共皖南山地中心县委)在

黄高峰脚下的旌德王家庄成立，胡明兼任中心县委书记。中心县委下辖 3 个县委：泾县县委，洪林任书记；旌德县委，胡明兼任书记；太平县委，刘贵生任书记。

1941 年 1 月皖南事变后，国民党顽固派将国民党第五十二师、第一〇八师、第一四四师、第一四八师、第一六七师、第一九二师等正规部队继续留在皖南，会同国民党地方政府及地方武装继续“搜剿”新四军突围人员、失散人员及伤病员等；皖南国民党各级党政机构，纷纷成立各种反动组织和特务武装，破坏地下党组织，搜捕共产党员和革命群众；国民党地方政府强化地方保甲制度，采取清查户口、实行“连保连坐”、修碉堡、设关卡等手法，制造白色恐怖。共产党地方党组织和革命团体大多数遭到破坏，一批批共产党员和革命群众遭到逮捕关押和杀害，幸存的少数党员和党组织转入地下活动。胡明、孙宗溶等撤到旌德黄高峰上狮子洞一带隐蔽，皖南的革命斗争处于最困难的时期。

中共泾旌太中心县委等皖南的党组织在寻找、收容、救助、转移新四军失散人员及伤病员的过程中，认识到建立革命武装的必要性。中心县委书记胡明专门写信向新四军代军长陈毅请示。陈毅对皖南的革命斗争十分关注，1941 年 4 月初，交通员就带来了陈毅的指示：皖南山区必须发动游击战争，坚决以武装斗争回击敌人。4 月上旬，在皖南事变中突围出来的刘奎（原军部教导队工兵队队长）、李健春（三支队指导员）、黄诚（周子昆警卫员）等几位新四军干部，奉命留在皖南开展武装斗争。5 月，中心县委在泾县、旌德交界的朱家坑组建了皖南事变后的第一支游击队，有队员13人，队长刘奎，指导员李健春，共有2支驳壳枪，6支长枪，3支土枪。该月，黄耀南调任皖南特委（无为县白茆洲）副书记，皖南秘密特委结束，中共泾旌太中心县委担负着领导黄山地区革命斗争的任务。

1. 庙首战斗

为了打破白色恐怖，提高群众的斗争情绪，打击敌人的嚣张气焰，游击队成立后，中共泾旌太中心县委决定打一仗，而且务必首战告捷。1941年6月中旬，中心县委召开会议，进行了缜密的研究和讨论，最后决定攻打旌德庙首乡公所。因为该据点离中心县委的根据地黄高峰很近，周围有党和群众基础，便于隐蔽和撤退；党员对据点的内部情况和地形都很熟悉；庙首据点的敌人在政治上是最反动的，但战斗力弱，而且思想麻痹。7月9日晚上，游击队在地方党组织的协助下，抄小路，出其不意袭击了庙首据点。战斗十分顺利，仅用不到10分钟的时间，便毙敌2人，俘虏了其余10余名乡兵，缴获步枪7支、手榴弹10余枚、子弹200余发。释放被抓的壮丁50多名，将乡公所里的粮食、布匹分给群众，并张贴“坚持抗战，反对投降！”“蒋介石发动皖南事变，屠杀抗日军民，是最大的卖国行为！”“打倒汉奸卖国贼！”“坚持团结，反对分裂!”等标语,署名为“新四军皖南游击队”。[①]

庙首战斗打响了皖南事变后的第一仗,给正在饱受摧残的黄山地区的广大人民群众带来了新的希望:新四军没有被消灭,仍战斗在皖南。随后,泾县县委书记洪林及新四军突围干部尹德光在泾县濂坑组织了一支 8 人的游击队,年底发展到 34 人。

2. 智取谭家桥

皖南事变后,太平县委书记刘贵生、小河口区委书记叶碧贞(女)等先后转移到谭家桥附近,隐蔽在下江村、汤家坞等地。他们白天帮工种山,晚上到石门、大箬坑、东山一带活动,联络隐蔽下来的同志。不久,中共谭家桥区委重新成立,并组织了一支 6 人的小游击队。游击队缺乏武器,计划从国民党谭家桥乡公所夺取。为侦察敌情,刘贵生通过开明士绅江纯武介绍,派江老五(江顺炎,谭家桥乡中墩村人)到谭家桥乡公所当乡丁。摸清敌情后,太平县委决定夜袭谭家桥乡公所,并将计划上报泾旌太中心县委。中心县委批准了太平县委的计划,并派干部郎进新(高老头)带 4 名战士(有 4 支枪)配合作战。1941 年 10 月 5 日夜里 11 时左右,在内线江老五的接应下,游击队顺利摸入谭家桥乡公所,睡得正酣的 10 余名乡丁糊里糊涂就当了俘虏。此次战斗,游击队缴获驳壳枪 1 支、步枪 9 支、子弹 100 余发、手榴弹 10 余枚,取

① 中共旌德县委党史办公室:《夜袭庙首乡公所》,见《旌德党史资料选编(1919—1949)》,内部资料,1990 年,第 36—41 页。

得了庙首战斗后的又一胜利。

国民党太平县政府闻知谭家桥乡公所遭到游击队袭击后，十分震惊，慌忙调集兵力，进行“围剿”。10月7日夜，国民党太平县自卫队70余人，突然包围了隐蔽在汤家坞的中共太平县委游击队。仅县委书记刘贵生带着一支驳壳枪突围转移，叶碧贞、曹传忠（中共焦村区委书记）和一名交通员先后被捕牺牲。江顺炎亦暴露身份，被敌人杀害。太平县的樵山区委、里蒲溪区委、小河口区委等党组织相继被特务破坏。

3. 船形山会议及游击区的开辟

1941年9月16日，国民党出动第六十三师1个营的兵力和旌德县自卫队共300余人，对中心县委驻地——旌德王家庄一带进行“清剿”。胡明、洪琪、王必达等10多人及时转移到狮子洞，但王家庄、陶湾、五百坦几个村庄的党员和群众36人被捕，被关押在庙首乡公所。其中，中共王家庄中心支部书记王家齐、支委王必雄、党员汪时旺三人于9月28日惨遭杀害。

为有效地开展反“清剿”斗争，总结皖南事变后8个多月的对敌斗争经验，中心县委在旌德、绩溪边的船形山召开扩大会议。中心县委认为，小股武装的建立，为进一步开展游击斗争打下了基础，但由于游击队人数有限，要善于避开敌人锋芒，灵活转移，以保存革命力量；同时进一步拓展游击队的活动空间，创建多块的、多种形式的游击根据地。为此，会议作出以下决定：①以洪林、尹德光等人领导的泾县县委，恢复以泾县濂坑和太平樵山为中心的游击区；②唐辉（皖南事变中被捕，1941 年 9 月从集营中逃出，辗转找到中心县委）、王必英等人，继续坚持在旌德黄高峰地区的斗争；③刘奎、李健春、刘贵生率领的中心县委游击队转向旌德、太平边活动，建立以太平木广坑为中心的游击区；④中心县委转移到绩溪上金山、金坑一带，开辟新的活动地区。[①]

为摸索开辟新区的经验，中心县委书记胡明到旌太边的木广坑山地的老漕村开展工作，他们挨家挨户做工作，与群众促膝谈心，宣传新四军抗日方针政策，揭露国民党蒋介石制造皖南事变、破坏抗战的反革命阴谋。通过劳动、交谈，他们与群众建立了感情，取得了不少实际工作经验（即“老漕经验”）：①游击队员必须严格遵守“三大纪律、八项注意”，既是战斗员，又是宣传员、组织员；②必须镇压罪大恶极的反革命分子，但要打得准；③必须学会做统战工作和控制“两面派”的工作，尤其要做好保、甲长的工作，争取中间力量。中心县委推广“老漕经验”后，对开展各游击区的工作起到了相当重要的作用，到 1941 年年底，恢复和创建了泾（县）旌（德）太（平）边、旌（德）太（平）边、旌（德）绩（溪）边 3 块游击区。[②]

---

① 中共黄山市委党史研究室：《中共黄山地方史（1919—1949）》，内部资料，1997 年，第 134—135 页。

② 中共黄山市委党史研究室：《中共黄山地方史（1919—1949）》，内部资料，1997 年，第 134—135 页。

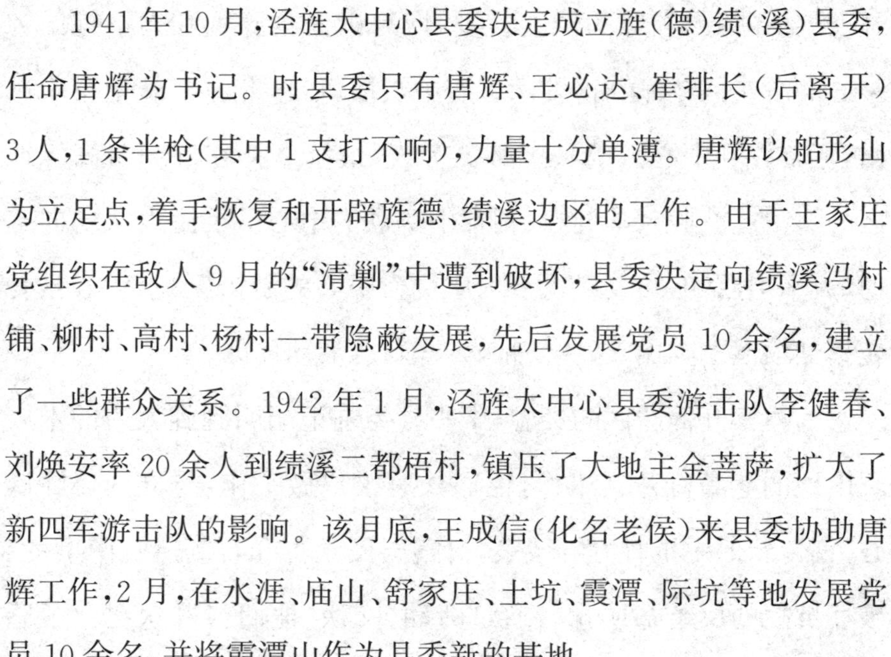

1941 年 10 月，泾旌太中心县委决定成立旌（德）绩（溪）县委，任命唐辉为书记。时县委只有唐辉、王必达、崔排长（后离开）3 人，1 条半枪（其中 1 支打不响），力量十分单薄。唐辉以船形山为立足点，着手恢复和开辟旌德、绩溪边区的工作。由于王家庄党组织在敌人 9 月的“清剿”中遭到破坏，县委决定向绩溪冯村铺、柳村、高村、杨村一带隐蔽发展，先后发展党员 10 余名，建立了一些群众关系。1942 年 1 月，泾旌太中心县委游击队李健春、刘焕安率 20 余人到绩溪二都梧村，镇压了大地主金菩萨，扩大了新四军游击队的影响。该月底，王成信（化名老侯）来县委协助唐辉工作，2 月，在水涯、庙山、舒家庄、土坑、霞潭、际坑等地发展党员 10 余名，并将霞潭山作为县委新的基地。

1941 年秋，刘奎率中心县委游击队进入旌德、太平边的木广坑地区，这里山峦叠嶂，森林茂密，地势险要，村落小而分散，非常适宜游击队活动。游击队建立了许多秘密联络点和交通站，工作进展得很顺利。但由于出现叛徒，一些群众被捕，住房被烧。“老漕经验”推广后，该地情况大为改善。在开展群众工作的基础上，游击队积极开展武装斗争。1941 年 10 月，刘奎率领旌泾太中心县委游击队，化装成国民党军第五十二师巡逻队，攻打了旌德县兴仁乡乡公所（大礼村），缴获步枪 7 支。11 月，刘奎、洪林部集中 60 余人，准备攻打国民党太平县龙门乡公所，但沿途行动时暴露，遭到国民党第五十二师、第一四四师各一部 1000 余人的包围，游击队利用有利地形，居高临下阻击敌人，黄昏时顺利突围。

1941 年 11 月，皖南特委派武装交通与中共泾旌太中心县委取得联系。年底，新四军第七师党委派陈洪（皖南特委委员）、刘焕生带着武装小分队 20 余人来皖南了解斗争情况，旌太、泾县、旌绩三支武装与小分队在木广坑会合。此时，游击武装已发展到 100 余人。

4. 6 **个月的反"清剿"斗争**

中共泾旌太中心县委领导的黄山地区的游击战争令国民党当局惊恐不安，1942 年 2 月，国民党第三十二集团军成立了"皖南剿匪总指挥部"，并在泾县章家渡召开了泾县、旌德、太平、绩溪、歙县 5 县县长、县党部书记长、县自卫队长参加的联席"剿共"军事会议，任命第五十二师参谋长陈淡如为"剿共"总指挥，率领第五十二师 1 个团，第一四四师、第一四五师各一部和各县自卫队计 4000 人，向皖南山区各游击根据地发起全面"清剿"，并限定 3 个月内彻底肃清皖南游击队。

而此时旌泾绩太中心县委的武装游击队实际只有 100 余人，敌我力量悬殊甚大。游击队反"清剿"的策略是在敌人开始大规模"清剿"之前，主动转移到外线去，寻找机会打击敌人。2 月 28 日，洪林、尹德光游击队在樵山伏击陈淡如部，活捉陈淡如的机要秘书王凤岐，缴获了国民党泾县章家渡会议纪要、大"清剿"计划、密电码和一份皖南各县军用地图。这样游击队对国民党的"清剿"计划便了然于心。同日，刘奎、李健春率中心县委游击队在旌

德下洋村镇压了特务头子谭楚元，并筹集到部分军费。[①]

3 月，国民党全面向游击区发动“清剿”，同时向泾县的铜山、濂坑，太平县的樵山、木广坑，旌德县的黄高峰，绩溪的上金山、金坑等游击区展开全面“清剿”。凡是游击队驻扎过的村庄，敌人都要反复搜索。游击队转移到深山中搭草棚居住，利用熟悉的地形和山林，昼伏夜行，隐蔽活动，与敌人周旋。中心县委游击队转移到绩溪四都上横路一带活动，既分散了敌人的兵力，又协助旌绩县委组织游击队，6 月，这支游击队扩大到 14 人。刘奎又率部到歙县、太平边的新田、大箬坑一带活动。在敌人“清剿”期间，中心县委从绩溪上金山转移到金坑（绩溪）及歙县的黄柏山（今隶属歙县上丰乡），五六月间转移到歙县兰荫滩（今隶属歙县上丰乡），开辟新区。由于游击队转移到外线活动，避开了敌人进攻的锋芒，敌人在军事上的各种行动，如反复包围、搜山、清山都是扑空，3 个月的“清剿”行动宣告失败。

但国民党顽固派是不甘心失败的，在军事“清剿”失败后，转为分散“驻剿”，实行所谓“三分军事、七分政治”的方针，对旌、泾、绩、太、歙地区的游击队实行军事“进剿”的同时，展开政治攻势和经济封锁。“三分军事”的部署如下：第一阶段是“搜剿”，将全部兵力开进山村，实行强制移民并村和烧杀抢掠政策，让游击队无村可居，以割断游击队和群众之间的联系；第二阶段是“驻剿”，分

---

① 胡明：《坚持皖南山区九年游击战争的回忆》，见中共黄山市委党史工作委员会：《黄山风云》，合肥：安徽人民出版社，1991 年，第 149—201 页。

散兵力于各交通要道和山寨路口，建立据点，长期“驻剿”，以分割各游击区之间的联系，限制游击队的活动范围。“七分政治”的具体做法如下：在经济上按“居民证”配售粮、油、盐，对游击队进行经济封锁，企图断绝游击队的供给来源；采用强迫党员、群众“自首”的方式，破坏地方党组织和群众组织，以图分化瓦解游击队；利用叛徒与特务，胁迫游击队员家属，威逼利诱，动摇参加游击队员的决心；设立递步哨、情报网和行动队等特务武装，随时监视偷袭游击队。

在敌人的严密封锁和围困之下，地区之间的联系割断了，游击队相互之间也失去了联络，粮、油、盐供应基本断绝，特别是盐的供应。游击队的生存遇到了严重困难和考验。游击队采取打一枪换一个地方的方式和“清剿”队周旋。到5月时，游击队生存面临着极大的挑战，特别是食盐短缺，野菜难咽。没有了粮食，吃的都是野果、野菜、竹笋和葛根，穿的是草鞋、棕毛，住的是山棚。常年生活于大山之中，衣服也破烂了，战士们生病了，又缺医少药，游击队过着原始人一般的生活。此时旌泾太中心县委的中心游击根据地濂坑毁于瓦砾，老百姓被迫转移到茂林、外团仓去了。环境的恶化，一方面造成生病等非战斗减员，另一方面使得思想不纯、意志不坚定者离开游击队，有些甚至成为可耻的叛徒。在敌人疯狂“清剿”的艰难日子里，游击队牺牲和失踪达50余人，其中中心县委游击队由31人减为10余人，泾县县委游击队从34人减少到9人，皖南革命再度遭受了空前的劫难。

在这危难之际，胡明、洪林、刘奎、唐辉、洪琪、李健春等同志，以超乎寻常的革命毅力，团结一致，构成了皖南革命的中坚力量。他们并没有屈服于国民党顽固派的凶残，仍然坚持黄山地区的革命斗争。4月，旌绩县委转移到霞潭山一带。5月中旬，他们在上横路缴获国民党第五十二师逃兵的2支枪，组建了县委游击队，有队员10人，编为1个班，班长余本才，武器有3支半枪，1把马刀，2枚手榴弹。由于缴枪时暴露了目标，国民党第五十二师来上横路"清剿"，把同游击队有关系的乡保长也抓了去，并且在镇头等10余个村都增派了驻军和自卫队。县委主动跳到外线，连续攻打了旌德一都的白沙、百箩园，六都的巧溪，声东击西，迷惑敌人。6月，王必英率3人来到上横路，游击队增加到14人，8月，扩大到20余人。尽管在黄山地区坚持斗争的人数屈指可数，但经过这次反"清剿"斗争的洗礼，他们的革命意志更加坚定，其武装斗争经验日趋成熟。①

1942年8月，日军为打通浙赣线，进攻江西上饶，国民党三战区不得不将部队调往江西，皖南6个月的全面"清剿"随之结束。胡明、洪林、刘奎等中心县委和各游击队干部、战士共36人，在歙县兰荫滩集结。中心县委召开了扩大会议（又称"八月会议"），总结这次"反清剿"的斗争经验和教训。大家认为：中心县委虽有很大减员，但经历了艰苦斗争的考验，留下来的都是今后革命的骨

① 中共绩溪县委党史办公室：《中国共产党绩溪地方史（1919—1949）》，内部资料，2009年，第164页。

干；在实践中灵活运用了毛主席关于开展游击战争的“十六字方针”，丰富了反“围剿”斗争的经验；执行了党的统一战线政策，争取中间力量，壮大进步力量，孤立顽固势力。其教训也是深刻的：由于政治工作薄弱，游击队减员严重；游击区的开辟和群众工作的点不够多、不够广；反“围剿”中，军事上开展的外线活动还不够；镇压反革命和筹款方面有“左”的倾向。

1942年8月，新四军第七师派陈洪率领10多人的武装到黄山地区，传达皖中区委（后改为皖江区党委）给胡明的指示，通知胡明、刘奎、洪林、尹德光等去江北汇报黄山地区的斗争情况。9月，皖中区党委书记曾希圣、新四军第七师副师长傅秋涛等领导人听取了泾旌太中心县委的汇报后，对黄山地区的斗争给予了很高的评价，并指出皖南地处南京、上海、杭州的外围，坚持这一地区的斗争具有十分重要的意义，同时也指出存在的不足和问题：反“围剿”中不善于避敌锋芒，应插到敌人的背后打击敌人，从而开辟新区；军事行动上张扬；在借粮、筹款、借款等政策的具体执行上，打击面过大。皖中区党委明确指示皖南今后斗争的方针是长期坚持，积蓄力量，等待时机，具体任务是组织精干游击队、广泛开展群众工作、开辟游击根据地。首先开辟青阳、石埭交界的七井山地区，以配合新四军第七师开辟沿江地区；同时开辟泾（县）宁（国）宣（城）边汀溪、漕溪，以配合苏南的斗争。中心县委胡明书记结合反“清剿”斗争的教训，提出“拿款还债，挽回影响，争取团结广大中间分子”的建议，得到了皖中区党委领导的赞同。

区委拨出一部分钱，要求中心县委开展一次"还债运动"。

二、"道溪会议"后游击区的恢复与开辟

1942年11月，除尹德光留在新四军第七师工作外，胡明、刘奎、洪林回到皖南山区。12月，中心县委在道溪召开会议，提出从1942年底到1943年春县委的重点工作：对内巩固，对外开展"还债运动"；以恢复老区为主，开辟新的游击区。

对内巩固的具体做法如下：结合传达上级指示，进行阶级教育、形势教育；结合反"清剿"斗争，进行党的方针、政策教育；结合党的整风运动，在党员、干部中开展批评与自我批评，并要求学习刘少奇的《论共产党员修养》，进行增强党性教育；反对单纯的军事观点，反对闹独立性和个人主义，提高执行政策和纪律的自觉性，做到党的利益高于一切。游击队在泾县、旌德、太平、歙县等地开展"还债运动"，其具体做法是借中农的款子全部归还，对富农、中小地主的适当还一部分。为扩大"还债运动"的影响、促进统战工作的开展，游击队还印发了《告皖南同胞书》和《告皖南士绅书》。"还债"举动引起社会各界的强烈反响，一些民主人士和开明士绅由中立转向同情革命，有的还主动为游击队筹粮、捐款。如太平樵山保长丁永清被游击队言而有信、既往不咎的开明政策

所感动，不仅自己公开表态支持新四军的抗日主张，还协助游击队做樵山、铜山几位士绅的工作。对内巩固，对外“还债”，使得中心县委的工作基础更为巩固，为游击区的恢复与发展奠定了基础。①

1943 年 1 月，中共旌泾绩太中心县委扩展为皖南山地中心县委，管辖区域为旌德、泾县、太平、绩溪、歙县等 14 个县。统一称呼游击队为“黄山游击队”，活动区域可以扩大到皖浙边和皖赣边。1942 年底至 1944 年春，中心县委的工作重点是恢复老的游击区，开辟新的游击区。开辟新区主要采用 2 种方式：一是依靠地方党和群众关系，逐步向新区发展；二是组织精干的武装工作队，向预定的地区开展活动。这样，一方面发展党的基层组织，壮大革命群众队伍，扩大新四军的影响；另一方面扩大游击队的活动范围，增加与敌人周旋、反“清剿”的机动性与灵活性。在胡明、刘奎、洪林、唐辉等同志的努力下，先后恢复与开辟了泾（县）旌（德）太（平）边、黄山周边、旌（德）绩（溪）边、泾（县）宁（国）宣（城）边、绩（溪）歙（县）边山地 5 块游击区。

1. 泾（县）旌（德）太（平）边

泾旌太边地区以樵山为中心，是泾县县委活动的中心区，在 1942 年国民党大“清剿”中受到很大的破坏。1942 年底，洪林根

① 中共黄山市委党史研究室：《中共黄山地方史（1919—1949）》，内部资料，1997 年，第 139—140 页。

据中心县委的指示，重点恢复樵山游击根据地。首先是恢复群众组织，成立秘密农会，在樵山、麻岭恢复和发展党的组织。到1943年六七月间，樵山、小河口、黄荆、三门的党支部逐渐恢复起来，并重建了中共樵山区委，查文和任书记。

同年夏，除留下少数干部坚持在内线斗争外，洪林率武工队到外线活动，先后到泾宁宣边的涌溪（今属泾县榔桥镇）和汀溪、漕溪（今属泾县汀溪乡）建立了2个联络点；向北开辟泾（县）青（阳）南（陵）边地区，在水东和黄柏岭建立了一支小武工队；进入贵（池）石（埭）地区的七井山（今属石台县七都镇七井村）活动，在那里也建立了一支小武工队。这样分散了敌人的注意力，使樵山地区的环境较为稳定。

1942年冬，游击队由七八人增加到15人，并在樵山建立了民兵组织。民兵与游击队一起训练，开展政治教育、文化教育、群众路线教育、军事训练为一体的“练兵”活动，民兵中的骨干不断被吸收加入游击队。游击队组织在樵山、麻岭、小河口、铜山开展抗税、抗债、抗丁、抗租、抗粮的“五抗”斗争。群众运动的开展与民兵组织的发展，是樵山游击根据地迅速恢复和巩固的力量源泉。随着游击区的扩大，中心县委建立了从黄山山区到皖北新四军第七师的武装交通线。

2. 黄山周边

黄山周边主要包括歙县北部、太平南部、黟县西部。此块地区是刘奎、李健春率领的中心县委游击队在1942年反“围剿”过程中，转移到外线活动的地区。1942年12月，中心县委派郎进新（又名高老头）协助恢复和巩固歙（县）太（平）边黄山游击根据地，在歙北大箬坑（今属黄山区汤口镇）成立了中共歙太工委，负责人刘奎、李健春。郎进新、刘奎等人采用秘密发展党组织和武装斗争相结合的方法，在新田、田里和下坪、大箬坑等地区发展游击区。1943年八九月间，下坪村、大箬坑村遭到敌人的“围剿”，老百姓的房屋被毁，家中财物被洗劫一空，20余名群众遭关押，余下的30多人随游击队上山坚持斗争。10月，李健春率1个班坚守原地；刘奎、郎进新率游击队主力转移到外线，开辟黄山以西的社屋坑、箬昔坑根据地，并以此为依靠，向太平的焦村、田畈、十八姓，黟县的溪头、十一都一带穿插活动。同年11月3日深夜，刘奎、郎进新在黄山大箬坑里六山岗上山棚宿营时，遭到叛徒王昆山（曹孝传）的突然袭击，郎进新不幸牺牲，刘奎身负重伤。不久，叛徒带着敌人“围剿”游击队驻地，开辟的新区遭到破坏。但游击队依靠大箬坑、箬昔坑、田畈等地建立起来的群众基础，继续坚持黄山周围山地的游击斗争。

3. 旌（德）绩（溪）边

旌绩边游击区，以旌德王家庄、绩溪上横路为中心区，是旌绩县委游击队坚持斗争的地区。1942年12月，中心县委派程众（又名程慎斋）协助唐辉工作。1943年3月，程众被捕叛变，带着国民党武装到绩溪四都霞潭山游击队驻地“清剿”。为应付程众叛变带来的影响和开辟新区的需要，旌绩县委决定由唐辉率领游击队一部坚持绩溪上横路中心区，并以该地区为依托，向东北、东南发展。10月，中共皖南山地中心县委决定将中共旌绩县委扩大为旌绩歙宁宣边县委，唐辉任皖南山地中心县委委员兼旌绩歙宁宣边县委书记，吕辉(化名严维)任副书记。至1943年底，县委游击队发展到30余人，枪30余支。在旌(德)绩(溪)歙(县)宁(国)边发展党员200多名，建立党支部16个，广泛分布在绩溪的华阳、扬溪、万罗、九华、戈溪，宁国的胡乐、甲路，旌德东乡及歙东、歙南等地。①

向东北方向发展，就是向宁国、宣城边区发展。自1942年冬开始，旌绩县委根据中心县委向东北发展的指示，在绩(溪)宁(国)边建立联系点，并串连成线。1943年3月，王诚信率游击队8人进驻绩溪柏罗源，以此为驻地，在芦塘山一带广泛开展群众工作。4月，游击队先后向东面的上庄坑、下庄坑、新坑、金竹坑、石门坑一带，北面的里八都、岭下、东坑、考溪、蜀水一带发展。5月，游击队先后在宁国兵坑、绩溪九华、戈溪一带开展群众工作，建立党的基层组织。至1943年上半年，游击队在旌绩宁边共发展党员110名，建立党支部13个。7月，根据中共皖南山地中心县委的指示，吕辉、王诚信两支游击队配合，在宣城南乡溪口、章家湾、

① 中共黄山市委党史研究室:《中共黄山地方史(1919—1949)》，内部资料，1997年，第142—143页。

塌泉等地发动群众开展斗争，开辟了旌（德）宁（国）宣（城）边游击活动区。为配合新四军第六师活动，王诚信率游击队先后于1943年9月、10月、12月三次以武装突入的方式，深入旌德、泾县、宁国、宣城边区，查看地形、了解情况、建立群众关系，并于12月袭击了旌德乔安乡公所。

向东南发展，就是开辟歙南、浙西昌化边国民党统治薄弱区。1943年夏，党组织在歙南大洲源、昌源秘密发展党员，在英富坑、车田建立党支部。10月，党组织在绩（溪）歙（县）昌（化）边的浙岭、大鄣山一带建立群众联系点，在歙县东乡五都源（现属绩溪县大源乡）一带，秘密发展党组织。1943年8月，根据皖南山地中心县委的指示，开展"民变斗争"，对绩溪岭南、岭北和歙东五都源一带的帮会组织和土匪武装，进行控制掌握，逐步改造，使其成为同情革命、反蒋反封建的群众武装。

4. 泾（县）宁（国）宣（城）边

1943年9月，皖南山地中心县委决定开辟泾宁宣边的汀溪、漕溪地区，由吕辉负责，旌绩县委派王诚信率游击队配合。该地区曾经是红军活动的地区，后来受到国民党的破坏，社会情况比较复杂。吕辉、王诚信率游击队以武装突击的方式，进入泾（县）宁（国）宣（城）边地区穿插活动，并成功立足。不久，游击队与宣城的新四军游击队取得联系，又与苏浙皖地区活动的新四军部队取得联系。这样，既与新四军取得了直接的联系，还与泾（县）旌

(德)太(平)、泾(县)绩(溪)两块游击根据地连接起来,泾(县)宁(国)宣(城)边游击区的开辟具有重要的意义。

5.绩(溪)歙(县)边山地

绩歙边山地是以歙县道溪(兰荫滩)、绩溪金坑为中心的地区。1942年6月初,中心县委由绩溪上金山转移到该地区后,逐步开辟出的游击根据地包括道溪、王柏山、老屋基、吴家坦、王进坑、王进舍等近10个村庄。中心县委以此为基地,向东面的汪满田、茶坦,西面的上丰、许村一带发展,建立群众工作关系,向北在旌德西乡恢复党的组织。从1942年6月至1943年12月,绩歙边比较稳定,中心县委驻兰荫滩前后一年半时间,指挥着黄山地区的游击斗争。1943年12月,叛徒王昆山带领国民党部队2个中队袭击兰荫滩,县委机关仅13人,利用有利地形,隐蔽痛击,敌人落荒而逃。后中心县委机关转移至旌德黄高峰。

三、转变斗争方针,大力开展游击战争

1944年,抗战形势对皖南游击队极为有利,新四军第七师派出陈洪率部开辟宣城南部孙家埠敌后根据地。吕辉与陈洪取得联系,并经过陈洪部和苏南顺畅联系,对皖南山区以后的斗争起

了很大的作用。中共皖江区委根据当时抗日战争发展的需要,按照新四军的战略部署,指示中共皖南山地中心县委:在斗争方针上,要转变隐蔽坚持的"山棚战术",应该放手大胆下山,到广大群众中去公开活动,积极争取武装斗争的胜利。

1944 年 2 月,中共皖南山地中心县委迁至樵山(樵山荷花坑汪氏祠堂),扩大了活动范围。同时,各游击队主动出击,积极开展武装斗争。1944 年 5 月,洪林率泾县县委游击队夜袭泾县厚岸乡公所,缴获步枪 9 支、短枪 1 支。6 月 26 日,中心县委游击队攻打太平郭村乡宏潭保公所,缴获长枪 2 支、子弹 80 发。6 月 29 日,唐辉根据在绩溪镇头开饭店的"内线"汪德元提供的情报,率领游击队及民兵(当时称"民变武装"),在歙东鸡公关(今属绩溪县大源乡)设伏,截获了敌人的一支运输队,俘敌 3 人,缴获手榴弹 50 箱(1000 枚)、子弹 29 箱(2 万发)、盒子枪 1 支、步枪 2 支。此战是黄山游击队自创建以来缴获武器弹药最多的一次,一下解决了困扰游击队的弹药问题。[①]

9 月下旬,中共皖南山地中心县委在旌德、太平交界的龙王山浪头村召开会议,决定将旌绩歙宁宣边县委恢复为旌绩县委,唐辉任书记,旌宁宣地区归中心县委直接领导,并确定今后的任务是巩固和壮大游击队,为今后的大发展积蓄力量。至 1944 年春,皖南山地中心县委的武装力量,已经覆盖了宣城、宁国、绩溪、泾

① 中共绩溪县委党史办公室:《中国共产党绩溪地方史(1919—1949)》,内部资料,2009 年,第 192—193 页。

县、太平、歙县、黟县、休宁、石台、青阳等10多个县区,建立了许多游击区的点线关系,与皖南的沿江抗日根据地形成一个牢固的支撑架。

1. 攻打谭家桥据点

1944年12月初,为策应新四军苏浙军区部队天目山自卫战,新四军第七师派出一个侦察连,对外称"巢湖大队"。大队有80多人,组成2个排,有2挺机枪,2支手榴弹筒,在连长雷维和、指导员江同义、支部书记岳林的带领下,到达樵山,与皖南山地中心县委游击队会合。大队一面全面侦察皖南地形和敌情,一面协助黄山游击队开展武装斗争。

胡明主持召开中心县委会议,与各游击队的负责同志及侦察连负责同志一起研究下一步的军事行动。根据刘奎提议,会议决定以驻谭家桥的国民党太平三乡(南望、三龙、三谭)党政办事处和国民党太平县行动队为打击目标。该处据点地处旌德、歙县、太平三县交通要道上,对黄山游击区和黄山游击队的活动构成很大的威胁。

12月8日凌晨,经过2个晚上的秘密行军,胡明率领的刘奎、洪林、唐辉3支游击队与新四军第七师侦察连共200余人,突然出现在谭家桥,攻打谭家桥"红庙"据点。由于准备充分,火力强劲,仅15分钟就结束战斗,消灭了国民党太平县行动队。此仗共毙伤敌人12名,俘虏47名,缴获60多支枪以及弹药等物品,镇压了叛徒、行动队副队长王承先和国民党太平县三谭乡前任反动乡长汪延寿。这次战斗是皖南山地中心县委转变斗争方式后取得的一次重大武装斗争胜利，对鼓舞士气、提升黄山游击队在群众中的威望具有重要的作用。

取得谭家桥战斗胜利以后，中心县委决定部队分三路活动，寻找战机，趁热打铁，争取更多的胜利。侦察连一排与刘奎部一道，到黄山东部区域活动；侦察连二排与唐辉部向东越过旌德到绩溪、宁国一带活动；中心县委机关的同志与洪林部返回樵山游击根据地。侦察连二排与唐辉部隐蔽向东行进，12 月 23 日，突袭了宁国甲路乡公所，缴枪 20 支，在地方党员的带领下，连晚向南前进，翻越几座大山，26 日晨，攻下绩溪九华乡公所，缴枪 13 支。之后，侦察连二排与唐辉部返回樵山中心县委驻地。

各地方游击队也积极活动，取得了良好的战果。王必达、戴吉祥率游击队回到旌德船形山，以此为依托，向绩溪七都、八都发展，恢复旌德、绩溪边地区，游击队由 6 人发展到 30 多人，并发展组织了 50 多人的民兵队。王树之率游击队在绩溪四都霞潭山、上横路、王家源一带活动，并由此向绩溪九都至城边建立点、线关系，游击队由三四人发展到 22 人。王成信游击队自 1944 年 12 月中旬至 1945 年 1 月底，由 18 人发展到 42 人，并缴获敌人长枪 9 支；1945 年 2 月 12 日，攻打绩溪戈溪乡公所，缴获步枪 12 支。绩溪游击队在战斗中缴获甚多，队员发展到近百人。1945 年初，王必达、王树之部编成中队，辖 2 个排，中队长王宗汉，指导员王

必达。李健春率中心县委游击队一部打下歙县江村、太平焦村刘家2个乡公所，缴获长枪3支；在歙休边阻击国民党新七师运输队，缴获军服一担。黄山周边地区的武装斗争出现了新的局面。[①]

2. 樵山保卫战

谭家桥战斗的胜利引起了国民党的恐慌，国民党皖南行署张宗良、国民党安徽省执委皖南办事处主任张一寒急电国民党第三战区，要求派兵“围剿”樵山。

12月中旬，国民党第三战区驻皖部队苏、浙、皖、赣4省边区挺进纵队司令陶广坐镇歙县指挥，除国民党正规军外，还有泾县、旌德、太平3县自卫队配合，共调集了2000多人的兵力。其兵力部署如下：第五十二师一部驻泾县茂林、铜山一线，封锁樵山东面；江南挺进大队驻歙、绩边，封锁樵山南面；第一四四师驻泾县章家渡，企图堵截新四军第七师侦察连渡过青弋江去江北；第六十三师一个加强营驻守离樵山10公里的太平仙源，配合国民党保四团的一个营和泾旌太三县自卫队，从西面（正面）进攻。国民党妄图四面包围，分进合击，“剿灭”黄山游击队。

樵山，位于黄山山脉东北段，处于泾县、旌德、太平三县交界地区。方圆数十公里内，群山连绵，古木参天，溪谷纵横，山势险峻，零散分布着10余个村子。这里既是泾县县委活动的主要地

---

① 中共黄山市委党史研究室：《中共黄山地方史（1919—1949）》，内部资料，1997年，第146页。

区，也是皖南中心县委的常驻地。当时樵山只有洪林带领的游击队和民兵50多人，针对敌人的“围剿”，泾县县委游击队和樵山民兵根据中心县委的指示与群众的意愿和要求，决定利用险峻的地势，发动群众，坚守隘口，予敌人以坚决的回击。

中心县委将在谭家桥战斗中缴获的部分武器分配给樵山游击队，枪支28支，每个民兵配备2至3枚手榴弹，游击队与民兵混编，守卫三大哨口：1个排守卫樵山岭哨口第一线浮溪口，奎坑岭和西南岗、麻岭两个哨口各设两个班防守，留下2个班作为机动增援。同时，严密封锁各个上山的要道、路口，防止特务侦察。樵山实行全民动员，修工事、抬石头、制作滚木礌石，实行坚壁清野。

12月30日，国民党保四团、第一九二师各1个营、1个机炮排和太平县自卫队五六百人，从太平浮溪口方向进攻樵山。当敌人进入第一道防线时，游击队1个排集中投出手榴弹，洪林率1个班增援前沿阵地，打退了敌人的第一轮进攻。当敌人第二轮进攻时，游击队用滚木、礌石从高山上直滚而下，顿时砸死、砸伤10余名敌兵，敌人匆忙后撤。

在战斗打响之前，游击队割断了太平县通往旌德的电话线，又截获了保四团给旌德、泾县自卫队的“密令”，所以，旌德、泾县、太平三县自卫队之间失去了联络，无法同步进攻。旌德自卫队在听到太平方向有猛烈的炮声时，才向麻岭发动进攻，很快被游击队2个班击溃，泾县自卫队从铜山方向试探进攻，亦很快缩回。

12月31日，泾县、旌德两县自卫队从铜山方向进攻樵山，游

击队采用“麻雀战术”，三五人一组，利用居高临下的地形，分散打击敌人。经过4个多小时的激战，游击队安全转移。敌人虽然占领了樵山西南山岗，但怕遭到伏击，随即撤走。

1945年1月6日，敌人从泾县、太平、旌德三个方向同时进攻樵山。此时，胡明等率领的第七师侦察连及中心县委游击队已经返回樵山，当铜山、查家岭、下丁家山阵地失守后，胡明组织第七师侦察连反攻。同时，游击队及民兵采用灵活的战术，用滚木、礌石及檀树炮、“过山鸟”等土炮辅助防御，取得明显效果。在第七师侦察连、游击队及民兵的联合防御下，敌人溃退至泾县茂林。

1月16日，侦察连接到新四军第七师送来的指示，侦察连已完成在皖南的侦察任务，要求返回江北抗日根据地，同时指示胡明、洪林、洪琪等几位同志一同出发，向皖江区党委汇报皖南地区工作。深夜，天下着鹅毛大雪，胡明等与第七师侦察连一起秘密离开樵山。樵山保卫战由唐辉负责指挥。

2月5日，敌兵1300余人从土地岗、老鸭岗、王家岗向樵山发动疯狂进攻。敌人在山脚用炮火及重机枪对山上猛打猛轰，在唐辉的指挥下，游击队避实就虚、声东击西，与敌人展开“麻雀战”，并用土炮轰击敌人。敌人惊恐万状，加之天下着大雪，山陡路滑，不得不收兵退回。游击队和民兵再次打退敌人的进攻。

3月21日，国民党集中了第二挺进纵队及保安团、自卫队共2000余人，分5路“进剿”樵山。洪林到樵山传达皖江区党委书记兼七师政委曾希圣的指示，游击队和民兵暂时撤离樵山，转移到

外线打击敌人。樵山留下查文和带领一支小武工队坚持斗争。敌人一进樵山，就把项家、余家两个村庄共30多户房子全部烧光。游击队员、民兵家属及群众遭到关押，同时，敌人在樵山岭头上修起三个大碉堡。至此，历时83天的樵山保卫战告一段落。樵山保卫战前后打退敌人的5次进攻，击毙、击伤敌人40多人，而游击队仅牺牲1名同志，以较小的代价取得较大的胜利。[1]

3. 九华斗争

绩溪九华乡，地处皖浙边境，在约50平方公里的山区内，四周崇山峻岭，地势险要，易守难攻。中间是丘陵和山地，散落着50多个大小村庄，只有几条小路通往山外。良好的地理环境为发展游击战争创造了条件。1943年3月，旌绩县委在这一带建立了点线关系，同年10月，九华第一个党组织——麻叶岭党支部建立了。

1945年2月13日，旌绩县委游击队19名队员在舒梦熊、戴吉祥的率领下，进驻九华乡，成立了中共皖南山地中心县委领导地区内的第一个乡级抗日民主政权——九华乡农民协会，并建立了一支500多人的民兵队伍，开展抗丁、抗粮、抗捐的斗争。随着斗争的深入发展，游击队很快扩大到60多人，民兵扩大到800余人。同时，为加强警戒与开展武装斗争，在全乡实行4条措施：封锁山岭路口，防止走漏消息；收缴武器，集中全乡的枪支弹药（包

① 中共黄山区委党史工委办公室：《中国共产党黄山区简史（1921—1949）》，内部资料，2001年，第111页。

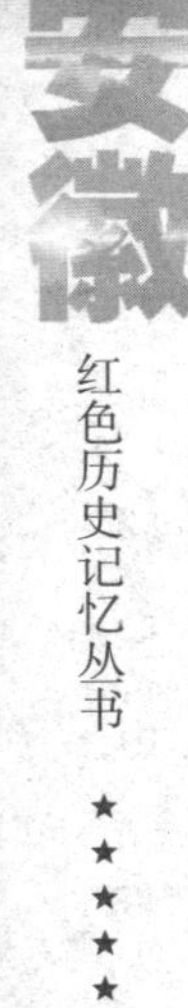

括土枪、抬枪、火药、马刀等);设置盘查哨,严防特务破坏;组织民兵,开展武装斗争。人员进出九华必须开具路条。由于保密工作做得好,国民党派出的特务被一一抓获,他们对九华地区游击队兵力情况一无所知。

为扩大党的政治影响,游击队和民兵积极向外围出击。绩溪九华、戈溪、大障、登塔和浙西昌化县的浙门、大许、仁溪等7个乡公所均被游击队摧毁;宁国胡乐、甲路和绩溪的大鳌、万萝、扬溪等6个乡的保甲组织大部被摧毁,游击队控制了皖浙边纵横百余里的大片地区。在九华地区斗争的影响下,绩溪、宁国、歙县、浙江昌化等县的群众纷纷行动起来,建立民兵组织,摧毁国民党的保、甲等基层组织,进行抗丁、抗捐斗争。

1945年3月21日,国民党纠集第五十二师一五五团、绩溪县自卫队、浙西行署特务营、昌化县自卫队和忠义救国军2个营,共1000余人,从宁国、绩溪、昌化3个方向,分5路(借磡岭、竹岭、逍遥岩、浪广岭、灰石岭)"进剿"九华地区。九华军民决心予来犯之敌以痛击,制定了分兵把守、相互配合、阻击敌人的方案,由舒梦熊率游击队20多人、民兵100余人把守竹岭;戴吉祥率游击队15人、民兵100余人把守逍遥岩;王必英率游击队8人、民兵100余人把守山云岭;借磡岭等9条山岭均部署民兵数十人至百余人把守。21日上午,各处战斗陆续打响,由于敌我力量悬殊,游击队和民兵激战3个多小时后,游击队主动撤出九华,转移至芜屯路西地区。自2月13日至3月21日,游击队在九华地区的斗争坚持了37天。

为便于联系，1945 年 3 月，皖江区党委书记曾希圣决定在皖南山地中心县委设电台 1 部，并派出 1 个排护送电台及胡明、洪林、洪琪等返回黄山地区。部队途中袭击了太平县龙门乡公所，缴枪 11 支。由于樵山失守，胡明等中心县委机关转移到黄山东面的大箬坑。

国民党军队进占樵山、九华乡以后，又发动了对黄山地区各游击区的“清剿”。1945 年 4 月初，旌德、绩溪、歙县、太平 4 县国民党县长在旌德白地联合部署“清剿”，并在白地设立“特种行署”进行指挥。皖南山地中心县委和各游击区转入反“清剿”斗争。其斗争的方针是外线斗争暴露，内线隐蔽坚持，钳制敌人，开展积极的军事斗争，粉碎敌人的“清剿”。

各游击区在皖南山地中心县委的领导下，不断取得武装斗争的胜利。①泾旌太地区：敌人占领樵山后，4 月，泾县县委游击队转移到泾县水东、茂林，太平的三门、万金岭以及石埭、太平边一带寻找战机。游击队先后在三门乡打击土顽武装，缴枪 4 支，配合刘奎部在石埭、太平边伏击敌人，缴枪 4 支。②黄山地区：5 月，中心县委游击队与洪林部配合，在石埭伏击敌人，缴枪 4 支；6 月，新四军第七师派出的短枪班，由李务本带领，从大箬坑转移到黄山以西地区活动，途中袭击敌人的抓伕队，毙敌 2 人，缴枪 4 支；打下宏翠乡公所，缴枪 7 支。③旌绩地区：4 月底，县委决定游击队分散外线开展斗争，舒梦熊率部到宁国东乡活动；王必英率部到绩歙边的伏岭、杨树坑一带活动；汪树之率部在绩溪霞潭山一

带坚持斗争。

6月底，新四军苏浙军区部队在浙西孝丰歼灭国民党第五十二师大部及大批地方部队，随后第五十二师一五五团调走，各县自卫队缩回城镇，黄山地区的反“清剿”斗争取得胜利，并展开反攻。7月29日，旌绩县委游击队攻克龙井乡公所，摧毁碉堡一座，缴获长短枪15支、子弹数千发、手榴弹200余枚。

1945年8月，抗战胜利，国民党正规军向大城市集结，皖南局势暂时缓和。皖南山地中心县委利用这一有利时机，广泛开展群众工作，恢复和巩固老区，开辟更多的新区。歙县东乡汪满田一带新区的开辟，使黄山周围地区和绩溪的上金山、七都、八都连在一起，成为中心县委开展游击斗争的中心。

皖南山地中心县委还抓住有利时机，积极和苏南取得联系。9月间，吕辉和刘贵生带领一支精干的武装，到达苏浙皖边的苏浙军区司令部，见到了粟裕司令员。粟裕十分关心皖南地区的斗争，送给游击队2挺轻机枪，由吕辉带回。9月底，新四军第七师奉命北撤。10月初，皖江区党委曾希圣发来电报，指示胡明部继续留在皖南坚持斗争。至1945年底，以黄山为中心的皖南游击区纵横约150公里，游击队发展到300余人，游击区内民兵达1000余人。至此，中共皖南山地中心县委领导的坚持5年之久的游击战争告一段落。①

---

① 中共黄山市委党史研究室：《中共黄山地方史（1919—1949）》，内部资料，1997年，第153页。

第八章

★★★★★

黄山（徽州）解放

一、中共皖南地委领导下的武装斗争

抗战胜利后，根据中央“向北发展，向南防御”的战略方针，1945 年 9 月底，新四军主力部队北撤。留在皖南、苏南坚持斗争的共有 3 支武装：一支是以胡明为书记的皖南山地中心县委所领导的 300 余人的游击队，活跃在黄山地区；一支是以杨明为书记的沿江中心县委领导的 300 余人的武装部队，活动在皖南沿江地区；还有一支是新四军北撤时留下的熊兆仁领导的苏浙皖边区部队 400 余人，坚持在苏南地区进行武装斗争。

1945 年 12 月，为避开国民党部队的武装“清剿”，杨明率领的

沿江部队与胡明等领导的黄山游击队在太平樵山会合。会合后，沿江部队恢复新四军番号，成立皖南新四军沿江总队。1946 年 2 月，根据华中分局的指示，以皖南山地中心县委和沿江中心县委为基础，组成中共皖南地委，胡明任书记，杨明、刘奎、唐辉、洪琪为委员。皖南地委成立后，在绩溪的黄会山长坞召开第一次会议。会议根据华中分局的指示，分析了皖南的斗争形势，确定隐蔽坚持，积蓄力量，相机发展游击战争，进而发动群众，壮大力量的方针。会议研究和部署了开展民主运动、发展武装、巩固老区、开辟新区的工作任务。会议决定，沿江中心县委领导黄山以西至沿江地区的斗争；撤销皖南山地中心县委，所属游击队在黄山以东至青弋江地区活动。其中洪林部以樵山为中心开展活动，吕辉部以宁国板桥和泾县涌溪为中心开展活动，唐辉部在皖浙边相机游击。

1946 年 3 月，国民党正规军及地方武装万余兵力，对皖南进行了 3 个月的“清剿”，胡明带着皖南地委机关及游击队转移到外线，至泾县涌溪坑与吕辉部会合。其间，皖南游击队进行大小战斗 7 次，歼敌 100 余人。6 月至 10 月，游击队领导旌德、泾县、太平、青阳、石埭、宁国、绩溪、歙县等 8 县 70 多个保的群众开展减租、减息斗争，并初步建立起基层人民政权和半公开的农会组织。①

---

① 中共黄山市委党史研究室:《中共黄山地方史(1919—1949)》，内部资料，1997 年，第 156—157 页。

1946年7月1日，苏浙皖边区部队熊兆仁、倪南山收到中共中央华中分局来信(即“七一指示”)，来信详细分析了长江以南的革命形势，指出苏南、皖南党组织和游击队的总任务：放手发动群众，发展主力部队，积极开展群众性的游击战争，向着创造革命根据地的目标前进，在巩固原有阵地的基础上力求发展。接到上级指示后，熊兆仁、倪南山率骨干30余人于7月下旬向皖南进发。9月间，苏南游击队主力到达宁国板桥，与吕辉部接上联系。10月，熊兆仁、倪南山率部到达樵山。至此，留在皖南、苏南坚持斗争的3支武装共800余人汇合在一起，奠定了在皖南开展进一步斗争的基础。11月，苏皖边军政委员会成立，胡明任主席兼政治委员，熊兆仁任军事部部长。次年3月，苏皖边区司令部成立，熊兆仁任司令员，胡明兼政委。①

1947年3月，中共皖南地委在樵山荷花坑召开扩大会议，就如何贯彻“七一指示”、发动群众、扩大武装斗争、创建根据地等问题进行了研究。会议认为：一要打几次胜战；二要把群众发动起来。会后，胡明、熊兆仁率领部队，在唐辉、洪林2支游击队的配合下，攻打了旌德县的庙首、白地。4月的皖南正是青黄不接的季节，群众忍饥挨饿，迫切需要粮食，皖南地委认为开展抢粮斗争是发动群众的积极手段，于是决定在绩溪县九华乡开展抢粮试点。当时，九华乡有7个保，5000多人口，但只有3000多亩耕地，人多

① 中共黄山区委党史工委办公室：《中国共产党黄山区简史(1921—1949)》，内部资料，2001年，第127—128页。

田少，本来粮食就不足，加之春荒，更为困难。皖南地委发动了九华乡一带群众1000多人，在游击队的掩护下，打开上胡家胡氏宗祠内的国民党粮仓，除部队保留200石（1石为60公斤）外，其余300石全部分给群众。抢粮试点获得成功，老百姓得到了实惠，斗争的情绪高涨，很快带动了大鄣乡、登塔乡等周边几个乡的抢粮斗争。九华抢粮再次引起绩溪县国民党政府的注意，出动四五百人的兵力向九华一带发动进攻。游击队在熊兆仁、唐辉等的带领下，翻山越岭，跳出九华地区，拔掉了一些敌据点。

5月19日，熊兆仁、唐辉率游击队、民兵200余人，分3路攻进绩溪县城，捣毁了国民党县党部和特务机关，次日清晨6时撤离。这是皖南游击队首次攻占县城，产生了很大的影响。县城失陷，国民党县党部急忙将九华一带的武装调回县城。抢粮行动与武装斗争相结合，极大地激发了群众斗争的积极性，各地群众自发组织民兵，保卫胜利果实，党组织的活动范围扩大了，形成了大发展的好势头。

1947年6月，孙宗溶带着中共中央华东分局（简称“华东局”）3月8日写给皖南地委的指示信（即“三八指示”），从山东到达皖南。华东局对皖南的敌后游击战争予以了充分的肯定，指出：皖南有黄山山脉的依靠，还有天目山脉等险峻的山地，又扼长江水上交通线，地理位置十分重要，是开辟敌后战场、配合正面作战的重要地带，要求皖南地委放手大胆开展游击战争，建立人民政权，创建根据地。“三八指示”是继“七一指示”后指导皖南进一步开展斗争，打开工作局面的又一个重要文件。为加强皖南的工作，华东局先后派孙宗溶、罗白桦、余华、陈洪担任皖南地委委员，加强地委领导力量，同时还派出一批县级干部加强皖南的工作。①

根据“三八指示”精神，7月7日至17日，皖南地委在太平县龙门竹园坦陈家祠堂召开黄西工委排以上干部会议，胡明、熊兆仁、杨明、孙宗溶、洪琪、刘奎、倪南山、陶刚等参加会议。会议传达了华东局的“三八指示”，要求各工委抓住武装斗争、群众工作大发展的有利时机，建立主力游击队，开展大规模的游击战争，以配合全国解放区的反攻。会议对所属的党组织及游击区进行了重新调整：黄山以西、石埭以南由杨明、刘奎、陈爱曦组成黄西工委，建立以黟县宏潭、美溪为中心的根据地，并向南、向西发展；铜（陵）青（阳）贵（池）地区由朱农、陈尚和、尹彬组成铜青贵县委，控制沿江；南（陵）繁（昌）芜（湖）地区由王文石、陈作霖、王安葆组成南繁芜县委；皖浙边设立歙（县）绩（溪）昌（化）旌（德）宁（国）工委，由唐辉任书记；苏浙皖边工委以郎溪、广德、宁国、孝丰地区为基础，向浙西天目山发展；泾（县）旌（德）太（平）和泾（县）宁（国）宣（城）地区分别由洪林、吕辉负责。

会议期间，地委获悉国民党太平县警保中队进驻龙门，企图偷袭，便决定集中4个主力连，由倪南山负责指挥，予敌以毁灭性的打击。龙门乡公所设在龙门的祠堂里，周围50米外设有3个

① 中共黄山市委党史研究室：《中共黄山地方史（1919—1949）》，内部资料，1997年，第158—159页。

碉堡。由于部队力量较强，此次采用了强攻的方式。敌人凭借碉堡和祠堂的高墙厚壁负隅顽抗，18日凌晨，战士们架起梯子，爬上祠堂屋顶，以火力压制住敌人，并在祠堂周围堆上柴草，浇上煤油、撒上辣椒粉，放起大火。敌人在四面被围、祠堂屋顶被占的情况下，只得举手投降。此战共俘敌70余人（含龙门乡乡长），缴机枪1挺、步枪50支、短枪3支、子弹8000余发，手榴弹数百枚。此次战斗保证了龙门会议的顺利召开，同时也极大地鼓舞了战士和群众的斗志。会后，各地游击队积极活动，打下了敌人的许多据点。其中唐辉部先后打下东源、大石门、伏岭下等据点，3次攻入绩溪县城，控制了绩溪县的大部地区。太平县龙门、新丰、秧溪、辅村等地先后成立了乡行政委员会，太平县除仙源以外的所有乡镇都控制在游击队手中，国民党太平县军政人员只能龟缩在县城里。同时，抢粮运动席卷整个皖南。皖南游击队已从原来的800多人发展到3000多人，缴获700多支枪、几十挺机枪。一系列战斗的胜利和群众运动的发展，标志着皖南地区的游击战争发展到一个新的阶段。

1947年9月，皖南地委在泾县涌溪坑召开地委扩大会议。会议认为刘邓大军已经挺进大别山，人民解放军的战略反攻已经取得很大的胜利。皖南地委制定了相应的斗争方针：抓紧当前大反攻的有利时机，大胆放手，迅速发动群众，组织群众；高度集中主力，普遍发展地方武装；更广泛地开展群众性的游击战争，创造中心根据地，扩大根据地，以求得迅速发展力量，有力配合全面大反攻。会议还对各个游击边区所在区域进行了调整。会后，各县委游击队纷纷从各自的部队里抽调和动员兵源，一共集中了6个连，组成主力团，归地委直接领导，向黄山地区的西南方向发展。①

但国民党是不甘心失败的，从1947年10月至1948年3月，国民党抽调第六十三师、第四十六师部分部队及地方武装对皖南游击区开展了6个月的“清剿”。10月底，皖南地委决定在内线留下一部分武装力量坚持斗争，抽出主力部队向四个方面进军：倪南山、唐辉、杨明、林岳分别率部向皖浙赣边、皖浙边（歙县、淳安）、皖赣边（祁门、至德、浮梁）、浙西（天目山）挺进。游击队采用机智灵活的战术，敌人的“清剿”以失败而告终。

1948年4月，皖南地委在歙县汪满田召开扩大会议，总结了去年3月以来的工作，其中有1947年3月至9月的大发展时期、1947年10月至1947年3月的反“清剿”和南进开辟新区的工作。会议确定“巩固老区、发展新区，为大军渡江准备基地”的总任务，并对今后的军事斗争、群众工作、党的建设、政权建设及财经工作等作了具体部署。

5月，根据皖浙赣边区的发展情形，皖南地委分别建立了皖浙赣、皖浙、皖赣、苏浙皖4个工委。他们分别领导着各自的武装，与敌人展开英勇的斗争。熊兆仁、余华、倪南山等率部南进到婺源一带，发动群众抢粮、建立农会、发展民兵组织，建立乡村政权，

① 中共黄山市委党史研究室：《中共黄山地方史（1919—1949）》，内部资料，1997年，第159—160页。

先后粉碎敌人的6次“清剿”，开辟了皖浙赣边区。杨明部进入祁门西部，积极发展力量，并将部队整编为3个主力连、5个武工队，计450人，开辟了皖赣边区。唐辉部坚持芜（湖）屯（溪）路以东和歙县旱南、水南地区的斗争，至1948年6月，部队发展到500余人。1948年8月，皖浙工委在歙县金竹村召开大会，成立中国人民解放军皖浙支队，唐辉任支队长兼政委，程灿任副大队长。苏浙皖边区工委先后建立了宣（城）郎（溪）广（德）、广（德）宁（国）孝（丰）、天目山以西、宣城南与广德北（包括长兴一部）的4块游击区。

在游击队南进开辟新区的同时，黄西、黄东、泾（县）旌（德）宁（国）等老游击区亦得到巩固与发展。黄西指黄山、屯溪至景德镇公路以北的大片地区。1948年7月，黄西工委打通了与皖浙赣工委联系的渠道，7月21日与杨明部会合，28日取得祁北许家坦战斗胜利，11月，与皖赣、皖浙赣地区连成一片。泾（县）旌（德）宁（国）宣（城）地区于1948年10月打通与苏浙皖边区联系的渠道。黄东地区指黄山以东、芜（湖）屯（溪）公路以西地区，为皖南地委中心根据地。1948年7月初，国民党安徽省保四团与歙县、旌德等县自卫团六七百人，分3路“进剿”皖南地委汪满田（今属歙县溪头镇）根据地，游击队主力转移至绩溪金坑，后主动出击，巩固了汪满田一带根据地，恢复绩溪孔灵等地区，开辟了歙县外东乡、太平罗村、三口一带等地区，在歙北上丰、许村、叶村、宋村等地建立了政权，在中心区内设立税务机构，在控制区内征募公粮。

9月，黄东工委被撤销，黄东地区归皖南地委直接领导。

1948年9月上旬，皖南地委在歙县汪满田召开临时委员会议，决定策应大军渡江的需要，成立沿江工委，孙宗溶任书记，以黄东武装为基础，成立独立大队，由刘奎兼大队长，陈洪兼政委，由地委直接指挥。胡明、刘奎、陈洪组成地委临时常委会，建立地委财政经济委员会，胡明兼书记。1948年11月5日，皖南地委根据形势的发展，为便于统一领导，决定成立中共皖浙赣大工委，将皖浙赣工委、黄西工委、皖赣工委三个工委合并。12月25日，地委在婺源县大鄣山乡古坦村召开会议，讨论合并问题，决定由熊兆仁任书记，余华任副书记，柯峻为常委兼组织部部长，杨明、倪南山为委员，同时将三个地区的主力部队合并组成中国人民解放军皖浙赣支队，倪南山任支队长，杨明任政治委员。

1949年1月，中共皖浙赣大工委决定，在休宁与邻县毗连处，组建中共黟祁休县、祁休浮县、婺休县、歙太休县4个工作委员会。8日，中共皖南地委发出《关于目前形势与任务的指示》，提出“紧急动员一切力量，准备迎接大军渡江”的总任务。2月7日，中共皖南地委发出补充通知，对迎接大军渡江提出四项要求：①开展以抗丁、抗粮、抗租为主的群众工作；②发动武装斗争；③做好组织准备；④加强敌情侦察工作。皖南地委从政治动员、武装斗争、地方工作、经济任务等方面对革命工作作了全面部署。年初，整个皖南的地方武装部队已经发展到7000余人，在苏、浙、皖、赣4省边区约40个县所辖的广大农村建立了游击区和根据地，为大

军渡江南下创造了重要条件。[①]

二、策动国民党保五旅起义

1948年秋(9月16日至24日),华东人民解放军发动了"济南战役",全歼守敌10.4万余人(包括起义2万人)。国民党前方战事吃紧,驻皖的桂系部队陆续调离,安徽的保安武装顿显空虚。夏威接替李品仙任安徽省主席后,为扩大地方势力,有意识地调广西籍人士到安徽各地充任军政长官。

王汉昭,广西忻城县人,新桂系较为突出的青年军人,少将军衔。他对国民党统治不满,抗日战争时期开始倾向进步,与中共特别党员郑汉经常接触,密切合作,开展反蒋爱国活动,并一直和中共组织保持联系,后被发展为特别党员。1948年6月,王汉昭任国民党安徽省第五行政区专员(辖滁县、凤阳等7县),此间与郑汉取得联系,接受中共华东局国统区工作部上海工作组(1949年1月迁至芜湖,成立芜湖工作组,组长方向明)领导。

1948年10月,王汉昭根据"中共华东局关于掌握武装,相机起义,配合解放军渡江作战"的指示,征得夏威的同意,着手在第

---

① 中共黄山市委党史研究室:《中共黄山地方史(1919—1949)》,内部资料,1997年,第222页。

五区所辖的嘉山、凤阳、盱眙、天长、来安、滁县等县，以原有保安团的人员、武器为基础筹建保五旅。11月底，经国民党安徽省政府批准，保五旅正式成立，王汉昭为少将旅长，宋家祚为上校副旅长，下辖保安十四团、十五团、十六团和独立团，全旅官兵共5900人。

保五旅建成后，原拟在江北举行起义，芜湖工作组考虑到大军渡江的需要，指示该旅迅速南下渡江，驻防当涂、采石矶一线，待渡江战役发起后再行起义。大军渡江前夕，根据芜湖地下党组织的指示，王汉昭设法摸清了国民党从当涂至南京的江防情况并绘制了地图，为渡江部队提供了可靠的军事情报。1949年1月，华东局国统区工作部将其关就近划归皖南地委领导，该部奉地委指示南撤。1月底，保五旅移驻绩溪，旅部驻绩溪镇头，靠近皖南地委机关驻地(时皖南地委驻绩溪上金山，距离镇头20余公里)，下辖3个团和1个军官大队，分别驻扎绩溪、屯溪、太平。根据三野首长指示，皖南地委派郑汉、顾永康和李民3人进驻保五旅，由王汉昭安排公开职务作为掩护，协助王汉昭开展起义前的各项准备工作。不久，皖南地委又与保五旅建立秘密电台联系，随时沟通消息，掌握部队动态。

为确保起义取得成功，皖南地委在思想上、组织上做了大量工作。地委与王汉昭一起研究和分析了保五旅的情况，制定了相应的工作方案，采取了有效措施：首先协助王汉昭做好旅直单位军官和各团负责人的思想教育工作。地委书记胡明亲自与副旅

长宋家祚及陈大镛谈话，郑汉等也分别找各团团长谈话，使他们认清形势，提高对中国共产党政策的了解，认识到国民党必败，只有跟共产党走才是唯一的出路，从而坚定他们起义的信心。同时，通过他们再做下层军官的思想工作，使保五旅大多数军官统一思想、消除顾虑，保五旅内部思想混乱状况有了好转。其次协助王汉昭对保五旅进行组织整顿。1949 年 2 月，根据皖南地委的意见，王汉昭宣布撤销独立团番号，将独立团中的可靠精锐力量加强旅直属警卫营交由旅部直接掌握，将全旅 4 个团整编为 3 个团，编余军官成立军官大队。其中思想反动、仇视共产党的第十六团团长江恕调任副旅长，明升暗降，削夺兵权，并处决了 3 名混入部队中的特务，使起义部队更加纯洁有力。最后协助王汉昭确定起义工作方案，起草起义通电。2 月间，皖南地委约见王汉昭，就起义的时间、地点、范围等问题，制定了详细可行的方案：一是起义时间放在解放大军渡江后，拿下旌德县城，切断敌人逃跑的路线时；二是在绩溪镇头村设立旅指挥所，靠近皖南地委机关，以便于联系指挥；三是争取全旅起义。王汉昭回到旅部后，即召集营以上军官参加军事会议，传达中共皖南地委的意见，并由郑汉起草了保五旅起义的通电，决定一俟时机成熟，即由旅长王汉昭签发。

3 月下旬，安徽江北大部解放，国民党部队纷纷向南溃逃。黄山（徽州）地处要冲，是国民党南逃江西、福建、浙江的主要道路之一。一方面为保护黄山（徽州）公路沿线的群众免受骚扰，另一方面为了待命起义，阻敌南逃，徽州地委要求王汉昭分兵驻防公路沿线。根据徽州地委的指示，王汉昭借国民党省保安司令部的命令，将部队分兵布守在太平、屯溪、旌德等交通要道边，令麦镇涛团（第十四团）到太平驻防，郑汉、李荣康随之行动，候旅部起义通电发出后，即向青阳、铜陵县境内江防军进攻，并相机在太平境内伏击溃逃的刘汝明残部；令宋家祚副旅长率宋佩儒团（第十五团）到休（宁）婺（源）间，预先选定有利地形，随时截击国民党安徽省政府要员，夺取文书档案；陈卜伍团由王汉昭亲率，在绩溪待命；韦驹留守旅部处理日常事务；军官大队去旌德驻防，并由陈大镛做好策动旌德县县长及县自卫队起义的工作。

1948 年 12 月 4 日，国民党安徽省政府从合肥迁到安庆，又在宣城设立皖南行署，张义纯任皖南行署主任。12 月 7 日，皖南行署迁至屯溪，于 1949 年 3 月合并归入安徽省政府。1949 年 3 月，国民党安徽省政府迁至屯溪，张义纯接替夏威任省政府主席。时保五旅是国民党安徽地方部队的一支重要力量，张义纯一直想把它抓在自己手中。王汉昭多次挫败张义纯试图破坏保五旅起义计划的阴谋。1949 年 3 月下旬，张义纯借口王汉昭是共产党分子，要白崇禧削去他的兵权，但阴谋没有得逞。4 月 20 日，国民党第七十三军一辆军车被保五旅截夺，第七十三军告到国防部，国防部责成安徽省保安司令部查处。21 日早晨，张义纯即电召王汉昭到屯溪参加第十七兵团司令部侯镜如召开的军事会议，企图乘机干掉王汉昭。王汉昭因事先已接到省政府秘书长朱子帆、省保安副司令张湘泽的电话，得知了张义纯的阴谋，故以有病在身不能前去为由，派韦驹副旅长参会。一计不成，又生一计，张义纯旋即派保安司令部参谋长刘文潮、皖南行署警保处长方师岳到绩溪保五旅，准备诱捕王汉昭，但王汉昭已搬出，张义纯的阴谋遂告失败。诱捕不成，刘文潮、方师岳赶到保五旅第十六团团部，拿出张义纯的手令，要团长陈卜伍秘密逮捕王汉昭，如拒捕可当场击毙。陈卜伍口头答应，待二人离开后，向王汉昭作了汇报，并将张义纯的手令交给王汉昭。张义纯企图加害王汉昭，夺取兵权的阴谋再一次失败。

4 月 21 日，渡江战役打响，中国人民解放军突破长江防线，向南挺进。为策应解放大军渡江作战，中国人民解放军第三野战军副司令员粟裕电告皖南地委：命其所属部队展开积极的军事攻势，并对保五旅起义的时间作了明确指示。4 月 22 日上午，皖南地委召开紧急会议，会议决定保五旅立即起义，并与王汉昭共同研究了周密的行动计划。会后，王汉昭赶回旅指挥部，将行动方案首先告知广西籍军官，然后迅速采取两条措施：一是将枪支弹药以换粮饷为名，卖给当地的游击队；二是以部队有战斗行动为名，将保五旅的军官家属转移到皖南游击队根据地上金山、金坑一带，然后，紧急召开营以上军官会议，宣布全旅官兵立即做好准备，随时起义。

23 日，王汉昭按照地委指示，先行解放旌德，派旅政治部主任罗昌明、副旅长韦驹率警卫营一部到达旌德，同 4 月中旬移驻旌德的保五旅军官大队与旅部上校参议陈大镛(原泾县县长)会合,同时,派潘成美代参谋长随地委特派员顾永康于当日晚到达绩北坦头村,与歙绩旌工委书记吴文瑞带领的歙绩旌总队一连取得联系,商讨配合保五旅解放旌德县城的有关事项。23日深夜,旌绩工委书记叶维章在百坑村接到地委书记胡明的指示信,命令他率二连在拂晓前赶至旌德县城附近的南关,与吴文瑞部会合。24日拂晓前,吴文瑞部与叶维章部会合后,向县城开进。国民党县自卫队大部分已被起义部队缴械俘虏。陈大镛率旅部起义官兵,出南门迎接。叶维章负责县政府的接管工作。国民党县长张靖六交出一枚铜质县政府大印,同时移交了县政府内的全部财产、文件、档案和在押人员,旌德县城解放。[①]

24日,王汉昭正式签发保五旅起义通电,并用电台对外拍发。下午,保五旅在旌德的部队按计划撤出旌德县城,前往绩溪旺川,与保五旅旅部及第十六团会合。同时,驻休宁、婺源间的第十五团,接到起义通知后,在副旅长宋家祚率领下起义。驻太平的第十四团却在张义纯的策动下,拒不听命,移兵岩寺,准备南逃。因解放大军逼近,该团一营长胡明玉和所属的几个连长胁迫团长麦镇涛释放了被扣押的郑汉等人,率该营赶到屯溪以南和第十五团会合,全旅除第十四团两个营因团长叛变逃散外,其余4100名官兵全部参加起义,起义获得极大的成功。

---

① 中共旌德县委党史办公室:《旌德解放》《旌德党史资料选编(1919—1949)》,内部资料,1990年,第42—47页。

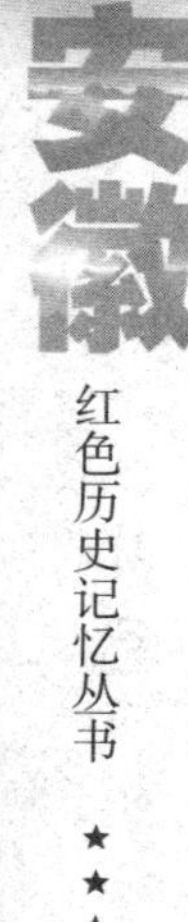

24日晚，皖南地委在绩溪旺川举行宴会，招待通电起义的王汉昭旅长和保五旅的广大官兵。宴会后召开欢迎大会，会上胡明代表皖南地委欢迎保五旅起义，祝贺大家获得新生。熊兆仁司令员宣布命令，将保五旅改编为中国人民解放军皖南部队独立旅，完成整编后，参加阻击、追歼溃逃国民党军队的战斗。保五旅起义的成功，加快了皖南解放的步伐，策应了解放大军的渡江作战。

三、呈村降追击战

1949年4月22日，解放大军渡过长江后，国民党部队军心涣散，全线向南溃退。解放军各部展开猛烈追击，发挥不怕疲劳、连续作战的精神，对国民党军队迂回包抄，创下了一些经典战例，其中中国人民解放军第二野战军第三十五师师长李德生指挥的"呈村降追击战"是其中的代表战例之一。

李德生南征北战，具有丰富的实战经验，足智多谋、英勇善战，作风优良。1949年4月21日，李德生率第三十五师为渡江第一梯队，21日17时，在70余门大炮的掩护和数百名地方船工的支援下，部队从安徽枞阳县大拐村起航，冲破敌人密集炮火和多道阻拦，第一〇三团首先在乌沙闸登岸，经激烈战斗突破敌江防，歼灭国民党江防部队。当夜，第一〇四团、第一〇五团和师直属队全部渡过长江。李德生命第一〇五团留守贵池担任城防，自己率部对溃逃之敌实施追击，决心一举歼灭徽州守敌。

26日晚，部队前进到太平县城附近的三口镇。黄山（徽州）是通往芜湖、杭州、金华等公路的交通枢纽，是皖、浙、赣边界敌人南逃要道。当晚，李德生接到第二野战军司令部的通报：溃敌刘汝明、侯静如兵团正在京沪、沪杭、浙赣三条铁路线布防，敌主力一部在歙县、屯溪一带固守，企图迟滞解放军向浙赣线进军的速度。军部命令第三十五师迅速前进，占领徽州（歙县），消灭敌人，为后续部队打开通往浙赣线的道路。

从太平三口镇到歙县县城公路长约80公里，按正常行军速度需要两三天的时间。但军情紧急，形势千变万化，两三天后也许国民党部队已经逃走，或者修筑了工事。师部研究决定用一天的时间赶到歙县县城。大家在地图上找到一条捷径，就是从太平的谭家桥翻越箬岭，到达许村，从许村经过富堨到达歙县县城。从这条路走，既可以缩短时间，又可以出其不意。

箬岭古道是一条过去从徽州府通往省府安庆的官道，自从歙县到太平的公路开通后，除了挑山货的人走外，就少有人迹。27日拂晓，前卫团第一〇三团在蔡启荣团长的带领下开始翻越箬岭。箬岭为黄山余脉，高耸入云，上下20公里，山路蜿蜒伸向山顶。战士们快速前进，军衣全部被汗水湿透了，但没有一个人掉队。迫击炮连为了不堵塞道路，将炮和炮弹箱全部卸下，拉着牲口，扛着炮和炮弹往山上爬。宣传队的同志在山顶上搭起彩门，

高高挂起了毛主席的巨像，彩门上写着“把胜利旗帜插遍全中国”的大字。战士们相互鼓劲，前进的速度超过原计划，大半天就翻过了箬岭，日行军一百多里，进抵歙县（徽州）西北重镇许村地域。

27日夜，先头部队到达离歙县县城仅7.5里的富堨镇。解放军进军神速，出乎国民党部队的意料，当解放军与之接触时，竟被误判为游击队，未引起注意。李德生师长命令前卫第一〇三团迅速向凤凰、富堨展开攻击。该团第九连动作勇猛，攻占了两姑山，歼灭了其战斗警戒分队，俘敌十余人，从俘虏口供得知富堨有国民党第一〇六军第八四六团一个营，任务是掩护其主力撤退。第一〇三团参谋长当即命令该团第三营营长率第八连从侧翼迂回，断其后路，自己率第七连、第九连向富堨正面攻击。经我军前后夹击，歼其一部，俘敌100余人，占领了徽州（歙县）西北的重要据点富堨。

由于部队行动神速，出其不意，且在攻占一个地方后严密封锁消息，部队兵临徽州（歙县）城下时，国民党守军还一无所知。是直取徽州（歙县）城，还是迂回包抄？师部经过研究，认为国民党军队已是惊弓之鸟，正面进攻后，很可能会导致他们弃城逃走。于是师部决定以第一〇三团从正北直逼徽州（歙县）城，令第一〇四团迂回至歙县东南徽杭公路与歙淳（淳安）公路交汇点——呈村降村，断其后路。

28日10时，师部命令第一〇四团按预定计划行动。第一〇四团接受任务后，绕开歙县县城，来一个35里的大迂回，直插到

徽杭公路上，为便于联系，特地配了3部电台。穿插的结果，有可能会截住溃逃的国民党部队，但也有可能因此陷入重围之中。第一〇四团出发不久，天降大雨，战士们冒着倾盆大雨，在泥泞中奋勇前行。

12时，第一〇四团第二营前进到歙县桂林镇大桥时，遭遇从芜湖向徽州溃退的国民党暂编第三师，约一个团的兵力。团长张镰斧观察到国民党军队形混乱，两侧又无警戒，同时考虑桂林大桥是解放军与国民党部队行军队形的交叉点，无法绕过，故果断发起攻击。张镰斧命令第二营第四连以1个排涉江从左侧向牌头迂回，第四连主力过桥后尾随跟进；第五连以1个排控制正面要点，主力从右侧迂回夹击；第六连为预备队。待各部到位后，团长张镰斧下令开火，以重机枪火力在前头拦阻，以60炮火力截尾，向国民党暂编第三师猛轰猛打，乘其慌乱之时，勇猛出击，将其切为几段，俘虏500余人。其余被围于牌头，在政治攻势与军事攻击双管齐下的影响下，大部投降。至15时，战斗结束，共歼敌1000余人。[①]

当第二营在桂林镇与国民党暂编第三师接触后，第一〇四团的第一营和第三营也迅速跟进。为完成堵截任务，团主力以第二营第六连、第一营、第六营序列向呈村降快速插进。第二营的2个连在歼灭牌头之敌后，亦迅速跟进。16时，第二营第六连（尖

① 中共歙县县委党史办公室：《中共歙县简史（1919—1949）》，内部资料，1999年，第154—156页。

刀连)接近呈村降,发现国民党部队的行军纵队正从歙县县城方向向东逃窜。该连当机立断,立即发起进攻,将其行军纵队拦腰截断。据俘虏招供,国民党第二八二师第八四五团已经通过,被截住的是第二八二师第八四六团和第二八一师第八四一团及暂编第三师残部。李德生师长命令以第三营和第二营第六连聚歼被围住的国民党军,以第一营向东追击已东逃的第八四五团。

被拦堵的国民党部队组织了一个营的兵力反扑,企图夺路而逃,但穿插部队迅速控制了公路两侧的高地,进行了有效的阻击,并用小分队主动出击,俘虏300余人,暂编第三师师长郭奉先亦被俘。被围住的国民党部队退守至呈村降西北高地。因天黑下雨,行动不便,该晚,部队采用监视办法,围而不歼。29日拂晓,第二营从北面,第三营从南面对其合围攻击,歼其2个连。残余部队见突围无望,于12时投降。

向东追击的第一营,在大阜遇到国民党部队的小分队阻拦,第一营以1个排的兵力与之缠斗,其余绕路继续追击,至天黑时,在定潭村围歼国民党第八四六团600余人。

28日,在第一〇四团行动后,师部命令第一〇三团从正面向歙县县城缓慢前进,在估计第一〇四团到达指定位置完成堵截后,即命令向县城发起猛攻。战士们涉过河水,从西南方向突进县城。国民党守城部队见解放军攻城部队已经抵达城垣,顿时混乱,无心再战,即弃城东逃。在渔梁被我军截歼500余人,其余沿着公路向东逃窜,我军仅用1个多小时就占领了徽州(歙县)。

攻下徽州(歙县),吃掉国民党暂编第二师,第一〇六军、第八十八军、第七十三军等残部后,四面八方的溃敌不知解放军已经占领徽州(歙县),仍然向歙县县城涌来。29 日清晨,国民党繁昌县和旌德县保安团及县政府人员,沿着芜(湖)屯(溪)公路向徽州开来。此时,师部主力均在离城十几里之外战斗,城内只有一个通信排和一个工兵排。李德生师长果断命令师部参谋带着 40 多人到北门外的一个树林中埋伏起来,把工兵排的 2 挺机枪架起来。等敌人走近后,一个战士大喊:"哪部分的?"领头的军官回答:"我们是安徽省保安团的,自己人!"战士回答:"什么自己人,徽州已经解放两天了,快放下武器!"就这样,1000 余人的保安团糊里糊涂就当了俘虏。

至此,徽州(歙县)追击战斗胜利结束。第三十五师以 2 个团的兵力,共歼国民党 2 个师的大部及 2 个保安团,共俘敌 6000 余人,从而粉碎了国民党在屯溪、歙县地区组织抵抗的企图。第三十五师的 2 个团在师长李德生的指挥下,发挥了连续行军、连续作战的顽强作风,爬高山,走小路,克服山高路陡、道路泥泞、饥饿与疲劳等困难,特别是第一〇四团"发挥勇敢战斗、不怕牺牲、不怕疲劳和连续作战的作风",冒着大雨,急行军 2 天,行程 100 余公里,勇追猛打,表现出高度积极性、灵活机动性和顽强拼搏的精神,取得较好战果。①

---

① 中共歙县县委党史办公室:《12 军第 104 团呈村降追击战斗》,见《新安江畔战旗扬》,合肥:安徽人民出版社,1991 年,第 239 页。

四、黄山(徽州)各地的解放

自1948年下半年以后，皖南地委为迎接解放大军过江，在组织上、军事上进行了一系列的准备。1949年4月上旬，中共皖浙赣工委将干部和部队作了分工：派马文杰部解放祁门，余起部解放黟县，陶钢部解放休宁，洪海涛部解放婺源，余华、倪南山率主力部队解放屯溪。4月21日，中共皖南地委发出“紧急指示”，号召各地紧急动员起来，迎接大军渡江南进，准备接管各大小城市，接管大批国民党军队。具体部署如下：皖浙工委、皖浙赣工委主要配合大军解放徽州，工作中心由农村转向城市，做好一切接管城市的准备工作。各个工委分工如下：皖浙赣工委接管屯溪、休宁、婺源、祁门、黟县、德兴；泾旌太工委接管泾县、旌德、太平；皖浙工委、泾宁宣工委接管歙县、绩溪、宁国。苏皖浙工委接管该区所辖全部大中城市。在大军渡江前，熊兆仁、杨明、刘奎、倪南山、余华、罗白桦等率部队回师皖南，整个皖南部队改编为中国人民解放军苏浙皖赣边区司令部。4月21日，解放大军渡过长江后，快速向南挺进，在地方党组织和皖南游击队的配合下，4月22日，解放太平县；4月24日，解放石埭县、旌德县；4月26日，解放祁门；4月28日，解放休宁、歙县；4月29日，解放黟县；4月30日，解放屯溪、绩溪县；5 月 1 日，解放婺源。至此，黄山（徽州）全境解放。

1. 太平县

根据皖南地委的指示，沿江工委和泾旌太县委采用武装斗争和政治瓦解相结合的办法，积极开展活动，国民党太平县地方部队及乡公所纷纷投诚起义。1949 年 3 月 12 日，国民党太平县新丰乡公所清乡队 37 人，在沿江支队李友白部的围困下被迫起义；4 月 4 日，在沿江工委孙宗溶部的策反下，焦村乡乡长徐少青率 20 余人起义；5 日，在刘奎部的猛攻下，焦村联防队队长徐良才等 50 多人被迫投诚；4 月 8 日，驻郭村乡太平县自卫团第二营第四连连长陈国光，在李友白部的争取下，率部 40 余人起义；4 月 10 日，太平县乌石垅自卫队在沿江支队一营金德培部围困下，被迫投诚。至此，太平县及其周边的广大农村均被游击队控制，驻守太平的国民党安徽省保安二团和太平县自卫队孤守仙源、甘棠等碉堡内。与此同时，泾旌太县委积极准备接收泾县、太平县城的工作。县委书记洪林率直属队前往泾县，留下浮溪区武工队等地方武装相机行动。

驻扎太平的国民党安徽省保安二团，见大势已去，遂溜之大吉。4 月 21 日，国民党太平县县长胡广益率军警千人，弃城逃往屯溪。距县城不远的浮溪区区长汪应长得知情报，一面派员入城侦察，一面率武工队 20 余人随后跟进，当晚驻扎城外三峰庵观察

动向。22日上午，中共泾旌太县委领导的浮溪区区长汪应长率武工队进入县城，太平县宣告解放。浮溪区委进行了临时分工：汪应长主持全面工作，兼管宣传、统战工作；丁泰贵负责县党部、中统调查室等机构；丁太樵负责财政、粮食、银行等部门；丁永瑞负责城防。

4月24日，中国人民解放军二野三兵团第十二军第三十五师先头部队抵临县城，在仙源南门与中共泾旌太县委领导的浮溪区武工队会师。4月26日，萧少春、叶允端率泾旌太游击队30余人，进入县城与武工队会合。街上鞭炮齐鸣，民众热烈欢迎。

4月28日，太平县人民政府在仙源镇成立，萧少春任代理县长，负责全面工作。5月初，中共太平县委正式成立（对外称"太平县政治处"），张华任书记（对外称"政委"），萧少春为县委副书记，胡廷祥、丁文芳、朱文秀为县委常委。不久，皖南行署任命胡廷祥为县长，周济川为副县长。全县设3个区，14个乡镇。5月，县武装大队建立，叶允端任大队长。5月下旬，太平各界4000余人在县城仙源镇集会，欢庆解放。①

2.祁门县

为配合渡江大军解放祁门，1949年4月9日，中共祁休浮工委在祁门县塘坑头村召开各界代表会议，成立祁门县人民民主政

---

① 中共黄山区委党史工委办公室：《中国共产党黄山区简史（1921—1949）》，内部资料，2001年，第154—161页。

府,郁达人(马文杰)任县长。

渡江大军南进后,驻守东流的国民党军队第九十六军刘汝明部溃逃至祁门赤岭,然后分为两路:一路逃往江西,一路经大洪岭于24日占据祁门县城。同日,中国人民解放军第二野战军第十一军第三十三师从石埭杨坑出发,经祁门赤岭古楼墩,于25日到达大洪岭,击溃敌后卫部队,并与查富德、苏帅仁率领的皖浙赣工委黄西独立团在大洪岭会师。黄西独立团留在原地肃清残敌,解放军继续南进。

4月26日,中国人民解放军第三十三师第九十七团团长张庆和率第四连、第六连到达胥岭,一举歼灭敌2个排的警戒部队,并乘胜向县城挺进。驻扎祁门县城的国民党第九十六军和祁门县长洪一鹤等军政要员闻风而逃,留下第六三五团困守城池。中午,解放军开始攻城,首先攻占了县城制高点祁山,控制全城,黄昏时,歼灭守敌100余人,俘虏200余人。祁门县城解放。27日,国民党地方保安团100余人主动前来县城投诚。4月28日,县人民民主政府由塘坑头迁至县城。同月,中共祁门县委成立(对外称"县大队政治处"),马文杰任书记。5月20日,县人民民主政府改称祁门县人民政府。全县划为5个区(城关、金字牌、平里、历口、闪里),一个直属乡(大坦乡)。[①]

① 方凤:《祁门解放》,见中共祁门县委党史办公室:《祁门党史资料选编》(第一辑),内部资料,1989年,第81—85页。

3.休宁县

1949年3月15日，中共婺休县工委在婺源裔村召开第一次各界人民代表大会，成立婺休县人民政府，到会代表1000余人，选举陶钢为县长，下辖沱东、五龙、休西3个区。4月中旬，婺休县人民政府分设为婺源县和休宁县人民政府。

4月18日，皖浙赣工委在婺源古坦召开县团级以上干部会议，部署解放休宁、屯溪等任务。会后，皖浙赣支队积极向渔亭、休宁一带集结。4月25日晚，齐云山游击队和民兵在休宁县采石村阻击战中，活捉黟县县长萧子纲。26日，皖浙赣支队在黟、休边击溃刘汝明残敌一部和黟县自卫中队。安徽省保安三旅一部与上任仅3天的休宁县县长傅善术以及党政机关人员逃离县城。27日，陶钢、左克南、张振英等率婺休县大队在休西、休南3000多名民兵、群众配合下，通过军事压力和政治攻势，迫使上溪口驻敌张震达、张文模等300余人投降，缴获机枪4挺、冲锋枪4支、短枪10余支、长枪200余支。县大队另一部解放龙湾、五城。接着，陶钢率部向县城挺进。迫于形势，国民党休宁县保安大队长卓群率部200余人，于27日从休宁万安到汪金桥向皖浙赣支队投诚。

4月28日午时，陶钢部与中国人民解放军第二野战军第十一军第三十三师先头部队胜利会师，一同由西门进入休宁县城，解放休宁县。5月6日，中共休宁县委和休宁县人民政府正式成立，

余民任书记，陶钢任县长。全县辖6个区，34个乡镇。①

4. 歙县

1949年春节前，中共皖南地委决定成立歙太休县工委，任命杜维佑为书记，在黄山一带扩大游击区和根据地，配合解放军南下。4月18日，歙县民主政府在歙北呈坎乡的汪村成立，杜维佑任县长，胡敏如为副县长。

4月25日，渡江大军日日逼近，驻守在歙县城内的京沪杭警备总队直属第七十三军开始经薛坑口（今坑口）、街口，往浙江方向逃跑。4月28日上午，中国人民解放军二野三兵团第十二军第三十五师在师长李德生、政委李如海的率领和地方游击队的配合下，风卷残云、势如破竹地拿下敌兵团指挥部的重要据点——徽州歙县，歙县城乡百姓敲锣打鼓，庆祝解放。与此同时，由歙太休工委负责人杜维佑、胡敏如等先期在歙北汪村组建的歙县民主政府及时入城。

5月15日，中共旱南工委、中共水南工委、中共歙县县委和南下干部大队配备的歙县县委、徽州市委合并，组成新的中共歙县县委，书记王成信，副书记杜维佑、赵铁英，机关设在徽城镇。5月下旬，新的中共歙县县委和歙县人民政府成立，王成信任县委书记，杜维佑、赵铁英任副书记；杜维佑兼任县长，赵明印任副县长。

① 中共休宁县委党史办公室：《解放上溪口》《解放休宁》，见《休宁党史资料选编（1919—1949）》，内部资料，1989年，第114—117页。

全县辖8个区,41个乡镇。[①]

5. **黟县**

1949年1月,中共黟(县)祁(门)休(宁)县工委在黟县杨家墩成立,苏帅仁任代理书记。3月,以黟祁休县工委为基础的中共黟县县委成立了,隶属中共皖浙赣大工委,余起任书记,章科、舒子敏任委员。3月底,黟县人民民主政府在东源乡的株坑村成立,舒子敏为县长。同时,黟县武装大队成立,章科任大队长。

4月25日,刘汝明溃军一部由祁门逃到黟县楠木岭,遭到章科部的阻击而转向南逃。游击队攻占渔亭,并向县城挺进。刘汝明溃军第六十八军100余人在太平郭村遭到游击队阻击后,越羊栈岭到达黟县县城,伙同黟县自卫队与舒子敏所率的游击队激战至傍晚。夜幕降临之时,国民党黟县县长萧子纲与国民党残兵弃城出逃,企图取道渔亭、休宁,向马金岭南逃。当晚萧子纲在休宁县采石村被齐云山游击队活捉。

26日,章科、余起各率领一支游击队向黟县县城逼近。27日,章科、余起、舒子敏3支游击队及各乡民兵近千人在县城城郊横冈村会师。国民党黟县代县长李绩侯率300余人的武装龟缩在城内。黟县县委、县政府研究决定,一面积极做好攻城的准备,

① 潘明志:《歙县解放和政权建设》,见中共歙县县委党史办公室:《新安江畔战旗扬》,合肥:安徽人民出版社,1991年,第171—177页。

一面开展劝降工作，敦促李绩侯起义。城内民主进步人士程梦余向李绩侯等晓以大义，讲明形势，劝其弃暗投明，和平解放黟县县城。和平解放黟县县城的主张得到城内各界人士的响应，李绩侯见大势已去，遂同意谈判，最后达成 4 条协议：①保证投诚人员的生命安全；②解除自卫队，由商会筹集经费，每支枪付给银洋 2 元；③维护城内治安，保障人民生命财产安全，不得纵兵骚扰；④投降人员分别在指定时间、指定地点缴械，等待游击队接收。[①]

4 月 29 日黄昏，皖浙赣游击队由得胜门进入县城，群众夹道欢迎，黟县县城解放。5 月 1 日，举行庆祝黟县解放大会。6 月初，废除保甲制，全县下辖碧阳、渔亭、际村、东文、武林、碧芙 6 个直属乡，63 个行政村。

6. 绩溪县

1949 年 3 月 21 日，皖南人民解放军歙绩旌总队部成立，统一领导全地区的武装力量，由叶维璋兼总队长，王保实（王保寿）任副总队长，汪惠（吴文瑞）为政委。4 月，中共领导的皖浙支队全部回绩溪路东地区，部署于杭（州）徽（州）公路、芜（湖）屯（溪）公路之间。中旬，皖浙支队在绩溪县伏岭祝三村集中，整编成 2 个大队，第一大队队长舒梦熊、教导员戴吉祥，第二大队队长孙仲友、教导员王宗汉。

---

① 程臣金、胡跃华：《黟县解放》，见中共黟县县委党史办公室：《古黟烽火》（黟县党史资料选编），内部资料，1990 年，第 84—90 页。

4月24日,国民党安徽省保安第五旅王汉昭部在绩溪县镇头通电率部起义,改编为中国人民解放军皖南部队独立旅,上午在游击队配合下,解放了旌德县城。下午部队返回旺川。4月25日,中共皖南地委与中国人民解放军苏浙皖赣边区司令部在绩溪县旺川举行大会,欢迎保五旅起义。同日,皖浙支队在雄路伏击溃敌第七十三军一部,歼敌1个排。

4月27日,国民党绩溪县县长黄朝林带领党政人员和警保队数百人逃离绩溪,28日,在歙县北门外大部被解放军俘虏。是日,国民党第一〇六军炮兵第二八一师第八四二团第二营第六连(机炮连)在二都下村(今板桥)起义,编入中共皖浙支队机枪连。同日,城郊胜利乡武工队进城侦察,因秩序混乱,民兵张建成和胜利乡乡长郑醒华先后遭国民党溃兵杀害。

4月30日,皖浙支队一部与中国人民解放军第二野战军第十二军第三十六师第一〇六团一部由歙县开赴绩溪,进驻县城;芦塘、横路、高枧三乡的武工队和民兵也进入县城,绩溪县城解放。5月初,皖浙支队、歙绩旌总队一部先后进驻绩溪县城,着手建立各级各类组织,恢复社会生产生活。5月8日,绩溪县人民政府建立,县长王必英,同时成立中国人民解放军皖南军区绩溪县政治处(县委前身),政委王诚信。5月16日,中共绩溪县委、绩溪县人民政府进行重新整合,王长久任县委书记,王保实任副书记,王必英任县长,副县长王保实(兼)、王赞襄(王赞)。全县建5个区,下

辖1个镇14个乡,共159个行政村。[1]

7. **屯溪**

1949年3月初,国民党安徽省政府由安庆迁来屯溪。4月21日,解放大军渡江后,龟缩在屯溪的国民党省政府主席张义纯先后接到南京解放和王汉昭在绩溪率安徽省保安第五旅起义的消息,看到刘汝明的国民党正规部队正源源不断经屯溪向婺源方向溃退,感到末日来临。4月26日,他召开紧急会议,正式成立屯溪守备司令部,委时任保安司令部警保处处长的歙县人方师岳为司令,统辖安徽省保安司令部独立团、省保二团、保四团及地方军警2000余人。而张义纯则带着少数军政要员南逃浙江(后在浙江开化县被俘)。

4月下旬,中共皖浙赣工委余华、倪南山、杨明领导的中国人民解放军皖浙赣支队从婺源进入休宁县境,27日,解放了上溪口,28日,解放休宁县城,在万安与陈锡联、谢富治率领的二野三兵团所部胜利会师,在万安成立"休屯军管会"。休宁、歙县先后解放,屯溪成为一座孤岛,方师岳进退维谷,不知所措。休宁进步士绅金慰农联系到余华,说国民党的屯溪守备司令方师岳一个师意欲起义。皖浙赣支队得知情况后,决定尽量争取方师岳率部起义,和平解放屯溪城。

---

① 中共绩溪县委党史办公室:《中国共产党绩溪地方史(1919—1949)》,内部资料,2009年,第320—323页。

4月28日，皖浙赣支队丁铁牛连带着黎阳人张振英已经挺进到屯溪附近的隆阜，余华等派张振英通过住在隆阜的原国民党安徽省参议长江彤侯去做方师岳的工作，并通知丁铁牛连立即去屯溪接防。次日，方师岳派副官到万安接解放军谈判代表、秘书处长方星（方师岳的族叔）等，他们乘车进入屯溪，与方师岳一起住在黄山旅馆。

在中共皖浙赣工委多方争取策动下，4月30日拂晓，方师岳宣布起义。张振英在接到余华关于方师岳决定起义的通知后，立即率部进入屯溪，支队参谋长张元义也赶到屯溪，命令先头部队控制屯溪老大桥，占领观音山、乌山（即徽山）交通要道和街口的碉堡。屯溪和平解放。

5月1日，中国人民解放军皖浙赣支队和进驻山城的二野三兵团第十一、十二军在屯溪会师，入城部队旋即成立了“屯溪市军事管制委员会”，下设文教、财经、工商、粮食、交通、公安、警备等7个部门，由余华和杨明分别担任正、副主任，主抓城市接管工作和解放大军过境的后勤保障工作，同时成立屯溪警备司令部，倪南山任司令员。5月13日，中共屯溪市委员会、屯溪市人民政府正式成立，王知行任市委书记，余华任市长，黎光任副市长，7月，撤保改街，成立15个街道行政委员会。

5月5日，解放军第二野战军第三兵团与中共皖南地委及其游击队在歙县县城胜利会师，并举行庆祝大会，陈锡联、熊兆仁、胡明等分别讲话。5月6日，皖南军区在屯溪正式成立，刘飞任司令员，熊兆仁任副司令员，牛树才为政委，胡明为副政委，罗白桦为政治部主任，刘奎为副参谋长。皖浙赣部队编入皖南军区。5 月 7 日，皖南人民行政公署在屯溪成立（7 月迁芜湖），魏明任主任。5 月 13 日，中共皖南区党委在屯溪成立（7 月迁芜湖），谢富治兼任书记（后由牛树才任书记），牛树才、胡明、马天水任副书记。

皖南区下辖的徽州地方工作委员会（简称“徽州地委”）和徽州区行政督察专员公署（简称“徽州专署”）相继在歙县（7 月迁到屯溪）成立，郝化村、唐辉任正、副书记，吴文瑞任专员。全区辖屯溪市及绩溪、旌德、歙县、休宁、黟县、祁门 6 县（石埭县和太平县归辖池州专署，1952 年撤销池州专区时又将太平、石埭 2 县划归徽州专区；婺源县划属江西省，属华东区赣东北行政区，1952 年 10 月属江西省上饶专区及上饶市至今）。

徽州地委成立后，抓紧建立健全党政军各级组织及其工作机构，加强党的建设，壮大党的队伍。同时，地委发动群众，组织民兵武装，配合解放军剿匪反霸，镇压反革命，消灭国民党残余势力，保护人民生命财产；建立和巩固基层人民政权，恢复正常的生产、生活秩序；组织支前活动，以夺取民族解放战争和人民解放战争的最后胜利。1949 年 10 月 1 日，各地举行集会、游行，热烈庆祝中华人民共和国成立，黄山（徽州）开始进入社会主义建设的新时期。

结 语

中国2000多年的封建社会发展到清末时期，暴露出其封闭、腐朽、落后、专制、愚昧等自身无法克服的弊病，在西方实行工业化、迅速崛起的时代，清王朝仍然在做着“万国来朝”的“大国梦”。1911年，以孙中山为首的国民党以“辛亥革命”推翻了帝制，建立了民国政府。但中国积弱积贫，军阀混战，生灵涂炭；生产技术落后，城乡经济萧条；帝国主义对中国虎视眈眈，亡我中华之心不死。国内矛盾重重，国际形势严峻。1919年爆发的反帝反封建的“五四”爱国运动，唤醒了全国的劳苦大众。随着马克思主义在中国的传播，俄国“十月革命”的胜利以及国际形势的演变，1921年，中国共产党成立，使中国革命进入一个新的阶段。黄山（徽州）地区的革命斗争与全国的革命斗争一样，经历了不屈不挠、顽强斗争的曲折历程，一批批共产党人前赴后继，谱写了一篇篇壮丽的诗篇，激励着我们在新时代奋勇前进，将红色基因代代传承。

一、志向远大，目标坚定

中国共产党是一个神圣的组织，为全民族的解放、新中国的建立与共产主义目标的实现不懈努力，加入中国共产党就意味着“奋斗”与“牺牲”。红军时代，党的入党誓词是“严守机密，服从纪律。牺牲个人，阶级斗争。努力革命，永不叛党”。一大批共产党人是这样宣誓的，也是这样做的，如刘仲希、刘柏林等人。

刘仲希(1910—1932)，原名刘国鼎，乳名廷柱，字之彦，到皖南后，改名刘仲希，化名乙黎，安徽省潜山县第六区李畈(今属岳西县沙村乡)人。刘仲希于1928年加入中国共产党，1930年2月参加请水寨暴动，4月，任中国工农红军第三十四师第一团政委，9月，转移到皖南继续革命。1931年3月，刘仲希受党组织的委派到祁门西乡闪里一带开展革命活动，发展党员，建立党支部，6月，中共祁门县临时县委成立，刘仲希任书记。1932年4月，刘仲希任中共徽州工作委员会执行委员，负责兵运、妇运和学运工作。为策动祁门县城国民政府驻军第五十七师某团暴动，刘仲希去祁门县城与地下党员联系，商议兵变事宜，因叛徒出卖，不幸被捕。敌人先以高官厚禄利诱他，他不为所动，嗤之以鼻；继而敌人又严刑拷打，他坚贞不屈，始终保守党的机密。11月，被押往刑场时，

他昂首挺胸，大义凛然，视死如归，不断高呼"打倒国民党反动派！""打倒土豪劣绅！""中国共产党万岁！"等口号，英勇就义于祁门城南门外笔架山麓红庙边，年仅22岁。

刘伯林(1900—1933)，又名刘沛霖、柳佰林，安徽潜山县后北乡人，1926年加入中国共产党，1928年在江西磨盘山参加红军，历任中队长、营长、团长等职，战斗中英勇顽强，屡建奇功。1930年2月，刘伯林参加请水寨农民武装暴动，后任中国工农红军潜山独立师一大队中队长、中国工农红军第三十四师团长等职。1930年5月底，受党组织派遣，刘伯林赴皖南开展黄山(徽州)地区革命工作。1930年8月，歙县第一个党支部——中共小练支部建立。1931年6月，中共歙县临时县委在小练村成立，刘柏林任书记。1932年10月，中共徽州工委机关迁至小练村。该年冬，赣东北省委派宁春发来到小练村，改组徽州工委为中共皖南特委，刘伯林任秘书。1933年6月1日，国民党军警包围小练村，刘柏林等40余名党员、群众被捕。刘伯林在狱中被关押一个多月，尽管敌人软硬兼施，严刑拷打，但他坚贞不屈，始终未透漏地下党组织的半点消息，表现了共产党人崇高的革命气节。1933年7月19日，保安司令部将刘伯林、王以仁、史瑞璜、郑西学、罗金元5位共产党员在屯溪杨梅山杀害。就义前，刘伯林等人高呼"共产党万岁！红军万岁！苏维埃政府早早成立！为我们申冤报仇！"等口号，表现了共产党人视死如归、坚贞不屈的高尚品质。

在此后黄山(徽州)的革命斗争中，涌现出一批批具有坚定革命信念的共产党员，如宁春生（1898—1935，字懋行，江西省上饶县湖村人）在柯村苏区沦陷后，率领小部分武装，在柯村周围的崇山密林中坚持游击战。1935年4月2日，在太平县地理溪附近被国民党第七十八师第五二三团层层包围，战斗至弹尽粮绝，突围时不幸被俘，押往屯溪。宁春生严正拒绝了敌人的威逼利诱，后被残暴杀害。还有刘毓标、唐辉、刘奎、胡明、曹祥麟等一大批革命志士，他们经历了各种艰难困苦，始终牢记革命宗旨，具有远大的革命理想，不怕牺牲，百折不回。刘奎曾说："参加共产党就要横下一条心，不怕苦，不怕死。任何情况下都不能给党丢脸，要紧紧跟着党，革命到底，战斗到底！"①

二、浴血奋战，前赴后继

黄山（徽州）地区的革命斗争波澜壮阔，跌宕起伏，既有高潮，也有低谷。从省立第三中学（歙县）、安徽省立第二师范（休宁）爱国学生为主导的反帝反封建斗争到黄山（徽州）地区历史上第一个党支部——中共旌德三都农民补习学校支部的建立，从旌德仕川农民暴动到土地革命时期的际村暴动、柯村暴动、杜家村暴动、

① 潘圣涛：《打不死的刘奎》，见中共歙县县委党史办公室：《新安江畔战旗扬》，合肥：安徽人民出版社，1991年，第281页。

金竹暴动，从北伐军入徽到北上抗日先遣队入皖作战，从三年敌后游击战争到新四军岩寺集中，从皖南事变到抗日战争的最后胜利，从坚持皖南游击战争到黄山（徽州）解放，在30余年里，一批批革命志士浴血奋战，前赴后继，书写了一篇篇壮丽的篇章，留下了许多可歌可泣的故事。正是由于老一辈革命家的不懈奋斗与牺牲，中国革命才取得了最后的胜利。

1927年5月，旌德仕川农民暴动失败，总指挥王庭甫、农会会长宋奎元、三都农民自卫队队长朱甲、朱旺自卫队队长李会全及其他自卫军骨干乐其发、王观明、张有德、张观祥、方桥金等13人被杀害，参加暴动的共产党员和农民纷纷背井离乡，转移外地。

1933年6月，歙县"小练血案"发生，中共皖南特委被破坏，小练人民遭受了重大损失。据不完全统计，罹难的党员、群众达47人，被烧毁房屋7幢。但共产党人不怕牺牲，前赴后继，突围出来的宁春发等同志，掩埋好战友的尸体，又英勇地投入战斗。

1934年12月14日，红军北上抗日先遣队在太平县谭家桥与国民党军队激战8小时，师长寻淮洲身负重伤牺牲，政委乐少华、政治部主任刘英亦先后负伤，官兵伤亡300余人。"红军北上抗日先遣队的进军虽然失败了，然而由方志敏、寻淮洲等同志领导的广大指战员和烈士们的可歌可泣的战斗业绩，已成为红军斗争史中英勇悲壮的一页，将永垂青史!"①

---

① 粟裕:《回忆红军北上抗日先遣队》，见中共徽州地委党史工作委员会:《黄山红旗》，合肥:安徽人民出版社，1986年，第109页。

1935 年 3 月，在国民党优势兵力的包围、进攻下，柯村苏区沦陷，陷入白色恐怖之中，柯村、江溪、胡村、蓝湖、雷湖、菖蒲、城安、陈家坞等地，先后被杀害的苏区干部、民兵、群众及红军伤病员共 370 余人，宁月生、韩锦侯、储汉仪、方再兴、洪常进等党的领导人先后牺牲。党的活动中心地点乌头坑、拜祭堂被烧成一片焦土。但在刘毓标、熊刚等人的领导下，于柯村组建的皖南红军独立团坚持了艰苦卓绝的三年游击战争，开辟了皖浙赣边、闽赣边、闽浙边三大游击根据地，不仅保留住了革命的火种，而且在斗争中不断发展壮大。

在三年游击战争（1934 年秋至 1937 年冬）时期，皖浙赣各游击根据地的党员、干部、群众与党组织及游击队一道，坚持斗争，不怕牺牲，做出了巨大的贡献。他们为红军游击队筹办物质、站岗放哨、转运物品、传递情报、安置伤员等，在敌人的“清剿”中，想方设法掩护党的干部和游击队员，不惜牺牲自己的生命。如休宁石屋坑 36 户 98 人的小山村，就有 20 多人被抓坐牢、7 人献出生命。休婺中心区委秘书张志流父子三人（两个儿子张仲云、张仲宏参加红军后相继牺牲）为革命献出了宝贵的生命。

皖南事变后，白色恐怖笼罩黄山（徽州）地区，共产党游击队为什么能够长期坚持敌后斗争，不断取得胜利，在战斗中不断发展壮大呢？熊兆仁在 1951 年 8 月 1 日芜湖广播电台的讲话中讲道：一是共产党领导的部队的节节胜利，促进革命形势的不断好转；二是紧密依靠群众，不断壮大力量，积极战斗，维护群众利益，

取得群众的拥护；三是灵活运用毛主席的战略方针、战术原则去指导游击队；四是发扬了坚决勇敢、顽强斗争的光荣传统；五是巩固和扩大根据地。“在中共中央和华东局的正确领导下，游击队发扬了坚决勇敢、顽强斗争的光荣传统。由于游击队具有高度的阶级觉悟和斗争精神，能吃得苦，耐得劳，不怕风霜，不怕敌人，不怕饥寒交迫，一天两顿天天跑，已经自觉地成了他的习惯。自觉性提高了，阶级意识坚强了，不管在任何时候都能执行我军‘三大纪律、八项注意’，全心全意为人民服务。干部们以身作则，越是困难的时候，越能用自己积极斗争的精神去领导同志，用胜利消息、行动口号去鼓舞我们的战士，使每一个战士知道一切困难都是前进中的困难。因此，我们的力量不断壮大，质量不断地提高。由于我们坚持了一面作战，一面行军，一面整训，游击队越打越强，能利用一切有利条件、战斗空隙进行训练，这些在战斗中与行动中都变成了战士的实际保证。这是游击队的特点，也是游击队发展、壮大、巩固的基本关键。”①

保持革命的乐观主义精神，亦是中国共产党及其革命军队取得胜利的一个重要因素。1947 年 12 月 21 日，倪南山率领皖浙赣支队一、五连，从黄山西部冒着大雪向皖浙赣边区进军，之后在休宁西部的查山一带上下大连、小坑、里庄、里广山、杨村等地活动。当时气候极为恶劣，部队大部分时间在鄣公山高峰的大雪中行

---

① 熊兆仁：《皖南游击队是怎样成长起来的》，见中共休宁县委党史办公室：《休宁党史资料选编(1919—1949)》，内部资料，1989 年，第 353 页。

进，有的同志手指甲都冻脱了，但他们仍然精神振奋，斗志昂扬。只要一休息，不是唱歌，就是讲战斗故事，充满了胜利的信心。

三、军民一体，血浓于水

中国共产党所领导的军队是人民的军队，为劳苦大众谋利益，必然能够得到人民的支持与拥戴，在长期的革命生涯中，军民融合，军爱民，民拥军，军民一体，血浓于水。

以积极的军事行动做掩护，发动群众、组织群众，积极向穷苦群众深入宣传党的主张和政策。李步新、江天辉、刘毓标、许登寿在《皖浙赣边区三年游击战争概况》一文中这样写道："在做群众工作方面，部队中除了有足够的宣传员做宣传组织群众工作外，部队每到一地，人人都主动向群众进行宣传教育。我们许多新区工作，差不多都是首先经过部队的行动，向群众进行宣传，然后留下工作人员再进行组织搞起来的。如上、下浙皖特委就是这样发展起来的。部队做群众工作除了宣传外，最有效的办法是实际行动和严明的群众纪律。不论部队怎样苦，决不动群众一针一线，即使我们十分需要的东西（如油、盐、粮食和日用品）而群众又不在家的情况下，我们也得写好条子并将钱钞包好放在实物的原处。另外，部队还经常帮助和掩护群众进行抗捐、抗税、抗债和反

对抽壮丁等斗争。”①

紧密依靠群众，依靠皖南人民不断壮大力量，并不断地积极组织战斗，使敌人害怕。取得群众拥护，随时随地为人民利益着想。在1947年饥荒的时候，皖南游击队组织了10万以上的群众起来夺取并分掉国民党公粮，组织了抗丁、抗粮、抗捐费等“三抗”斗争。随后，游击队又发动群众开展减租、减息斗争。在敌人“清剿”时，游击队领导人民反“清剿”，进行锄奸肃特，维护群众利益，保卫胜利果实，并在斗争中组织群众武装。这样，群众不仅不怕敌人、特务，反而要求杀特务。部队严格遵守“三大纪律、八项注意”，与群众打成一片，团结一致，互相依靠，游击队迅速壮大起来。

1947年冬，新四军游击队皖浙赣支队余华、倪南山等同志率领新四军来到休宁西部石屋坑一带的革命老区，当地群众积极配合，消灭了当地的反动武装，建立村政权，组织民兵，老区面貌焕然一新，人民重见天日。新四军和以前的红军一样，到处受到人民的热爱和拥护，男女老少都抢着给新四军运粮、送信、缝补、照顾伤病员，犹如对待自己的亲兄弟、亲姐妹一般。解放大军渡江前夕，老区人民配合新四军解放上溪口和浮梁瑶里。大军渡江后，老区人民更积极地运粮，做军鞋，以实际行动支援大军前进。

---

① 李步新、江天辉、刘毓标、许登寿：《皖浙赣边区三年游击战争概况》，见中共休宁县委党史办公室：《休宁党史资料选编(1919—1949)》，内部资料，1989年，第224页。

休宁、祁门一些老区的人民，从1934年红军到达时起，跟着闹革命，在三年游击战争中做出了很大的贡献，游击队的棉衣都是在石屋坑做的。群众还想方设法为部队到山外买药、买子弹。祁门县有个地方干部叫"土佬"，1936年冬条件艰苦没有饭吃，他宁愿自己不吃也给游击队吃。

1948年3月26日，唐辉、程灿、王成信给胡明、洪琪、汪惠（吴文瑞）同志的工作汇报中这样写道："南进以来，共缴枪79支，部队扩大了30余人。群众认识与党的威信是进一步地提高了。群众已与我们结成了血肉相连的关系。过去一些村子不欢迎我们去住，现在则留着我们别走，走了则真是恋恋不舍，中层（人士）也开始认识了我们的政策和力量，几次清剿使他们对敌人断绝。的确，他们由害怕、逃亡、厌恶而转到亲近、同情和拥护。一个中层（人士）说，我过去认为共产党是夏天的火炉，不能贴心亲近的，今天才知道共产党确是冬天的太阳，越亲近越爱，越不能离。"因此，群众事无大小都要找游击队，还主动慰劳游击队。①

① 唐辉、程灿、王成信：《唐（辉）程（灿）王（成信）给胡（明）洪（琪）及汪惠（吴文瑞）同志的工作汇报（节选）》，见中共歙县县委党史办公室：《新安江畔战旗扬》，合肥：安徽人民出版社，1991年，第18页。

四、红色基因，代代传承

社会主义新中国是无数革命先烈用他们的鲜血和生命前赴后继，顽强战斗换来的。黄山（徽州）的土地上同样洒满了烈士的鲜血，留下了深深的印迹。刘毓标在《皖南征程漫忆》中这样饱含深情地说："在三年游击战争中，休宁、祁门和婺源县的一些地方群众是作出了贡献的。我感觉到，三年游击战争之所以能够坚持下来，除了部队党的领导之外，皖南地区的党和人民出了很大的力。从柯村暴动到三年游击战争，他们在掩护支持我们的行动中，涌现了许多可歌可泣的事迹。在三年艰苦卓绝的游击战争中，许多烈士为了革命，支援红军，流血牺牲；许多群众为了掩护我们的伤病员而倾家荡产，家破人亡，所有的烈士都应该受到人们的尊敬和怀念！所有的烈士亲属都应该得到政府和人民的优待！所有的有名和不知名的烈士永垂不朽！"①

从大革命时期到土地革命，从抗日战争到解放战争，革命的足迹遍布黄山市各个区县。据不完全统计，黄山市现有革命烈士陵园（墓）35 个，革命遗址遗迹 30 处，革命纪念场馆 5 个，革命纪

① 刘毓标：《皖南征程漫忆》，见中共歙县县委党史办公室：《黄山红旗》，合肥：安徽人民出版社，1986 年，第 137 页。

念塔(碑亭)8个。其中革命纪念场馆主要有位于谭家桥的红军北上抗日先遣队纪念馆,岩寺镇的新四军军部旧址纪念馆,屯溪老街的中共皖南特委旧址纪念馆,歙县的陶行知纪念馆。这些纪念馆先后被确立为国家或省市级爱国主义教育基地。纪念馆通过一件件实物的展出,让我们重温那战火纷飞的艰难岁月,共产党人不怕牺牲的大无畏精神,百折不回的顽强斗争精神,以苦为乐的革命乐观主义精神,以及为理想、为民族、为人民而奋斗的理想与抱负。

红色基因,代代传承。利用红色资源,讲好红色故事;注重红色体验,发扬红色传统;缅怀先烈事迹,传承红色基因。每逢清明节、“七一”“八一”等重要节日,一批批的党员干部、一批批的青年学生、一批批的社会民众,纷纷来到革命纪念馆(塔)、革命烈士陵园(墓)、革命遗址遗迹等处,缅怀和悼念牺牲的革命先烈,接受革命传统教育。“重走革命路,重温入党誓词”成为基层党支部每一位党员的必修课。近年来,黄山市将红色旅游作为旅游的新业态,重点打造谭家桥、樵山、柯村、石屋坑、白际、舍会山、岩寺、琶塘等一批具有丰富内涵和历史遗迹的红色旅游基地,全国各地游客纷至沓来,自觉接受革命传统教育。

习近平总书记强调:“让信仰之火熊熊不息,让红色基因融入血脉,让红色精神激发力量。”不忘初心,传承红色基因。红色基因是信仰,目光远大,追求高远;红色基因是忠诚,爱党爱国,矢志不渝;红色基因是追求,勇于拼搏,自强不息;红色基因是忘我,无

私奉献，无怨无悔。红色基因是一种革命精神的传承，象征光明，凝聚力量，引领未来，在新时代的长征中，黄山（徽州）儿女要为中华民族的伟大复兴而坚强自立、坚持梦想、勇往直前。

大事记

1919 年

5—6 月，五四运动发生后，省立三中(歙县)、省立二师(休宁)及徽州各县的师生纷起响应，集会游行，通电全国声援北京学生反帝爱国运动。

1920 年

7 月，绩溪成立天足会，破除缠足陋习，支持妇女放足。

1921 年

6 月，省立一师学生姜高琦(休宁县人)，在参加安庆“六二”学潮中，被军警杀害。徽州城乡各校纷纷集会游行，声援安庆学生运动。

6 月，宣传新思想、新文化的进步刊物《新青年》《新潮》在省立二师学生中传播。

1922 年

冬季，黟县青年陈默若、余牧人、余复生、金绶章、范楚玉等组建新黟学会，旨在研究学术、促进社会。

1923年

4月，黟县县长许复怂恿盐商抬高盐价、催征田粮欠赋，激起义愤，汪希直等率数百群众冲进县衙，赶走许复。

6月，省立二师和省立三中学生在休宁海阳小学成立"徽州二三同学会"，创办会刊，宣传民主，提倡新文化。

10月，省立二师、省立三中选派代表30余人，至徽州府堂（歙县）集会，揭露安徽省第六届省议员贿选真相，游行示威，并通电抗议。

10月，休宁、屯溪等地进步师生组成同学会，领导学生和进步商人抵制日货，发动各界人士游行示威。

1924年

祁门瓷土工人罢工，要求增加工资，斗争取得胜利。

1925年

3月12日，孙中山在北京逝世。徽州各县相继召开追悼大会。歙县会后出版《孙中山先生哀志录》。

6月，"五卅惨案"发生后，徽州各县开展罢工、罢课、罢市斗争，并相继成立"沪案后援会"等组织。致电、募捐慰问受伤工人、学生，开展抵制日货、提倡国货的反帝爱国运动。

6月，梅大栋受江西安源路矿党组织派遣，回家乡旌德开展秘密活动。

11月，中共旌德三都农民补习学校支部成立，梅大栋、曹宣天为负责人。

一

1926 年

冬，北洋军阀溃军李德铭、刘宝堤等部数万人，由江西退驻徽州达数月之久，强占民房，征筹军需，拉夫抢劫，侵害百姓。

1927 年

2 月，北伐军分两路进入徽州。贺耀祖部于 17 日从江西浮梁入祁门，过黟县、休宁、太平等地。

2 月至 3 月，北伐军二军六师戴岳、萧劲光部从浙江沿新安江进入歙县、绩溪、旌德等地。北伐军先后派人组建各县国民党县党部，成立县工会、农民协会和妇女协会，建立新政权，委任瞿朝杰为歙县县长，胡运中为绩溪县县长等。

5 月，国民党安徽省政务委员会命令北伐时经改组的歙县党部停止活动，瞿朝杰离开歙县，新政权和群众组织被迫解散。

是年，方志敏领导的江西红军 1000 多人进入歙县石门、长陔一带开展活动，一个月后撤离。

1928 年

春，中共旌德特支成立，书记谭笑萍。

1929 年

3 月 31 日，东流人朱富润（朱老五）率部众百余人进入徽州，先后占领祁门、休宁、屯溪，焚烧县署、公安局，释放囚犯，4 月 8 日入婺源界。

1930 年

8—9 月，潜山“请水寨暴动”（今岳西县）失败，一批共产党员

和进步知识分子吴介唐(老柯)、李鸿鸣、金步蟾、刘仲希、韩锦侯、储汉仪、汪大中等60余人,先后来到祁门、黟县、休宁等县乡村,以教书、行医、种山等职业为掩护,开展秘密活动。

1931年

7月,刘震巡视徽州地区。

11月10日,中共徽州工作委员会在秋浦县仙寓山落雁坡(今属石台县)成立,鲁国储任书记,下辖东流、秋浦、贵池、祁门、黟县、歙县、休宁、太平、石埭、旌德、浮梁等11县,同时建立皖南中心台屯溪电台。

“九一八”事变后,屯溪各界联合成立抵制日货委员会,宣传抗日,查封日货。

1932年

3月,中共秋浦县委在源头成立,书记李鸿鸣;中共祁门县委成立,书记刘仲希,副书记方鼐;4月,中共歙县县委在岩寺成立,书记汪樾。

4月22日,休宁县屯溪巡缉大队由中共地下党员策动100余名士兵哗变,击毙副大队长黄振华。最终哗变失败。

4月23日,中共徽州工委召开第一次执委会议,选举产生执委7人,常委5人,鲁国储任书记。

6月,中共徽州工委与芜湖中心县委失去联系,经中央批准,与赣东北省委发生横向联系。年底,中共徽州工委划归闽浙赣省委领导。

11月7日，休宁县黄尖村民反对民团霸占山场，遭到休宁、开化两县自卫队攻打，村民奋起还击，击毙休宁县县长王鸣义及自卫队10多人。

11月15日，安徽省立二中（休宁）在中共党组织领导下，爆发大“学潮”，持续近2个月，驱逐教务主任左敬忱。

冬，中共赣东北省委派宁春发（小老林）到歙县小练村改组中共徽州工委为中共皖南特委，小练村成为党领导皖赣边14个县革命斗争的指挥中心。

1933年

6月1日，屯溪保安副司令汪汉、歙县县长石国柱带领军警240余人，包抄突袭皖南特委所在地小练村，逮捕党员、群众70余人，刘伯林等47人遇难。皖南特委、歙县县委均遭破坏。

冬，中共闽浙赣省委总工会秘书长李杰三到屯溪，在上街“合记春”药店重建中共皖南特委机关并任书记。

1934年

3月，中共闽浙赣省委派100余人的武装由婺源出发，经休宁到达祁门舍会山开展工作。

春，属赣北特委领导的中共祁门县委在祁西成立，书记彭玉书；中共太平县委在拜祭堂成立，书记韩锦侯；中共休宁县委在蓝渡轿行成立，书记范金祥。

3—4月，中共闽浙赣省委举办的白区工作训练班结束。方志敏派张金载（张金崑、张光辉）、刘毓标、陈直斋、黄天贵加强皖南

工作。

7月,中共中央派寻淮洲、粟裕率红军第七军团北上抗日,经福建、浙江、徽州转入赣东北与方志敏的红十军汇合,组成中国工农红军北上抗日先遣队。9月1日,赣东北游击大队到达太(平)石(埭)黟(县)边区。

8月21日,中共太平中心县委领导柯村暴动,10月,成立皖南苏维埃政府,主席宁春生。

12月上旬,方志敏率领的中国工农红军北上抗日先遣队,分两路先后进入徽州,转战皖南,10日,在歙县汤口(今属黄山区)会师。14日,谭家桥战役发生,第十九师师长寻淮洲负重伤牺牲。

12月25日,中共皖南特委在歙县许村召开扩大会议,改组了皖南特委。聂洪钧任书记,李杰三任副书记兼组织部部长,委员有聂洪钧、李杰三、刘毓标、张金载、陈直斋等7人。

1935年

1月7日,中国工农红军北上抗日先遣队南下,经休宁县桃林入浙江境。

1月上旬,国民党军配合太平、黟县、祁门、石埭等县保安团数千人,对柯村苏区进行"清剿",中共党员韩锦侯、宁春生等及群众数百人被杀害。

8月11日,歙南金竹农民举行暴动。27日暴动失败,李春海等人光荣牺牲。

秋,中共闽浙赣省委关英、邵长河一行6人,从闽浙赣苏区到

达休宁里广山，与皖南红军独立团会合后，在鄣公山一带活动。

1936年

4月，关英在休婺边境鄣公山召开省委扩大会议，改中共闽浙赣省委为皖浙赣省委，关英任书记，刘毓标任组织部部长，滕国荣任宣传部部长。不久，皖浙赣红军独立团在水岚山成立，团长熊刚，政治委员刘毓标，下辖3个营，人数约800人。

10月，皖浙赣独立团在休宁西乡小岭头伏击国民党杨自立部，歼灭1个小分队，缴获机枪2挺、步枪10余支。

1937年

1月，刘建绪任皖浙闽赣"剿匪"总指挥，调集10多个师，配合省保安队及地主武装10余万兵力，分三路进攻皖浙赣边区。徽属各县均遭蹂躏。

8月1日，屯溪各界成立抗敌后援会，组织千余工人、学生、商人游行，开展抗日宣传。

10月12日，国共达成协议，将江西、福建、广东、湖南、湖北、河南、浙江、安徽等8省的红军和游击队整编为国民革命军陆军新编新四军，简称"新四军"。

12月上旬，浙赣边区游击队300余人集中于祁门舍会山整训，陈毅自江西前来视察，并作形势与任务报告。

1938年

1月，第三战区前敌总司令部战地服务团成立，姚文采兼任团长。团址设在休宁高枧(今属屯溪区)。

4月4日,国民革命军陆军新编第四军(简称“新四军”)军部由南昌迁驻歙县岩寺,叶挺、项英、陈毅等来到岩寺。5月5日军部移驻太平县仙源麻村,26日迁至南陵县土塘村,7月1日移驻泾县云岭。4月28日,新四军组成以粟裕为司令员的抗日先遣支队自岩寺西北的潜口出发,向苏南敌后挺进。

4月,中共皖南特委在歙县潜口成立,李步新任书记。不久,中共徽州中心县委在屯溪成立,余华任书记。

5月5日,安徽省民众抗日总动员委员会皖南办事处(简称“皖南动委会”)在屯溪成立(后改为“国民党第三战区皖南民众总动员委员会”),戴戟兼主任。中共皖南特委在动委会内秘密建立特别支部,余华任书记。皖南各县相继成立“动委会”。

9月,郭沫若领导的国民党军事委员会第三厅抗敌演剧二队来屯溪,组织南京安徽中学徽州分校、现代中学、省立工业职业学校师生及部分商店学徒1500多人,在江西会馆举行抗战歌曲千人大合唱。

1939年

2月下旬,中共中央军委副主席周恩来由叶挺军长陪同,经太平县(今黄山区)仙源、三门、黄山风景区到歙县岩寺新四军兵站视察,并在江家祠堂作形势报告。3月15日,应太平县三门村开明士绅刘敬之请求,周恩来为其屏幅题词:“绥靖地方,保卫皖南,为全联导,为群众倡。”

6月1日,生活书店屯溪支店正式营业,大量出售抗日救亡书

籍，不久即被国民党当局封闭。

6月26日，美国著名作家史沫特莱至太平县小河口，考察新四军后方医院。

1940年

12月，中共皖南秘密特委在休宁成立，黄耀南任书记，下辖泾旌太、徽州、南芜宣、铜繁芜4个中心县委。

1941年

1月，皖南事变后，歙县国民党当局逮捕革命者及抗日群众100余人。

5月，黄耀南接中共中央华中局指示，撤离皖南，去江北无为县，中共皖南秘密特委自行消失。

6月，坚持皖南山区斗争的中共泾旌太中心县委，根据陈毅军长的指示，在泾县、旌德交界的朱家坑组建皖南事变后的第一支武装——中共泾旌太中心县委游击队（又名“黄山游击队”）。刘奎任队长，李健春任指导员。

7月9日，黄山游击队攻打旌德县庙首乡公所，缴获步枪7支、手榴弹10多枚、子弹200余发。

11月，中共皖南特委（驻无为）派武装交通与中共泾旌太中心县委取得联系。

年底，中共泾旌太中心县委恢复和创建了泾（县）旌（德）、旌（德）太（平）、旌（德）绩（溪）3块游击根据地。中心县委游击队发展到近百人。

1942 年

3—8 月，国民党部队及地方武装 3000 余人，对泾县濂坑、太平县木瓜坑、旌德县黄高峰，绩溪县上金山、金坑等游击根据地发动“清剿”。中心县委游击队转移到外线活动，分散敌人的兵力，变被动为主动。

8 月，中共泾旌太中心县委在歙县道溪兰荫滩召开扩大会议，总结 6 个月反“围剿”斗争的经验教训。新四军第七师派陈洪等人到皖南传达皖中区委给胡明的指示信。

1943 年

1 月，中共泾旌太中心县委改称为中共皖南山地中心县委，胡明任书记。同时，黄山游击队改为中共皖南山地中心县委游击队。

春，刘奎部开辟以太平谭家桥、歙县大箬坑为中心的歙太黟边区根据地。同时，开辟歙县新田、田里(今属徽州区)等新游击区。

夏，王成信部在旌德、宁国、绩溪交界的地区开辟百罗源根据地。

1944 年

4 月，中共皖南山地中心县委机关由旌德黄高峰迁至太平县樵山。

12 月初，新四军七师派雷伟和、江同义率领一个侦察连抵达樵山，支持皖南山地斗争。在侦察连的配合下，8 日，游击队攻打

谭家桥“红庙”据点；23日，袭击宁国甲路乡公所；26日，攻下绩溪九华乡公所。

12月29日，国民党苏、浙、皖、赣4省边区挺进纵队司令陶广，调集国民党第一九二师及泾县、旌德、太平三县自卫队共2000多人的兵力，分两路进攻樵山。

1945年

2月13日，舒梦熊、戴吉祥率游击队进驻绩溪县九华，创建皖南山地中心县委领导的第一个抗日民主政权——九华乡农民协会，建立800余人的民兵队伍，开展抗丁、抗粮、抗税斗争。

9月2日，屯溪各界人民成立庆祝抗战胜利筹备委员会。3日，机关团体、学校、商店张灯结彩。4日，举行庆祝大会，晚上举行火炬游行。5日，在屯溪体育场举行大会，并举行联欢晚会、灯会、演戏等活动。徽州各县普遍举行庆祝活动。

9月底，新四军七师皖南支队和苏浙军区主力奉命北撤。

1946年

1月1日，杨明率沿江中心县委机关干部和部队转入皖南山区，与胡明领导的皖南山地中心县委游击队在樵山会师。

2月初，根据华中分局的指示，以皖南、沿江两个中心县委为基础，成立中共皖南地委，胡明任书记，杨明、刘奎、唐辉、洪琪为委员。

3月，国民党第四十四军调集两个多师的兵力，和安徽省保安团及旌德、绩溪、歙县等10个县的保安队共万余人，对中共皖南地委及所属县委机关、主力部队，进行了3个月的“清剿”行动。4月21日，地委机关撤离黄高峰，秘密转移至泾县涌溪。“清剿”行动为中共皖南党和军队所粉碎。

10月，熊兆仁、倪南山奉中共中央华中分局指示，率领30余人从苏南经泾宁宣边到太平樵山与皖南地委汇合。

11月，中共皖南地委在泾县濂坑召开苏皖汇合后的第一次地委会议，贯彻落实华中分局“七一指示”精神，成立苏皖边军政委员会。胡明任主席兼政治委员，熊兆仁为军事部部长。

1947年

3月，苏皖边区司令部成立，熊兆仁任司令，胡明兼政委。

4月，中共黄西工委在太平秧溪河小坑成立，杨明任书记。同时，沿江部队与黄山游击队合编为黄西总队，刘奎任总队长，查富德任副队长，杨明兼政委。

4月中旬，胡明、熊兆仁率苏皖边区司令部特务连和唐辉等部队在绩溪九华乡一带，组织民兵、群众，开展抢粮分粮斗争。此后，皖南各县纷纷开展分粮斗争，仅3个月的时间，共分掉国民党政府粮仓10万石粮食。

4月底，中共皖浙中心县委在绩溪县安竹坞成立，唐辉任书记。同时皖浙边行政办事处成立，唐辉、王成信分别任正、副主任。7月，中共皖浙中心县委改为歙绩旌宁昌工委。

8月10—12日，中共皖南地委分别发出《关于发动群众进行抗租抗债的指示》《关于抗租抗债对农村各阶层的政策》，指导群

众开展抗粮、抗租、抗债斗争。

8月20日，中共皖南地委机关报——《黄山报》在樵山（今属黄山区）创刊。

8月下旬至9月，徽州各地开始建立区乡民主政权。

9月底，中共皖浙工委在绩溪县百坑成立，唐辉任书记。同时皖浙总队成立，唐辉任总队长兼政委，程灿任副队长。

10月底，中共皖南地委根据华东局的指示精神，决定内线留下一部分武装力量坚持斗争，抽出主力部队向四个方面进军：倪南山、唐辉、杨明、林岳分别率部向皖浙赣边、皖浙边（歙县、淳安）、皖赣边（祁门、至德、浮梁）、浙西（天目山）挺进。

12月13日，国民党歙县县长杨步梁带领地方武装300余人，“围剿”歙南竹筒坦革命根据地。

1948年

2月22日，国民党在歙县举行皖南“清剿”会议，发动皖南党、政、军、特对革命游击区和根据地实行全面进攻。

2月，中共黄西工委成立，罗白桦兼任书记，陈爱曦为副书记，同时成立黄西大队。

5月1日，中共皖浙赣前委在婺源白山召开会议，将皖浙赣边区划分为6个战略单位：黄西工委，罗白桦任书记；皖浙赣边工委，熊兆仁任书记；皖赣工委，杨明任书记；黄东工委，刘奎任书记；皖浙工委，唐辉任书记；樵北工委，孙宗溶任书记。

9月上旬，为迎接人民解放军渡江，中共皖南地委在歙东汪满田召开临时委员会议，由胡明、刘奎、陈洪组成地委临时常委会。并组建财经委员会，胡明兼书记；组建独立大队，刘奎兼大队长，陈洪兼政委；在休宁成立中共皖浙赣支队，倪南山任支队长，杨明兼任政治委员和政治部主任，下有2个团，以婺源、休宁、祁门3县地方游击队组成第一团，以黟县、石埭、太平、青阳4县地方游击队组成第二团，共800余人。

9月中旬，中共皖赣工委开辟祁(门)南、休(宁)西地区，与皖浙赣、黄(山)西地区连成片。

10月，中共皖南地委决定撤销西区临时工作委员会，将黄(山)西、皖赣工委合并于皖浙赣工委，由熊兆仁、余华、杨明、罗白桦、倪南山等组成。

11月5日，中共皖南地委决定，将皖浙赣、黄西、皖赣3个工委合并为中共皖浙赣大工委，熊兆仁任书记，余华任副书记。

12月25日，熊兆仁在休宁县大连召开会议，宣布正式成立中共皖浙赣大工委，同时建立中国人民解放军皖浙赣支队，倪南山任队长，杨明任政委。

1949年

1月8日，中共皖南地委发出“紧急动员一切力量，准备迎接大军渡江”的指示，从政治动员、武装斗争、地方工作、经济任务等4个方面作了部署。

年初，皖南武装部队已发展到7000人，在苏、浙、皖、赣4省边区约40个县所辖区域建立游击区和根据地。

3月，根据皖南地委的指示，杨明、倪南山率部分武装返回皖南。

4月21日，中共皖南地委发出“关于迎接大军渡江，准备接管城市的紧急指示”，并对下属各工委的任务进行了具体的安排。

4月22日至5月初，皖南部队配合解放军解放徽州全境。22日，太平解放；24日，石埭、旌德解放；26日，祁门解放；28日，休宁、歙县解放；29日，黟县解放；30日，屯溪、绩溪解放。5月初，皖南全境解放。

4月24日，国民党安徽省保安第五旅旅长王汉昭率领4100名官兵在绩溪起义，改编为中国人民解放军皖南部队独立旅。

5月5日，中国人民解放军与中共皖南地委及其游击队在歙县城胜利会师，并举行庆祝大会。

5月6日，中国人民解放军皖南军区在屯溪成立，刘飞任司令员，熊兆仁任副司令员，牛树才任政委，胡明任副政委，罗白桦任政治部主任，刘奎任副参谋长。

5月7日，皖南行政公署在屯溪成立，魏明任主任。

5月中旬，中国共产党皖南区徽州地方工作委员会（简称“徽州地委”）和徽州区行政督察专员公署（简称“徽州专署”）相继在歙县成立，书记郝化村，专员吴文瑞。全区辖屯溪市，绩溪、旌德、歙县、休宁、黟县、祁门6县。

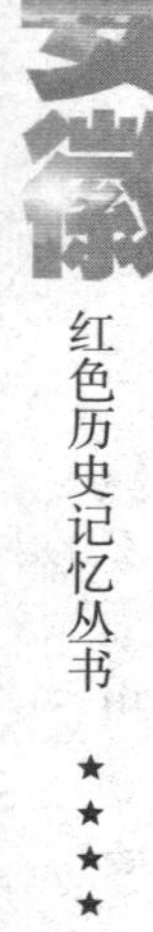

参考文献

[1]中共安庆地委党史资料征集小组,中共岳西县委党史资料征集小组.请水寨暴动(1930.2—1930.9)[M].安徽:内部资料,1983.

[2]安徽省档案馆,安徽省博物馆,新四军军部旧址纪念馆.新四军在皖南(1938—1941)[M].安徽:内部发行,1985.

[3]中共徽州地委党史工作委员会.黄山红旗[M].合肥:安徽人民出版社,1986.

[4]中国人民政治协商会议安徽省委员会文史资料研究委员会.辛亥风雷[M].合肥:安徽人民出版社,1987.

[5]中共黄山市委党史工作委员会.黄山红旗(续集)[M].合肥:安徽人民出版社,1989.

[6]中共休宁县委党史办公室.休宁党史资料选编(1919—1949)[M].安徽:内部资料,1989.

[7]中共祁门县委党史办公室.祁门党史资料选编(第一辑)[M].安徽:内部资料,1989.

[8]中共黄山市屯溪区党史办公室.历史的脚印——中共屯溪党史资料选编(1931—1949)[M].安徽:内部资料,1990.

[9]中共黟县县委党史办公室.古黟烽火(黟县党史资料选编)[M].安徽:内部资料,1990.

[10]中共旌德县委党史办公室.旌德党史资料选编(1919—1949) [M].安徽:内部资料,1990.

[11]屯溪市地方志编纂委员会.屯溪市志[M].合肥:安徽教育出版社,1990.

[12]中共黄山市委党史工作委员会.黄山风云[M].合肥:安徽人民出版社,1991.

[13]中共歙县县委党史办公室.新安江畔战旗扬[M].合肥:安徽人民出版社,1991.

[14]中共福建省委党史研究室,中共浙江省委党史研究室,中共安徽省委党史工作委员会,中共江西省委党史资料征集委员会.中国工农红军北上抗日先遣队[M].北京:中共党史出版社,1991.

[15]中共安徽省委党史工作委员会.中共安徽党史纲要(1919～1949)[M].合肥:安徽人民出版社,1992.

[16]婺源县志编纂委员会.婺源县志[M].北京:档案出版社,1993.

[17]廖信春.红军长征全史(第五卷)·星汉灿烂——北上抗日先遣队和南方红军游击区战史[M].长春:东北师范大学出版

社,1996.

[18]中共黄山市委党史研究室. 中共黄山地方史(1919—1949)[M]. 安徽:内部资料,1997.

[19]赵倩等. 刘毓标纪念文集[M]. 江苏:内部资料,1998.

[20]中共歙县县委党史办公室. 中共歙县简史(1919—1949)[M]. 安徽:内部资料,1999.

[21]中共祁门县委党史办公室. 祁门党史资料选编(第二辑)[M]. 安徽:内部资料,2000.

[22]中共黄山区委党史工委办公室. 中国共产党黄山区简史(1921—1949)[M]. 安徽:内部资料,2001.

[23]中共安徽省委党史研究室. 中共安徽八十年简史(1923—2003)[M]. 合肥:安徽人民出版社,2003.

[24]中共上饶市委党史工作办公室. 中共上饶市地方史(1925—1949)(第一卷)[M]. 南昌:江西人民出版社,2005.

[25]祁门县地方志编纂委员会. 祁门县志[M]. 合肥:黄山书社,2008.

[26]中共绩溪县委党史办公室. 中国共产党绩溪地方史(1919—1949)[M]. 安徽:内部资料,2009.

[27]黄山市地方志编纂委员会. 黄山市志(~2006)[M]. 合肥:黄山书社,2010.

[28]歙县地方志编纂委员会. 歙县志[M]. 合肥:黄山书社,2010.

[29]中共黟县县委党史办公室.中共共产党黟县地方史(1919.5—1949.9)[M].安徽:内部资料,2011.

[30]绩溪县地方志编纂委员会.绩溪县志[M].北京:方志出版社,2011.

[31]中共淳安县委党史研究室.中国共产党淳安历史(1919—1949)[M].北京:中共党史出版社,2012.

[32]休宁县地方志编纂委员会.休宁县志[M].合肥:黄山书社,2012.

[33]黟县地方志编纂委员会.黟县志[M].合肥:黄山书社,2012.

[34]中共黟县县委党史工作委员会办公室.紧握槐枪——纪念柯村暴动八十周年[M].合肥:黄山书社,2014.

[35]政协黄山市徽州区委员会.新四军与岩寺(徽州文史:第六辑)[M].安徽:内部资料,2015.

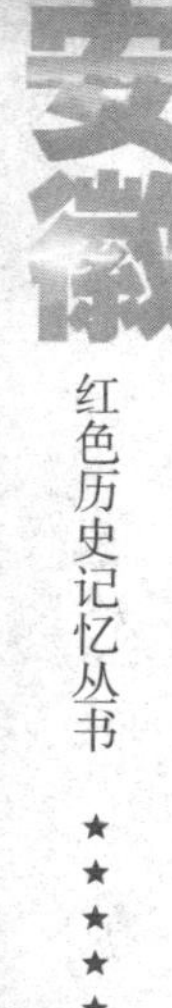

后记

《红色黄山》为"安徽红色历史记忆丛书"之一，重点对1919至1949年黄山（徽州）地区的红色革命历史予以梳理。本书主要围绕黄山（徽州）地区的重要历史事件，采用专题叙事方式，按照时间和事件发生的先后关系，分章叙事论述，突出黄山市重大主题的红色革命历史。

全书由导语、专题、结语、大事记、参考文献5部分组成。其中"专题"部分为本书的核心内容，主要围绕新民主主义革命时期皖浙赣革命根据地的创建、红军北上抗日先遣队血战谭家桥、新四军岩寺整编等重要历史事件展开，共有8章。本书语言质朴、流畅，力求历史的真实性与可读性相结合、资料性与学术性相结合，弘扬革命精神，传承红色基因，成为新时期党史教育的通俗读本。

由于黄山市（徽州）行政区划变化较大，在民国时期不同的历史阶段，中共黄山（徽州）地区的党组织先后受徽州工委、皖南特委、皖浙赣省委、皖南山地中心县委、中共皖南地委等组织领导，其范围在不同的历史时期也不相同。因此，在尊重历史、兼顾现实的原则的基础上，为保证专题叙述的完整性、整体性、连续性，在历史事件与史实的叙述过程中，以黄山市现在的三区四县（屯溪区、黄山区、徽州区、歙县、休宁、祁门、黟县）为主，兼顾旌德、绩溪、婺源等周边地区，以最大限度地保留历史的风貌。

由于年代久远、档案缺失、人员流行比较大，加之革命斗争时期秘密工作的需要，个别人员的姓名难以确定，因此用“×”代替，如宏××、何××等，曾用名、化名等用“（　）”作注解；引用原文个别缺损字以“□”代替。

本书在编著过程中，得到了安徽大学历史系教授、博士生导师陆发春先生的热情指导，得到了黟县党史办刘和永主任、休宁县地志办汪顺生主任、祁门县地志办孙兆发主任、黟县地志办胡孔胜主任以及黄山市及各区县党史办、地志办诸位同仁的大力支持，在此，向他们致以诚挚的谢意！

由于本人才疏学浅，加之革命战争史料的缺乏，书中难免会有一些缺漏和失误之处，敬请专家和行内人士批评指正！

邵宝振